BIBLIOTHÈQUE INTERNATIONALE DES SCIENCES SOCIOLOGIQUES

LA
PROPRIÉTÉ FONCIÈRE
EN BELGIQUE

PAR

Émile VANDERVELDE

PROFESSEUR A L'UNIVERSITÉ NOUVELLE DE BRUXELLES

PARIS

LIBRAIRIE C. REINWALD

SCHLEICHER FRÈRES, ÉDITEURS

15, RUE DES SAINTS-PÈRES, 15

1900

LA PROPRIÉTÉ FONCIÈRE

EN BELGIQUE

BIBLIOTHÈQUE INTERNATIONALE DES SCIENCES SOCIOLOGIQUES

LA

PROPRIÉTÉ FONCIÈRE

EN BELGIQUE

PAR

Émile VANDERVELDE

PROFESSEUR A L'UNIVERSITÉ NOUVELLE DE BRUXELLES

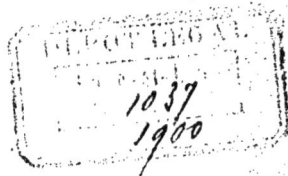

PARIS

LIBRAIRIE C. REINWALD

SCHLEICHER FRÈRES, ÉDITEURS

15, RUE DES SAINTS-PÈRES, 15

1900

BIBLIOTHÈQUE INTERNATIONALE

DES

SCIENCES SOCIOLOGIQUES

PUBLIÉE SOUS LA DIRECTION DE

A. HAMON

PROFESSEUR A L'UNIVERSITÉ NOUVELLE DE BRUXELLES

PAR

LA LIBRAIRIE C. REINWALD

SCHLEICHER FRÈRES, ÉDITEURS

15, *Rue des Saints-Pères*, 15, *Paris*

———

Le public est justement préoccupé par les questions
sociales. Riches et pauvres, savants et ignorants s'y
intéressent. La nécessité de les étudier et de les résoudre
s'est imposée à tous.

A cause même de la gravité de ces problèmes sociaux,
foule d'hommes se sont adonnés à ces recherches sociologiques. Pénétrées peu à peu par la véritable méthode
scientifique, c'est-à-dire par la méthode d'observation
et d'expérimentation, ces études permettent de voir de
plus en plus clair dans une foule de phénomènes
sociaux. Cette tendance de tous les esprits vers l'étude
des questions sociales a provoqué la création de chaires
de sociologie dans les universités, a engendré toute

a

une littérature particulière, qui est accueillie de plus en plus favorablement par un public de plus en plus nombreux.

L'Université nouvelle de Bruxelles a montré à tous, la première, le chemin à suivre, en accordant aux sciences sociologiques une place exceptionnelle. Les Français ont suivi en créant le Collège libre des Sciences sociales, et bientôt après se fondait à Londres le Collège des Sciences sociales et politiques. Les Italiens, marchant dans la même voie, vont établir un collège semblable à Milan.

La *Bibliothèque internationale des Sciences sociologiques* a pour objet de répondre à ce mouvement social d'une si haute importance pour l'avenir et la grandeur des nations. Dans tous les pays, des hommes s'adonnent à ces études de sociologie et concourent à répandre la connaissance des phénomènes sociaux et des rapports qui les unissent. Notre *Bibliothèque* doit donc être internationale, afin d'accueillir les bonnes, fortes et belles œuvres, quelle que soit la nationalité de leurs auteurs.

La sociologie, c'est la licence du développement et de la constitution des sociétés humaines. A la sociologie se rattachent donc toute une série de sciences relatives aux sociétés, c'est-à-dire aux rapports qui unissent entre eux les hommes vivant en collectivité. L'économique, la politique, l'éthique, la criminologie, la psychologie sociale sont des sciences sociologiques. A ce même ordre d'idées se rattache l'étude des relations des individus sous les modes divers de la famille, du mariage, du droit, de la religion. On peut aussi classer, parmi les sciences sociologiques, l'étude des systèmes et de l'histoire du socialisme, car ce sont études concernant la constitution des sociétés.

La *Bibliothèque internationale des Sciences sociologiques* comprendra des ouvrages traitant de toutes ces matières. Notre but, en publiant cette Bibliothèque, est de contribuer à l'avancement des Sciences sociologiques. Notre but est, par conséquent, d'aider au progrès de l'humanité, à sa marche incessante vers un mieux-être s'étendant à toutes les branches de son activité.

Les ouvrages qui paraîtront en cette Bibliothèque s'adressent à tous. Il n'est pas permis de rester étranger aux connaissances des questions sociales, car tous nous vivons en société, participons plus ou moins à la direction de ces sociétés, en subissons plus ou moins les avantages et les nuisances. A chaque instant on discute les questions sociales les plus graves. Trop souvent, en ces discussions, une ignorance plus ou moins profonde se révèle chez ceux qui y prennent part. Il importe que la connaissance raisonnée, scientifique, des phénomènes sociaux pénètre peu à peu dans les cerveaux de tous et permette à chacun de participer utilement à la direction des sociétés. Cette universalisation des sciences sociologiques mettra fin au désordre social qui affecte toutes nos formes actuelles de société et permettra la réalisation de ce mieux-être que chacun appelle de tous ses désirs.

Cette Bibliothèque s'adresse donc à tout le public,

tous ceux qui ont conscience qu'il est de leur intérêt de connaître la véritable nature des phénomènes sociaux.

Cette collection paraît par volumes in-12 de 2 fr. 50 à 5 francs, par volumes in-8° de 7 fr. 50 à 10 francs. Chaque volume a, suivant les prix, de 160 à 700 pages.

EN VENTE :

POUR PARAITRE :

BIBLIOTHÈQUE INTERNATIONALE

DES

SCIENCES SOCIOLOGIQUES

PUBLIÉE SOUS LA DIRECTION DE

A. HAMON

PROFESSEUR A L'UNIVERSITÉ NOUVELLE DE BRUXELLES

X

NOTE PRÉLIMINAIRE

Les monographies que nous réunissons et coordonnons dans ce volume ont été présentées à l'Institut des sciences sociales, à Bruxelles (*Institut Solvay*), en 1898-1899.

La première partie de notre enquête, — *Monographies locales*, — condense les résultats d'observations personnelles recueillies sur place, dans trois communes du Brabant-Wallon.

Dans la seconde partie, — *Monographies régionales*, — nous étudions la situation foncière, depuis l'époque de la confection du cadastre, dans les neuf provinces du royaume.

Enfin, dans la troisième partie, complétant nos recherches personnelles par les statistiques agricoles, nous avons essayé de décrire l'évolution de la propriété terrienne en Belgique, pendant la seconde moitié du XIXe siècle.

Nous tenons à remercier M. de Smet de Nayer, ministre des Finances, qui a grandement facilité nos recherches, ainsi que tous ceux dont le dévoué concours nous a permis de les mener à bonne fin.

LA PROPRIÉTÉ FONCIÈRE EN BELGIQUE

PREMIÈRE PARTIE

MONOGRAPHIES LOCALES

LA HULPE. — RIXENSART. — GENVAL

Le voyageur qui part de Bruxelles, par le chemin de fer du Luxembourg, traverse plusieurs zones concentriques, directement influencées par l'agglomération centrale.

La banlieue. — D'abord, jusqu'à l'orée de la forêt de Soignes, la banlieue, avec ses villas, ses maisons d'employés, ses cultures maraîchères, — pittoresque alternance de cimetières et de casernes, d'habitations et de carrés de choux.

La région des serres. — Puis, au sortir de la forêt, sur les coteaux de Hoeylaert et d'Overyssche, une mer de toits vitrés, miroitant au soleil : c'est la région des serres, véritables manufactures de fraises, de tomates, et de ces beaux raisins bleus, que l'on trouve, sur les tables de luxe, non seulement à Bruxelles, mais jusqu'à Londres ou Pétersbourg.

1

Le Brabant wallon. — Enfin, à partir de la Hulpe,
— premier village du Brabant wallon, — le pays change
d'aspect. Les ruisseaux qui descendent du plateau de
Waterloo coulent à travers des prairies, entre deux
rangs de collines sableuses, plantées de hêtres et de
sapins. Quelques châteaux apparaissent, les plus modernes sur les hauteurs, les autres au bord des étangs.
Il semble, à voir autour des villages le damier des
seigles et des pommes de terre, que l'on soit vraiment
à la campagne, dans une région purement agricole.

A l'exception d'une papeterie, dont les hautes chemi-
nées dominent le « Grand Etang », il n'existe pas, dans
tous les environs, une seule fabrique, un seul atelier
de quelque importance ; et cependant la Hulpe est une
commune industrielle : les quatre cinquièmes de ses
habitants sont étrangers à la culture ; les *trains ouvriers*,
dans la direction de Bruxelles, emportent, tous les
matins, plusieurs centaines de maçons, de plafonneurs
et de menuisiers, qui s'en vont travailler en ville.

Il ne reste plus au village, pendant la journée, qu'un
petit nombre d'artisans et de boutiquiers, une centaine
de cultivateurs parcellaires et de journaliers, occupés
dans les champs, les bois ou les parcs ; enfin les
ménagères, les vieillards, les enfants.

La même situation se retrouve dans presque toutes
les communes du Brabant wallon et de la région qui
confine aux bassins houillers.

Le canton de Wavre est habité par des milliers de
maçons et de plafonneurs ; les hameaux à l'entour de
Braine-l'Alleud et de Waterloo, par des paveurs ; les

environs immédiats du *pays noir*, par des mouleurs,
des lamineurs, des charbonniers et des ouvriers occupés dans les glaceries ; du côté de Gosselies, ce sont
les briquetiers qui dominent. Bref, entre Bruxelles et
Charleroi, il n'y a pour ainsi dire pas un seul village
qui soit exclusivement agricole, qui ne contienne un
noyau, plus ou moins dense, de prolétaires industriels.

Cet état de choses ne date pas d'hier. Il y a plus d'un
demi-siècle, déjà, un certain nombre d'ouvriers s'en
allaient le dimanche soir, quelquefois en patache, le
plus souvent à pied, et ne rentraient au village que
le samedi ; mais depuis la décadence du tissage à
domicile, la crise agricole et la création des trains
ouvriers, ce qui était l'exception jadis est devenu la
règle.

LES TRAINS OUVRIERS. — Nulle part, en Europe, on ne
transporte la main-d'œuvre à si bas prix qu'en Belgique : les coupons de semaine, comportant six trajets,
aller et retour, coûtent beaucoup moins cher qu'un
seul trajet au tarif ordinaire. Pour 50 kilomètres, par
exemple, l'ouvrier paie son coupon de semaine 2 fr. 25 ;
les autres voyageurs doivent payer 3 fr. 05 pour leur
unique billet d'aller et retour, en troisième classe.

Dans ces conditions, il était à prévoir que l'institution des trains ouvriers, coïncidant avec la dépression
des prix et des salaires agricoles, provoquerait une
formidable mobilisation des forces de travail.

C'est ce qui résulte des chiffres suivants, que l'administration des chemins de fer a bien voulu nous communiquer :

RELEVÉ DES BILLETS D'ABONNEMENTS D'OUVRIERS DÉLIVRÉS DEPUIS LA DATE DE LA CRÉATION DE CES BILLETS, 10 FÉVRIER 1870, JUSQU'AU 31 DÉCEMBRE 1897.

ANNÉES	NOMBRE DE BILLETS	ANNÉES	NOMBRE DE BILLETS
1870	14.223	1884	616.866
1871	32.972	1885	667.522
1872	71.245	1886	714.408
1873	97.789	1887	798.135
1874	133.442	1888	935.039
1875	193.675	1889	1.018.383
1876	212.759	1890	1.188.415
1877	216.712	1891	1.337.730
1878	241.552	1892	1.404.370
1879	249.752	1893	1.518.777
1880	355.556	1894	1.633.780
1881	440.465	1895	1.759.025
1882	523.832	1896	2.204.613
1883	585.283	1897	2.699.594

Pour l'année 1898, le nombre des coupons de semaine délivrés par l'État s'est élevé à 3.267.588.

En supposant que les ouvriers ruraux qui travaillent hors de chez eux soient occupés, en moyenne, pendant les deux tiers de l'année et prennent, par conséquent, de 30 à 35 coupons de semaine, il y aurait donc, actuellement, de 90 à 100.000 travailleurs, voyageant tous les jours sur les lignes de l'État.

Il faut ajouter à ce chiffre les voyageurs ouvriers des chemins de fer vicinaux [1] et des compagnies, comme

1. D'après les renseignements qui nous ont été fournis par son président, M. Fris, la Société nationale des Chemins de fer vicinaux a délivré :

En 1895................. 73.257 coupons de semaine.
En 1896................. 105.355 —   —
En 1897................. 135.601 —   —

le Nord Belge[1], qui délivrent aussi des coupons de semaine; soit donc plus de 100.000 travailleurs, le sixième environ du prolétariat industriel, qui viennent quotidiennement de la campagne vers les villes.

Nous nous proposons de rechercher, dans les monographies ci-après, les causes qui on provoqué cet exode et les conséquences qui en résultent.

1. La Compagnie du Chemin de fer du Nord ne possède pas de statistique distincte de ses billets. Le relevé des « abonnements de semaine », que M. l'inspecteur général Philipe a bien voulu faire dresser à notre intention, accuse, pour le mois d'octobre 1898, 12.712 billets, valables pour six voyages, aller et retour; 1.499 billets valables pour sept voyages.

CHAPITRE I

LA HULPE

(Arrondissement de Nivelles. — Canton de Wavre)

Avant l'établissement de la ligne du Luxembourg (1854), la Hulpe, qui est à 18 kilomètres de Bruxelles et se trouve séparée de l'agglomération bruxelloise par la forêt de Soignes, était un village essentiellement agricole.

SITUATION EN 1834. — En 1834, on y comptait 255 maisons et 1.250 habitants. A l'exception du personnel de la papeterie et de quelques maçons qui logeaient en ville pendant la semaine, le gros de la population se composait de journaliers, de cultivateurs et d'ouvriers travaillant dans la forêt de Soignes, ou mettant en œuvre ses produits : scieurs de long, tonneliers et faiseurs de douves, sabotiers, bûcherons, fabricants de flèches, faiseurs de balais.

Au dire des vieilles gens que nous avons interrogées, ce petit monde vivait assez mal. Les salaires étaient excessivement bas; 13 ou 14 sous de 9 centimes. On marchait pieds nus et on mangeait du pain noir. Presque toutes les maisons ouvrières étaient en bois, sans cave et sans étage, avec des toits de chaume, dans le genre de celles qui existent encore, aujourd'hui, à vingt minutes de la Hulpe, sur le territoire flamand d'Overyssche. La plus grande partie de la commune

PLAN DE LA HULPE

Étendue occupée par les bois côtés
supérieures à 100 hectares.

Étendue occupée par les 526 côtes
inférieures à 100 hectares.

Routes ou Chemins publics.

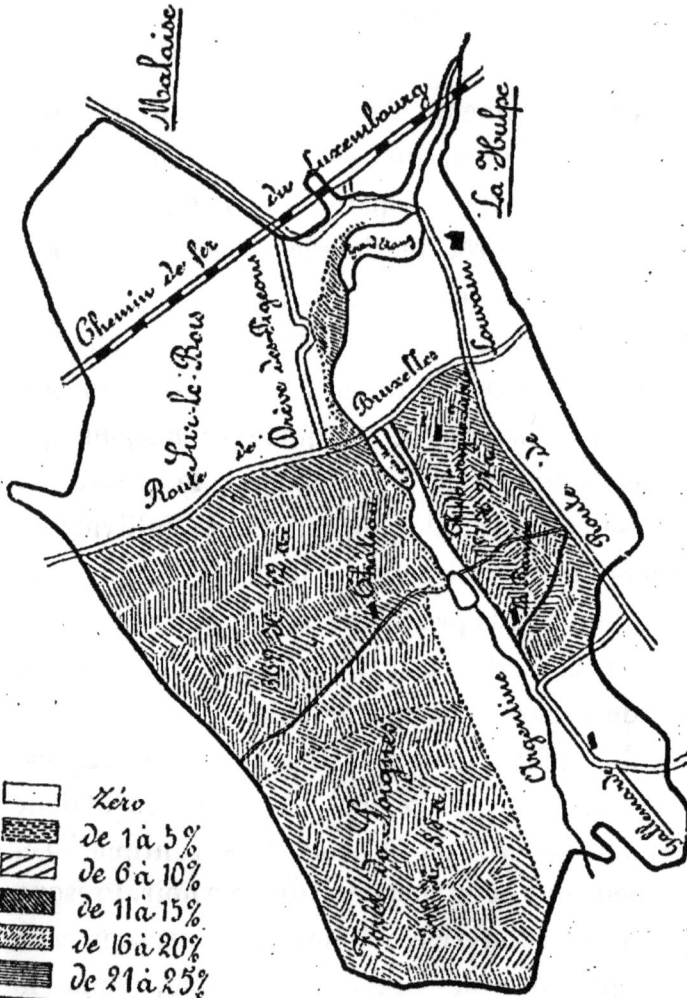

Zéro
de 1 à 5%
de 6 à 10%
de 11 à 15%
de 16 à 20%
de 21 à 25%
plus de 25%

Progression   Régression

(992 hectares sur 1.546) était couverte par la forêt de
Soignes; l'agriculture souffrait beaucoup du voisinage
de celle-ci, qui recélait, et recèle encore, des quantités
énormes de gibier[1].

SITUATION ACTUELLE. — Depuis lors, la population a
doublé; les propriétés et les cultures ont subi des
modifications profondes ; le village forestier de jadis,
rapproché de Bruxelles par le chemin de fer, s'est
métamorphosé en commune industrielle, véritable
dortoir des chantiers de la capitale.

Il est évident que ces diverses transformations ont
réagi les unes sur les autres et que, s'il convient de
les décrire séparément, pour la clarté de l'analyse, ce
serait une grave erreur d'oublier leur interdépendance.

§ 1. — MOUVEMENT DE LA POPULATION

La population de la Hulpe (1.280 habitants en 1834)
s'est élevée successivement à :

Années.	Habitants.	Excédent des entrées sur les sorties.	Excédent des naissances sur les décès.
1842	1.456	176	141
1850	1.718	261	124
1860	1.802	85	120
1870	1.902	109	134
1880	2.056	159	179
1890	2.255	199	231
1897	2.531	276	151
1898	2.581	24	26

1. Des ouvriers, qui habitent à proximité de la forêt, ont abandonné
leur petite culture et ne plantent plus qu'un peu de pommes de terre, à
cause des ravages faits par les lapins.
Il leur est impossible de réclamer des dommages-intérêts aux propriétaires des chasses environnantes, faute de pouvoir établir d'où
viennent les lapins et, par conséquent, lequel de ces propriétaires doit

MOUVEMENT DE LA POPULATION. — On voit que l'accroissement de la population a été ininterrompu depuis 1834; mais, de 1850 à 1890, l'excédent considérable des naissances sur le décès eût entraîné une progression plus rapide si le nombre des habitants qui allaient se fixer hors de la commune n'avait pas dépassé, de beaucoup, le nombre des étrangers qui venaient s'y fixer.

Il n'en a été autrement que depuis 1890, et aussi pendant la décade de 1840 à 1850.

La progression rapide de ces dernières années provient des employés et petits fonctionnaires de Bruxelles, qui, profitant de la facilité des communications, sont venus chercher à la Hulpe des loyers plus bas et des conditions d'existence moins onéreuses.

DÉFRICHEMENTS. — Antérieurement à 1850, l'accroissement de la population, outre ses causes naturelles, provenait surtout de l'afflux d'ouvriers forains, attirés par les défrichements de la forêt de Soignes.

A cette époque, en effet, on défricha plus de 430 hectares dans la partie de la commune, qui s'appelle encore «Sur le Bois»[1]. Le long de la drève des Pigeons, les nouveaux venus, à qui l'on avait concédé des parcelles de terrain, pour un terme de quatre-vingt-dix-neuf ans, à bail emphytéotique, se bâtirent eux-mêmes des chaumières, faites de bois et de torchis. Ces habitations primitives ont été remplacées peu à peu, — la dernière,

être déclaré responsable. Aussi ne voient-ils d'autre remède à cette situation qu'une mesure législative leur accordant le droit de détruire, en toute saison, le gibier qui vient sur leurs terres.

1. Tarlier et Wauters, *Géographie des communes belges, arrondissement de Nivelles, la Hulpe*. Bruxelles, 1859.

il y a deux ans[1], — par des maisons plus spacieuses,
dont les murs blancs et les toits rouges se détachent,
en notes claires, sur le fond noir des sapins et le
vert des prairies. Les plus anciennes, très pittoresques,
avec leurs jardins légumiers, fleuris de dahlias et de
roses trémières, leurs fenêtres grandes comme des
lucarnes, leurs plafonds trop bas, aux solives découvertes, présentent cette particularité de tourner le dos
à la drève et de s'ouvrir sur une cour intérieure. C'est
la vie au dedans, fermée à l'étranger qui passe, comme
dans les villas romaines, les cités ouvrières du moyen
âge, les bastides carrées que nous voyions dernière-
ment à Capri et qui ressemblent tant aux maisons
musulmanes; et cela correspond à des instincts, des
coutumes si tenaces, que des ouvriers socialistes de
la Hulpe, habitant des maisons plus modernes, avec
portes et fenêtres sur la rue, nous disaient avoir conservé l'habitude de vivre dans les pièces de derrière,
comme le faisaient leurs parents.

1. Cette maison appartenait à une vieille fille, Eugénie J..., âgée
aujourd'hui de 59 ans, qui travaille, depuis l'âge de 12 ans à la papeterie de la Hulpe. Après quarante années de « loyaux services », elle
fut décorée de la croix civique. Tombée malade, peu de temps après,
et envoyée à l'hôpital, elle ne s'est jamais complètement remise. La direction de la papeterie consentit néanmoins à la reprendre, et, depuis
lors, elle fait des demi-journées de 9 heures du matin à 4 heures de
l'après-midi pour un salaire de 1 franc par jour.
Ces 250 à 300 francs par an lui permettaient cependant de nouer les
deux bouts, sans trop de difficultés, parce qu'elle avait hérité de la
maison de ses parents, bâtie sur le fonds emphytéotique de la drève des
Pigeons. Quand celui-ci changea de propriétaire, elle se trouva dans
l'impossibilité de retrouver son acte de bail : la maison fut démolie;
on lui paya 15 francs pour ses matériaux, et, jetée brutalement sur
le pavé, elle dut prélever 60 francs sur son misérable salaire pour
payer le loyer d'une autre maison. Depuis cette année seulement, deux
ou trois personnes se sont cotisées pour la libérer de cette charge.

VILLAS ET CHAUMIÈRES. — Tout cet archaïsme, d'ailleurs, ne tardera pas à disparaître : d'ici à quelques années, dans cette partie de la commune, envahie par les maisons de campagne, les terrains et les loyers seront trop chers pour les pauvres gens. Déjà, à l'entrée de la drève, tout un quartier sort de terre. Seule, au milieu des constructions récentes, une vieille maison subsiste, comme le dernier témoin d'une époque disparue. En contre-bas de la route, hier encore couverte d'un toit de chaume et de mousse, sur lequel pleurait un vieux saule, elle est habitée par de très vieilles gens, — deux frères et une sœur, — les seuls habitants de la Hulpe qui produisent tout ce qu'ils mangent et qui mangent tout ce qu'ils produisent.

La maison, construite par leurs parents, il y a trois quarts de siècle, leur appartient, avec quelques parcelles de terre aux alentours ; ils ont une vache dont ils consomment le beurre, engraissent un cochon, pour sa viande, et tirent de leurs champs tout ce qui est nécessaire pour leurs bêtes et pour eux : navets, avoine, froment, seigle, pommes de terre, légumes, etc. Tout au plus vendent-ils parfois un peu de seigle, quand ils en ont de trop. L'argent dont ils ont besoin, pour les impôts et autres dépenses indispensables, provient d'anciennes économies, ou de ce que gagne le plus jeune des deux frères, qui fait un peu de serrurerie.

Indifférents aux fluctuations des prix, insoucieux des valeurs d'échange, puisqu'ils ne produisent que des valeurs d'usage, ces trois vieux nous disaient que leur situation ne s'est guère modifiée depuis un demi-siècle ;

mais, à leur avis, la condition des ouvriers s'est considérablement améliorée.

§ 2. — Transformation de la propriété

L'accroissement de la population et le régime du partage égal et forcé, ont nécessairement agi sur la répartition de la propriété foncière.

Propriétés publiques. — Depuis longtemps déjà, les communaux ont disparu[1]. Le Bureau de bienfaisance possède environ 13 hectares de terre, mais, à l'exception de 1 h. 50 ares, ils se trouvent situés sur le territoire des communes voisines[2]. L'État est propriétaire, sous la Hulpe, de 249 hectares se rattachant à la forêt de Soignes. Tout le reste de la commune appartient à des particuliers.

Cotes foncières en 1834. — En 1834, — époque de l'achèvement du cadastre, — le nombre des cotes foncières était de 255, dont 201 (78 0/0) au nom de propriétaires habitant la commune. Soit donc, si l'on tient compte seulement de ces dernières, une cote foncière pour 6 habitants (6,21).

Cotes foncières en 1898. — Aujourd'hui, le nombre des cotes foncières s'élève à 529, dont 384 (72 0/0) à

---

1. Il n'y en avait, d'ailleurs, que 6 bonniers en 1686 (Tarlier et Wauters).

2. En 1895, les recettes ordinaires du Bureau de bienfaisance se sont élevées à 1.798.97 francs ; le subside de la commune à 1.600 francs. On fait des distributions à 5 familles en été, 7 en hiver; des distributions trimestrielles à 18 familles; de plus, une soixantaine de familles reçoivent des secours médicaux et pharmaceutiques.

des propriétaires habitant la commune; soit encore une cote foncière pour 6 habitants (6,56).

La propriété s'est donc morcellée à peu près dans la même mesure que s'accroissait la population, et, comme chaque famille se compose, en moyenne, de quatre à cinq personnes, on peut en conclure qu'il y a bien peu de familles dans la commune qui ne possèdent une parcelle en propriété.

Il en est de même, d'ailleurs, dans presque toutes les communes rurales du pays, puisque, d'après les statistiques, il y a plus d'un million de cotes foncières, pour six millions d'habitants ; mais quand, au lieu de s'en tenir à ces moyennes, à ces chiffres généraux, qui ne signifient pas grand'chose, on recherche la part de chacun dans cet ensemble, on ne tarde pas à s'apercevoir que les charges hypothécaires modifient sensiblement la situation apparente, et que, d'autre part, l'immense majorité des propriétaires ne détient qu'une fraction infinitésimale du territoire.

1° *Charges hypothécaires.* — En général, les ouvriers de la Hulpe ne sont pas propriétaires de leur maison, qu'ils occupent à bail, ordinaire ou emphytéotique.

Depuis quelques années, cependant, on a construit un certain nombre de maisons ouvrières, qui sont, le plus souvent, grevées pour les quatre cinquièmes de leur valeur.

A trois ou quatre exceptions près, les autres propriétés sont quittes et libres. L'hypothèque ne frappe guère que les infiniment petits; mais c'est un moyen de crédit, non un signe de misère.

2° *Division des propriétés*. — Nous avons classé dans le tableau suivant les résultats du long et minutieux travail de comparaison que nous avons fait, d'après les registres du cadastre de la Hulpe, pour 1834 et 1897.

RÉPARTITION DU NOMBRE DES COTES D'APRÈS LEUR ÉTENDUE

ÉTENDUE	COTES en 1834	CONTENANCE GLOBALE			COTES en 1897	CONTENANCE GLOBALE		
		H.	A.	C.		H.	A.	C.
De 50 ares et en dessous....	137	24	95	68	363	61	19	36
51 ares à 1 hectare......	37	16	71	35	81	51	96	86
1 hectare à 2 hectares.	41	58	29	20	44	61	14	49
2 — à 5 — ..	25	76	61	80	19	63	58	42
5 — à 10 — .	8	50	16	86	4	31	33	20
10 — à 50 — ..	9	192	55	20	10	208	63	41
50 — et au dessus.	3	1.100	10	40	6	1.010	94	55

PROPRIÉTÉ PARCELLAIRE. — On voit que, depuis 1834, c'est exclusivement la propriété parcellaire, inférieure à 2 hectares, qui a gagné du terrain. Aujourd'hui, sur 529 cotes, il y en a 488, soit 92,24 0/0 du chiffre total, qui ont moins de 2 hectares et qui occupent seulement 174 h. 31 a., soit 11,27 0/0 du territoire de la commune ; cela fait une moyenne de 35 ares par cote.

PETITE PROPRIÉTÉ. — Par contre, les propriétés de 2 à 10 hectares ne sont plus représentées que par 23 cotes (au lieu de 35), soit 4,73 0/0 du nombre total des cotes ; et, au point de vue de la contenance, leur étendue globale s'est réduite à 94 h. 91 a., soit 6,13 0/0 de l'ensemble du territoire.

MOYENNE PROPRIÉTÉ. — Quant à la moyenne propriété (de 10 à 50 hectares) et à la grande propriété (au-dessus de 50 hectares), elles sont restées à peu près stationnaires.

Les 10 cotes de la moyenne propriété (1,90 0/0 du chiffre total) représentent 208 h. 63 ares (13,49 0/0) ; les 6 cotes de la grande propriété (1,13 0/0) ont une contenance totale de 1.040 h. 94 ares, soit 67,32 0/0 de l'ensemble du territoire.

GRANDE PROPRIÉTÉ. — Défalcation faite du domaine de l'État (249 h. 88 ares se rattachant à la forêt de Soignes), trois propriétaires possèdent, à eux seuls, plus de la moitié du territoire :

(1.546 h. 19 ares — 249 h. 8 ares = 1.296 h. 31 ares)

Ce sont :

M. S...,	à Bruxelles...........	369 h. 42 ares
Mme de C...,	à la Hulpe...........	187 h. 27 —
Mme de M..,	à Boitsfort...........	98 h. 61 —
		655 h. 30 ares

Rien de plus instructif, au point de vue des origines de la propriété foncière, que d'étudier, d'après les registres du cadastre, le mode de formation de ces domaines et leurs vicissitudes jusqu'à l'époque actuelle.

PROPRIÉTÉS DE PLUS DE 50 HECTARES EN 1834. — En 1834, lors de l'achèvement du cadastre, il y avait à la Hulpe trois propriétés d'une étendue supérieure à 50 hectares :

1° La *cense de la Ramée* et les bois d'alentour (76 h. 18 a. 30 centiares), qui faisaient partie, sous l'ancien régime, de la seigneurie Notre-Dame et appartenaient à l'abbaye d'Afflighem. Ces terres avaient été vendues comme biens nationaux et achetées par une pieuse famille d'avocats de Louvain.

2° L'ancien *château de la Queuwe* (172 h. 37 a. 20 centiares), qui, depuis le xive siècle, servait de rendez-vous de chasse aux ducs de Brabant, et, plus tard, aux gouverneurs généraux des Pays-Bas. Il fut démoli en 1807, et les terres qui en dépendaient avaient passé entre les mains d'une famille d'intendants, les B..., de la Hulpe.

3° Un bloc de 851 h. 54 a. 90 centiares, faisant partie de la forêt de Soignes, aliénée par le roi Guillaume, et qui se trouvait entre les mains de la Banque de Bruxelles ou Société Générale, chargée de dépecer la forêt.

Les économies d'un intendant, la vente à vil prix d'un « bien noir » et l'aliénation d'un bien domanial, qui fut qualifiée de vol à la Chambre belge[1], telles sont les origines de la grande propriété dans la commune de la Hulpe.

Depuis lors, ces biens ont été partagés, aliénés ou agglomérés, de la manière suivante :

Le *bien noir* de M. N..., arrondi par des acquisitions successives, avait, en 1847, une contenance totale de 177 h. 20 ares ; mais, en 1866, il fut partiellement

1. Discours de M. de Smet à la Chambre des représentants, 31 décembre 1835 : « C'est ainsi que le roi Guillaume, d'un esprit essentiellement calculateur, réalisa une somme importante de ces biens et, à l'aide de complaisants intervenants, dont je tairai les noms, quoiqu'on pourrait bien signaler au public qui sont ceux des Belges qui ont aidé, dans cette occasion, l'avide Guillaume à voler nos antiques domaines. »

vendu, et partagé, pour le surplus, entre les deux fils du propriétaire défunt.

Les terres de la famille B... furent achetées, en 1870, par le comte de M..., qui possédait déjà, sur la Hulpe, 46 h. 54 ares. Sept ans plus tard, la contenance globale de ses propriétés dans la commune s'élevait à 264 h. 97 ares, qui touchaient à son magnifique château d'Argenteuil, sur Ohain ; mais, en 1882, par suite de ventes successives, nécessitées par des revers de fortune, nous le retrouvons avec 149 h. 13 ares, et, en 1891, il ne possède plus que 56 ares : l'école des religieuses d'Ohain.

Propriétés de plus de 50 hectares en 1896. — Ce sont les meilleurs morceaux de ce domaine, joints aux terres de l'ancienne abbaye d'Afflighem, qui constituent aujourd'hui le nouveau château de Longue-Queue, ou de Neige-Dame, appartenant à M. de C... (159 h. 82 ares en 1889 ; 187 h. 25 ares en 1898).

Quant aux biens cédés à la Société Générale par le roi Guillaume, nous avons vu que l'Etat belge a repris, en 1839, une partie de la forêt de Soignes (242 h. 20 ares). Peu de temps auparavant, un sieur Van Malder avait acheté 138 h. 11 ares, situés le long de la drève des Pigeons : c'est le *champ Van Malder*, morcelé dans la suite et qui fut défriché par les emphytéotes dont nous avons déjà parlé. Enfin le marquis de Béthune s'était rendu acquéreur de la plus grande partie de ces biens : en 1847, il possédait 343 h. 87 ares, et, dans le splendide morceau de forêt aliéné par le roi

Guillaume, il avait fait bâtir le château, habité aujour-
d'hui par M. S..., et qui fait face au château de Longue-
Queue.

Depuis le domaine d'Argenteuil, sur Ohain, jusqu'à
la route de Bruxelles, toute la vallée de l'Argentine,
avec ses bois, son Gris-Moulin, son chapelet de mares
forestières et d'étangs sombres, peuplés de cygnes, ne
forme qu'un grand parc de 5 kilomètres de long sur 3 de
large.

C'est un vrai Paradou que ces vastes domaines, mais
l'ange de la propriété privée veille aux portes ; à toutes
les issues, on peut lire : *Passage interdit.* Les ouvriers
du hameau de Gallemarde, enclavé dans les trois châteaux, doivent faire un long détour pour aller à leur
travail. Jadis il existait un chemin public à travers la
propriété de Béthune ; mais, en 1846, il fut bénévole-
ment supprimé, sans indemnité aucune, par délibéra-
tion du Conseil communal, désireux de complaire au
marquis.

Seuls les gens qui vont porter du grain, ou chercher
de la farine, au Gris-Moulin, ont le droit de passer par
la drève de Longue-Queue, et si les promeneurs
n'avaient pas la forêt de Soignes, assez éloignée d'ailleurs, ils ne trouveraient pas un coin d'ombre dans ce
pays couvert de bois.

§ 3. — DIVISION DES CULTURES

La division des propriétés et, plus encore, les changements qui se sont produits, depuis un demi-siècle,
sous l'influence grandissante de l'agglomération bruxel-

loise, ont nécessairement retenti sur la division des cultures et le morcellement des exploitations.

Les recensements agricoles de 1846, de 1856 et de 1895 fournissent, à cet égard, les renseignements suiva· ：

Exploitations.	1846	1856	1895
Au-dessous de 50 ares.........	96	118	320
De 50 ares à 1 hectare.........	60	73	81
1 à 2 hectares	73	72	57
2 à 3 —	28	22	22
3 à 4 —	11	17	14
4 à 5 —	7	8	3
5 à 10 —	21	18	10
10 à 20 —	10	6	8
20 à 40 —	2	8	5
40 à 50 —	1	»	2
Au-dessus de 50 hectares......	5	4	3
	314	346	525

De la comparaison de ces chiffres, il résulte :

1° Que le nombre des exploitations d'une étendue supérieure à 10 hectares est resté le même : 18; 18; 18; mais leur étendue s'est réduite ;

2° Que le nombre des exploitations de 1 à 10 hectares a diminué : 140; 137; 106 ;

3° Que le nombre des exploitations inférieures à 1 hectare a considérablement augmenté : 156; 191; 401.

C'est ce qui explique les chiffres, d'apparence paradoxale, que contient le recensement de 1895. Après nous avoir appris, en effet, qu'il y avait, à cette époque, 525 exploitations agricoles sur le territoire de la Hulpe, le même document constate que 279 personnes, — hommes, femmes et enfants âgés de plus de douze ans, — s'y occupaient habituellement de travaux agricoles[1].

Il y aurait donc deux fois plus d'exploitations que d'exploitants!

PARCELLES OUVRIÈRES. — Ces seuls chiffres suffisent à montrer que les 401 exploitations inférieures à 1 hectare ne sont pas de véritables exploitations agricoles, mais des jardins légumiers, des carrés de choux ou de pommes de terre, que des ouvriers cultivent à leurs moments perdus; l'énorme augmentation de leur nombre, depuis cinquante ans, est le signe de la transformation de la Hulpe en commune ouvrière et industrielle.

Cette transformation se marque également, quand on compare, dans les deux derniers recensements agricoles, le dénombrement du cheptel et la répartition des principales cultures.

DIMINUTION DU CHEPTEL. — Le nombre des chevaux et des bêtes à corne diminue; celui des bêtes à laine et des porcs, — le bétail du prolétaire, — augmente. L'étendue des terres exploitées, qui était de 950 h. 20 ares en 1888, n'est plus, en 1895, que de 837 h. 47 ares [1].

Membres de la famille occupés habituellement aux travaux agricoles			Domestiques à gages et ouvriers journaliers permanents			TOTAL GÉNÉRAL
Hommes	Femmes	Total	Hommes	Femmes	Total	
117	82	199	62 et 1 chef de culture	17	80	279

(dont 476 h. 2 ares en location et 371 h. 46 ares
en faire valoir direct).

RÉDUCTION DES CULTURES. — A la période d'extension
des cultures, des défrichements, des mises en valeur
de bruyères et autres terres incultes, a succédé, depuis
la crise agricole, une période de régression qui va
toujours s'accentuant.

C'est ce que nous expliquait, fort clairement, un
cultivateur du hameau de Malaise, dont on peut résu-
mer en ces termes les déclarations :

« Je ne cultive plus que 6 hectares, y compris
« cette prairie, que je loue à M. S... et qui se trouve
« à une demi-heure de chez moi. Mon exploitation, qui
« occupe encore deux chevaux, était jadis plus consi-
« dérable, mais la culture est devenue si peu rémuné-
« ratrice que je me suis vu forcé de réduire son éten-
« due. Si je n'avais pas une demi-douzaine de serres,
« il me serait impossible de nouer les deux bouts.

« Tous les fermiers de Malaise, d'ailleurs, se trouvent
« dans le même cas, pour les raisons suivantes :

« 1° Les propriétaires, malgré la crise agricole,
« s'entêtent à maintenir leurs exigences ; le baron X...,
« de Hoeylaert, qui a 20 ou 25 hectares sur le terri-
« toire de Malaise, préfère les laisser en friche que
« de les louer à prix réduits ; il se borne à donner, de
« temps à autre, 1 hectare en location à quelque petit
« particulier[1].

1. Taux moyen des fermages : 100 francs l'hectare pour les parcelles ;
de 70 à 80 francs pour les terres plus étendues.

« 2° La charge des impôts devient de plus en
« plus lourde. Il y a, dans ma commune, — j'habite
« sur Overyssche, — 50 centimes additionnels à la
« contribution foncière ; pour l'impôt de mes six hec-
« tares, il me faut trouver, bon an mal an, 150 francs.

« 3° Jadis, les ouvriers ne connaissaient guère autre
« chose que le travail des champs ; aujourd'hui,
« presque tous les travailleurs valides sont occupés
« dans les serres à raisins, les travaux du chemin
« de fer, les chantiers de Bruxelles, les parcs et les
« bois des châteaux ; d'autres, enfin, travaillent à la
« papeterie : il y a quelques années, un seul ouvrier
« de Malaise y était employé ; aujourd'hui, il y en
« a 25 au moins.

« Quant à moi, si je parviens à garder l'ouvrier qui
« travaille chez nous, c'est parce que je lui prépare son
« champ avec mes attelages.

« Mais, en somme, la cherté de la main-d'œuvre,
« l'augmentation des impôts, le maintien, ou la trop
« faible réduction des fermages, ont eu pour résultat
« de diminuer fortement l'étendue des cultures : il n'y
« a plus un cheval sur vingt-cinq qu'il y avait dans
« le temps. Les fermiers qui deviennent vieux renoncent
« à la culture ; d'autres réduisent leur exploitation.

« Quant aux terres qui deviennent ainsi disponibles,
« on les affecte à d'autres usages : la plus grande par-
« tie de la propriété L..., il y a dix ans, et de la pro-
« priété N..., il y en a vingt-cinq ou trente, était
« des terres de culture ; aujourd'hui, elles sont reboi-
« sées ou transformées en jardin de plaisance ; plus

« souvent encore, les cultures sont morcelées et les
« terres louées en détail à des ouvriers.

« X... insiste fortement sur ce fait que, d'après lui,
« les petits cultivateurs sont, à tous les points de vue,
« beaucoup moins heureux que les ouvriers ; leur travail
« est plus rude ; ils doivent être debout à trois heures,
« et, le soir, donner à manger aux bêtes, quand les
« ouvriers ont depuis longtemps cessé le travail ; leur
« existence est empoisonnée par les multiples soucis
« des risques agricoles, du fermage et des impôts à
« payer ; leur alimentation est moins substantielle :
« les petits cultivateurs ne mangent pas de la viande
« deux fois par semaine ; ils vendent leur beurre, au
« lieu de le manger, ou vont porter leur lait à la coo-
« pérative cléricale d'Overyssche, qui ne leur en donne
« que 12 centimes le litre ; en un mot, quand on voit,
« au village, des hommes qui s'amusent et qui font la
« fête, on peut être certain que ce sont des ouvriers ;
« les petits cultivateurs n'ont pas de quoi. »

§ 4. — SITUATION DES OUVRIERS

D'après les renseignements qui nous ont été fournis
par les départements de l'agriculture et du travail, la population ouvrière de la Hulpe se décompose comme suit :

OUVRIERS AGRICOLES		OUVRIERS INDUSTRIELS	
HOMMES	FEMMES	HOMMES	FEMMES
62	17	220	34

Soit un total de 333 personnes.

Les ouvrières industrielles sont des lingères (5), travaillant surtout pour Bruxelles ; des chiffonnières de la papeterie (4) ; des trieuses de papier (15) ; des couturières (9) et 1 repasseuse.

Les ouvriers sont des brasseurs (5) ; des paveurs (5) ; des coupeurs de papier (6) ; des scieurs de long (7) ; des plafonneurs (21) ; des menuisiers (27) ; et surtout des maçons (111) ; le surplus se compose d'artisans du village : ardoisiers, boulangers, cordonniers, charrons, ferblantiers, forgerons, etc.

Parmi ces ouvriers, il y en a 125, au moins, qui vont, tous les jours, travailler à Bruxelles et dans ses faubourgs. L'institution des coupons de semaine (10 février 1870) a certes augmenté leur nombre, mais depuis longtemps déjà, et à mesure que s'étendait l'agglomération bruxelloise, la région fournissait un fort contingent de maçons, de menuisiers et de plafonneurs.

Logements en ville. — Il y a trente ou quarante ans, c'était par bandes de 50 hommes et plus que ces ouvriers partaient, le dimanche soir, pour Bruxelles, avec un pot de beurre et du pain pour six jours ; ils payaient 2 francs à 2 fr. 10 par semaine à des logeurs pour le café, les pommes de terre et le coucher, à deux dans le même lit, à 8 ou 10 dans la même chambre.

On comprend que, dans ces conditions, les ouvriers aimaient mieux courir les cabarets et les cafés-concerts que de rentrer de bonne heure, pour s'entasser dans leurs dortoirs comme des harengs dans une caque.

Aujourd'hui, ces maisons de logement se font assez rares ; après le choléra de 1866, on a pris des mesures pour les assainir. Elles ne sont plus fréquentées, d'ailleurs, que par de vieux ouvriers, ou par ceux qui habitent trop loin d'une station de chemin de fer pour rentrer tous les soirs ; les autres, au lieu de payer 2 francs à un logeur, ont avantage à prendre plutôt un coupon de semaine, qui, de Bruxelles à la Hulpe, leur coûte 1 fr. 25.

NOMBRE DES COUPONS DE SEMAINE. — D'après les renseignements qui nous ont été fournis par l'administration des chemins de fer, on peut évaluer à 250 en hiver, à 300 pendant les huit autres mois de l'année, le nombre des ouvriers qui prennent tous les matins le chemin de fer, à la station de la Hulpe. Outre ceux du village, il en vient un grand nombre des communes d'alentour [1].

CAUSES DE L'EXODE VERS LES VILLES. — Parmi les principaux facteurs qui ont, dans ces derniers temps, aug-

---

1. Pendant l'année 1897, la station de la Hulpe a délivré 12.763 coupons de semaine (valables pour six trajets aller et retour), soit une moyenne de 245 par semaine pour toute l'année ; mais il faut tenir compte de la morte-saison : bien que l'hiver ait été exceptionnellement doux, la moyenne pour les quatre mois de décembre, janvier, février, mars, n'a été que de 110 coupons par semaine ; elle s'est élevée à 262 pour les huit autres mois.

A ce chiffre il faut ajouter 872 coupons de semaine valables pour sept jours, soit une moyenne de 13 pendant les quatre mois d'hiver, de 19 pendant le reste de l'année.

Enfin l'administration des chemins de fer a délivré, à ses ouvriers habitant la Hulpe, 1.085 coupons pour Schaerbeek et Bruxelles (Q. L.), soit une moyenne de 20 par semaine.

Il y a, de plus, une dizaine de maçons qui vont tous les ans faire campagne à l'étranger, le plus souvent en France, « où l'on boulotte bien ».

menté cet exode, il faut citer, en première ligne, la fièvre de bâtisse qui sévit dans l'agglomération bruxelloise et, d'autre part, la difficulté toujours plus grande, pour les ouvriers de la Hulpe, de trouver sur place du travail suffisamment rémunéré.

La plupart de ceux qui étaient à la papeterie ont été remplacés, — nous l'avons vu, — par des Flamands, de Malaise, qui acceptent de travailler pour un moindre salaire.

Les scieurs de long, qui gagnaient jadis leurs cent sous par jour, se plaignent aussi, très amèrement, de la concurrence de « ces sales Flamins, pour qui des salaires de 2 francs sont une bonne journée »; de plus, les scieries à vapeur ambulantes, qui se sont tant multipliées depuis vingt ans, leur ôtent littéralement le pain de la bouche. Aussi, presque tous, ne trouvant plus d'ouvrage, ont dû se faire terrassiers, paveurs ou manœuvres de maçons.

Enfin nous savons que le nombre des ouvriers occupés dans les fermes s'est considérablement réduit depuis la crise agricole.

Jadis, quand un ouvrier n'avait rien d'autre à faire, pendant la mauvaise saison, il trouvait toujours le moyen de gagner 1 franc, 1 fr. 50, en allant battre en grange. Aujourd'hui, les fermiers emploient des batteuses mécaniques et, à l'époque de la moisson, suppléent à l'insuffisance de leur personnel ordinaire en faisant venir des *piqueteurs* flamands, du sud de la province d'Anvers ou des environs d'Aerschot.

LES OUVRIERS FLAMANDS. — Ces coûterons sont de très pauvres gens, qui gagnent chez eux, pendant l'hiver, de 50 à 60 centimes par jour, et n'ont à peu près rien sur le corps quand ils viennent en pays wallon. En règle générale, ils n'amènent pas de femmes ou de filles, sauf une seule par brigade, pour faire le ménage; mais souvent ils sont accompagnés et se font aider par leurs enfants, qui dès le plus jeune âge, — dix ans parfois, — sont privés, pendant des mois, de toute fréquentation scolaire.

Ainsi donc, nous assistons à une double série de déplacements, à la recherche de meilleurs salaires : les Wallons s'en vont à Bruxelles; les Flamands viennent prendre leur place, et, de l'antique stabilité des populations campagnardes, on peut dire que, dans cette partie du pays, il ne reste plus rien.

LES OUVRIERS WALLONS. — Entre les ouvriers qui vont faire la moisson et ceux qui travaillent en ville, il y a peu de relations, mais il n'y a pas d'hostilité. Les Wallons manifestent plutôt une pitié quelque peu dédaigneuse pour «ces pauvres Flamands, qui travaillent comme des bêtes et se nourrissent de pain noir et de pommes de terre, comme les cochons ».

À la Hulpe, au contraire, l'alimentation des familles ouvrières est relativement satisfaisante. Presque tous les ménages ont un porc et, les plus favorisés, une vache, dont le lait sert à peu près exclusivement à faire du beurre pour les tartines quotidiennes; les bonnes ménagères tâchent d'en épargner chaque

semaine 1 ou 2 kilogrammes pour « leur boutique » et se
procurent ainsi, par voie d'échange, le café et les épi-
ceries dont elles ont besoin; en hiver, la graisse du
porc remplace le beurre. Pour payer leur loyer, —
120 francs en moyenne pour la maison et le jardin,
plus le prix de la location de la terre, — les uns engraissent un deuxième cochon; d'autres plantent un
carré d'avoine; d'autres encore ont une ou deux serres
à raisins ou à tomates, dont ils envoient les produits
sur le marché de Bruxelles; il en est beaucoup également qui tiennent un petit cabaret[1].

SALAIRES. — En somme donc, une famille ouvrière
produit à peu près tout ce qu'elle mange, paie son
loyer avec ce qu'elle vend et, grâce à la proximité de
la ville, touche des salaires relativement élevés.

1. Les ouvriers de ferme gagnent 1 fr. 50 par jour,
plus la nourriture ; les journaliers, depuis mars jusqu'à
la Toussaint, 2 francs à 2 fr. 50. En hiver, beaucoup
crieraient famine si, depuis quelques années, M. S...
n'en occupait un grand nombre à des travaux d'embellissement de son parc. C'est ainsi que, l'année dernière, plus de 200 ouvriers industriels et agricoles ont
trouvé du travail.

2. Les ouvriers employés dans les châteaux, d'une
manière permanente, pour le service des chemins ou
l'entretien des bois, ont des salaires assez variables :

1. Pour compléter ces indications, nous donnons en annexes trois
budgets-types de familles ouvrières habitant la Hulpe : la première
est dans l'aisance ; la seconde représente assez bien la moyenne ; la
troisième est assistée par la bienfaisance publique.

ceux qui travaillent chez M. S... gagnent 25 centimes l'heure et font dix heures de travail. Au château de Longue-Queue, ils ne gagnent que 1 fr. 75 pour neuf heures de travail en hiver, 2 fr. 25 pour onze heures en été. Ceux qui s'aviseraient de réclamer seraient supplantés immédiatement par de ouvriers d'Overyssche ou de Malaise, — dont le *standard of life* est beaucoup moins élevé. Il suffit, pour s'en convaincre, de voir les misérables chaumines habitées par les journaliers flamands de ces communes.

3. Les ouvriers de la papeterie ne gagnent pas plus que les journaliers. Le chef emballeur, par exemple, — un ancien ouvrier de laminoir, — ne reçoit que 2 fr. 70 par jour. Tout compte fait, d'ailleurs, il déclare se trouver beaucoup mieux à la Hulpe que dans le pays de Charleroi, où il gagnait 3 francs par jour.

« Quand j'étais à Gilly, nous disait-il, je payais 12 francs par mois pour une bicoque sans jardin; je n'en paie que 13 à la Hulpe, pour une grande maison avec 37 ares de terre. Ma femme s'occupe de la culture ; nous venons d'acheter un cochon et quelques poules ; j'aurai ma provision de pommes de terre l'hiver prochain, et, si tout va bien, nous achèterons une vache. »

Si nous passons maintenant aux ouvriers qualifiés :

4. Les scieurs de long, malgré la crise dont ils souffrent, parviennent encore à gagner 3 fr. 50 par jour quand ils ont du travail; mais, depuis l'introduction des scieries ambulantes, il n'en reste plus

que deux ou trois à Gallemarde et quatre ou cinq à la Hulpe.

5. Les maçons et les plafonneurs gagnent de 35 à 40 centimes l'heure et font, pendant la bonne saison, cinq quarts de journée, soit dix heures de travail; mais il faut naturellement ajouter à ces heures passées sur le chantier le temps nécessaire pour aller et venir. Les gens de Gallemarde, par exemple, qui habitent à trois quarts de lieue de la gare, doivent partir de chez eux à trois heures du matin et ne rentrent guère, en été, avant neuf heures du soir.

Le salaire annuel des plafonneurs est un peu plus élevé que celui des maçons, parce que ces derniers doivent plus souvent interrompre leur travail pour cause de mauvais temps. Si l'on tient compte des jours de pluie et des chômages d'hiver, les ouvriers maçons ne gagnent pas plus de 900 à 1.000 francs par an.

Seulement la plupart d'entre eux trouvent des ressources supplémentaires, grâce au travail de leur femme et de leurs enfants.

Voici, par exemple, quelques notes sur les conditions d'existence d'un ouvrier maçon du hameau de Gallemarde :

B..., quarante-six ans, marié depuis vingt-trois ans avec une ménagère alerte, économe et rude travailleuse; six enfants, dont quatre filles. L'aînée seule est mariée; les autres habitent avec leurs parents.

B... allait jadis travailler à l'étranger, et notamment à Paris, d'où il rapportait, à la fin de chaque campagne, d'assez fortes économies; il travaille aujourd'hui soit à

Bruxelles, soit, de préférence, à la Hulpe et dans les environs. Au lieu de gagner 85 centimes l'heure comme à Paris, ou 45 centimes comme en Belgique, après 1870, il n'arrive plus à gagner que 37 centimes. Son fils aîné, maçon également, gagne 2 francs par jour; sa seconde fille, qui travaille à la maison comme couturière, gagne à peu près 1 fr. 50.

Outre ces salaires, il entre encore un peu d'argent à la maison : les pommiers du jardin rapportent de 40 à 60 francs par an; les deux cochons qu'on a engraissés cette année se sont vendus 200 francs. Le ménage, qui est propriétaire de sa maison et d'un hectare de terre sur les coteaux qui descendent vers l'Argentine, a pris, en outre, à bail deux journaux (40 ares) appartenant à Mme de M... Il obtient, sur ces différentes parcelles, un peu de froment, du seigle, des choux rouges, des pommes de terre et quelques plants de tabac, dont les grandes feuilles, à l'automne, sèchent au soleil, sur les murs de la maison.

Nos gens ne mangent de la viande que le dimanche, ou bien quand ils tuent un porc et s'en réservent quelques morceaux; le reste du temps, ils ne mangent que des légumes, des pommes de terre et des tartines avec du café, sans sucre; mais, quand vient la kermesse, toute la maisonnée fait bombance; pendant deux ou trois jours, on se gave de tartes aux prunes : cette année même, nous en avons compté cinquante-six, majestueusement alignées dans la cave, sur un grand lit de paille. Il y en avait pour 30 francs! Ajoutez 20 francs pour d'autres extras, autant pour les dépenses

de cabaret : c'est le salaire de plusieurs semaines que l'on mange et que l'on boit, du jour au lendemain.

État intellectuel. — Bien que B... soit un homme fort intelligent, l'un des membres les plus actifs du syndicat des maçons, il ne trouve guère le temps, sauf en hiver, de lire autre chose qu'un journal, ou parfois une brochure de propagande.

En général, d'ailleurs, les ouvriers de la Hulpe lisent fort peu. La petite bibliothèque communale n'est guère suivie. Le plus clair des loisirs se passe soit à travailler dans les champs « pour donner un coup de main à la femme », soit à boire des chopes ou des *grandes gouttes.*

Il est juste d'ajouter, cependant, qu'au point de vue intellectuel la situation s'améliore. Les écoles sont bonnes ; le nombre des illettrés diminue ; plus de quarante jeunes gens suivent les cours d'adultes, et, tout au moins dans le centre de la commune, la fréquentation scolaire est satisfaisante, même pendant l'été.

On ne peut malheureusement pas en dire autant des villages d'alentour, où les travaux agricoles absorbent beaucoup plus les femmes et les enfants.

En résumé, l'influence grandissante de l'agglomération bruxelloise a radicalement transformé la commune de la Hulpe.

Les salaires des journaliers ont augmenté ; les impôts et les taxes locales pèsent plus lourdement sur les cultivateurs ; le prix de vente ou de location des terres n'est plus en rapport avec leur valeur, — fort médiocre, — comme terres arables, mais bien avec leur valeur, qui va toujours croissant, comme terrains à bâtir, jardins d'agrément, emplacements pour serres, parcelles potagères louées, au détail, à des ouvriers[1].

Dans ces conditions, la culture traditionnelle a cessé d'être rémunératrice. A part les fermes des châteaux, qui coûtent plus qu'elles ne rapportent, mais que les châtelains conservent pour les produits de leur basse-cour, il n'existe plus guère d'exploitations agricoles proprement dites : elles ont fait place à des pépinières, des reboisements, des établissements de viticulture et, surtout, à des lopins de terre cultivés par les ouvriers, ou plutôt par leurs femmes.

En d'autres termes, la *petite et la moyenne cultures, produisant des valeurs d'échange, tendent à disparaître ; la culture parcellaire, produisant des valeurs d'usage, se développe de plus en plus.*

Seulement, — car il ne s'agit, bien entendu, que d'un retour apparent aux formes anciennes, — ceux qui produisent ces valeurs d'usage sont en même temps, et surtout, des ouvriers salariés; *au lieu de s'emparer des cultures, le mode de production capitaliste s'est emparé des cultivateurs* et les a transformés, eux, ou leurs enfants, en prolétaires industriels.

1. Aux environs de la gare du chemin de fer, l'hectare se vend de 25 à 30.000 francs.

	1 W...; maçon; 48 ans; marié; 6 enfants; 2 fils maçons; 2 filles couturières.	2 V...; charretier; 31 ans; marié; 2 enfants, de 4 et 1 ans.	3 C...; journalier; 37 ans; marié; 5 enfants, de 11, 7, 6, 4, 2 ans.
I. — DÉPENSES			
A. — Dépenses d'ordre physique et matériel			
a. Nourriture. Pain de froment	350f, » (18 pains par semaine)	163f,80 (1 pain de 45 cent. par jour)	365 »
Légumes, pommes de terre	42 » (+ une récolte de 20 sacs)	42 »	30 »
Viande	200 »	100 » (+2 porcs engraissés)	100 »
Laitage, œufs, poisson	» »	15 »	» »
Beurre, huile, graisse	67 50	150 »	90 »
Assaisonnem^ts, sel, épices	25 »	25 »	10 »
Café, chicorée	67 60	50 »	12 »
	782f,10	545f,80	607f, »
b. Habitation	» » Propriét^e: maison (5 pièces); jardin; 18.5 ares de terres.	250f, » (4 pièces et 2 mansardes)	85f, » (2 pièc^e; 1 mansarde; 1 grenier petit jard.; maison humide);
c. Habillement :			
Parents	130f, »	100f, »	50f, »
Enfants	150 »	70 »	20 »
d. Coucher	15 »	» »	» »
e. Chauffage	70 »	60 »	40 »
f. Eclairage	10 »	10 »	5 »
g. Blanchissage	40 »	35 »	» »
h. Entretien de l'habitation, assurances	10 03 (assurance)	» »	» »
i. Contributions et taxes diverses	10 33	26 12	4 50
j. Frais occasionnés par l'exercice du métier	136 60	» »	» »
k. Frais de jardinage, lorsque la famille a la jouissance d'une parcelle de terre	3 »	» »	» »
	574f,76	301f,12	204f,50
B. — Dépenses d'ordre religieux moral, intellectuel			
a. Frais de culte	8f, »	2f, »	2f, »
b. Mutualité	9 »	11 » (y compris 2 fr. par semaine pour l'assurance-vie des enfants)	» »
	17f, »	13f, »	2f, »
C. — Dépenses de luxe.			
a. Dépenses de cabaret	260f, »	100f, »	50f, »
b. Achat de tabac	20 »	26 »	» »
	280f, »	126f, »	50f, »
TOTAL DES DÉPENSES	1,653f,86	1,195f,92	948f,50
II. — RECETTES			
Salaire du chef de famille	1,000f, »	750f, »	684f, » (2 fr. 50 par jour, en été; 2 fr. pendant les 3 mois d'hiver)
Salaire de la mère	850 »	» »	80 »
Salaire des enfants	450 »	» »	» »
Autres ressources	» »	300 » (cabaret)	» »
TOTAL DES RESSOURCES	2,310f, » (auquel il faut ajouter le bénéfice résultant de la vente des animaux à l'engrais (2 porcs et 1 génisse).	1,050f, » (auxquels il faut ajouter le bénéfice réalisé par la vente des deux porcs)	764f, » Pour combler le déficit de ce budget, le mari travaille le dimanche; la femme, avant de tomber malade, l'hiver dernier, faisait des courses ou travaillait à la journée; aujourd'hui, le ménage est endetté; le Bureau de bienfaisance lui accorde les soins médicaux et pharmaceutiques; des particuliers donnent quelques vêtements et des provisions.

CHAPITRE II

RIXENSART

Le domaine de Rixensart est un exemple typique de ces propriétés d'origine féodale, assez rares aujourd'hui, qui appartiennent encore aux descendants, plus ou moins directs, des anciens seigneurs.

A la fin du xviiie siècle, Guillaume-Charles-Ghislain, comte de Mérode et du Saint-Empire, prince de Rubempré et d'Everberg, marquis de Westerloo, possédait en Belgique des biens considérables et notamment les terres de Grimberghe, de Westerloo et d'Everberg; celle de Rixensart lui fut cédée, dans la suite, par le comte de Mérode, marquis de Deynze.

Tous ces biens furent séquestrés, comme biens d'émigrés, pendant la Révolution, mais après l'avènement de Napoléon Ier, le comte de Mérode-Westerloo se rallia au nouveau régime, rentra en possession de ses terres et devint successivement maire de Bruxelles et sénateur de l'Empire.

Il mourut en 1830, laissant quatre fils : Henri, Félix, Werner et Frédéric, qui fut blessé mortellement, quelques mois plus tard, au combat de Berchem près d'Anvers.

Henri de Mérode, l'aîné, hérita de Grimberghe et de Westerloo. Werner, le plus jeune eut Everberg. Les

Rixensart

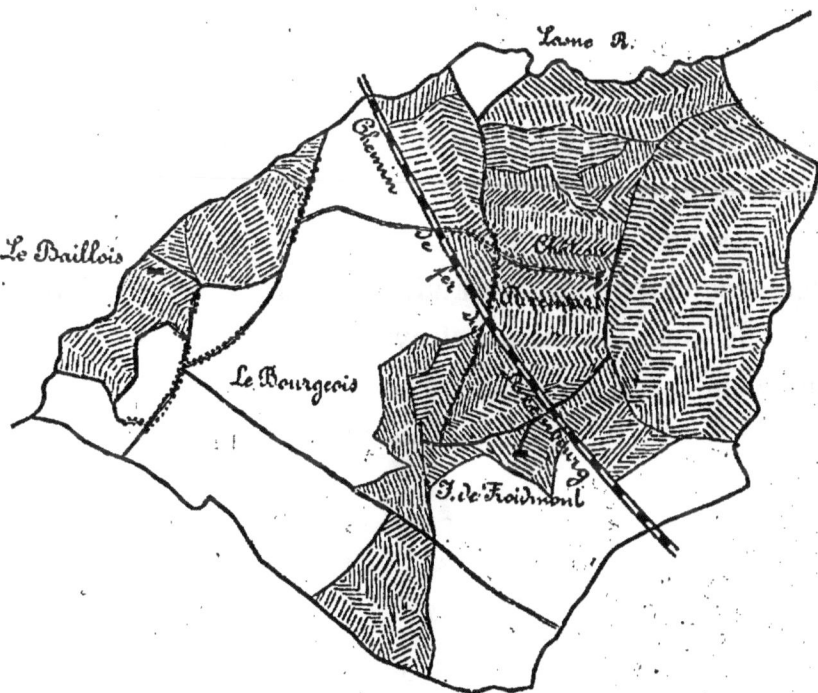

☐ 486 côtes de moins de 100 h.

▨ 2 côtes de plus de 100 h

Lasne R.

Le Baillois

Chemin de fer

Le Bourgeois

F. de Froidmont

biens de Rixensart échurent à Félix, comte de Trélon.

A la mort de ce dernier, ils furent fractionnés en trois lots : le comte Xavier, camérier du pape Pie IX, hérita du château et des terres voisines; la comtesse Albertine eut la ferme de Froidmont; le comte de Montalembert, leur beau-frère, les biens situés au hameau du Bourgeois.

Aujourd'hui, la veuve de Montalembert et le fils de Xavier de Mérode, héritier de son père et de sa tante, se partagent à peu près les deux tiers de la commune.

Le petit château du Baillois, sur les bords de la Lasne, appartient à Mme de Montalembert, qui, très âgée, ne reviendra probablement plus jamais à Rixensart. Depuis de longues années, d'ailleurs, le Baillois est occupé par des locataires; c'est au château des Mérode que Montalembert avait l'habitude de séjourner pendant la belle saison, et qu'il écrivit une grande partie de son *Histoire des moines d'Occident.*

§ 1. — MOUVEMENT DE LA POPULATION

POPULATION EN 1835. — Rixensart, qui avait, en 1835, à peu près la même population que la Hulpe, — 1.217 habitants, — s'est développée, depuis lors, beaucoup plus lentement que sa voisine.

« Voici bientôt 26 ans que je suis en fonctions, nous disait le secrétaire communal, et le nombre des habitants n'a guère changé. » Depuis une dizaine d'années, il est absolument stationnaire.

Au 31 décembre 1890......... 1.633 habitants.
    —   1895......... 1.618   —
    —   1897......... 1.621   —

POPULATION EN 1897. — Cette population se répartit en deux sections de physionomie bien distincte : la section du village et celle du Bourgeois.

LE BOURGEOIS. — L'ancienne communauté du Bourgeois, dont les maisons ouvrières s'épandent en longues files sur les crêtes qui dominent la vallée de la Lasne, compte 850 habitants. La propriété y est fort divisée ; l'influence des seigneurs n'est pas grande; la population est en voie d'accroissement, surtout depuis la construction du chemin de fer vicinal de Wavre à Braine-l'Alleud.

RIXENSART-VILLAGE. — Rixensart-village, au contraire, n'a que 771 habitants et tend plutôt à décroître. Son aspect extérieur n'a guère changé depuis quinze ans que nous y vînmes pour la première fois : une centaine de maisons s'éparpillent sur les hauteurs et dans les ravins, coupés par la ligne du chemin de fer. Comme tous les châteaux anciens de cette région, l'habitation seigneuriale se trouve au bord d'un étang, en contre-bas du village, dans un vallon tranquille, planté d'arbres fruitiers. La section tout entière, sauf quelques insignifiantes parcelles, appartient aux Mérode. Les propriétaires, absents, ont délégué leurs pouvoirs à un

régisseur, M. X..., avocat et bourgmestre, qui tient
tout le village dans sa main. Les éléments étrangers,
suspects de libéralisme, sont écartés avec un soin
jaloux. Pour obtenir la moindre parcelle de terre, soit
en propriété, soit à charge de rente annuelle, il faut
montrer patte blanche. Les pauvres vivent sous la
perpétuelle menace de se voir fermer, s'ils votent mal,
l'accès des bois de monseigneur.

Par contre, ceux qui sont bien notés jouissent de
certains avantages. Quand ils se bâtissent une maison,
on leur fournit le bois de charpente, gratuitement, ou
à très bon compte. On occupe, dans les bois ou dans
les champs, à travailler aux chemins ou à étendre les
bouses de vache sur les pâtures, assez bien de vieux
ouvriers, repoussés de partout ailleurs. Quand ils
deviennent tout à fait impotents, on leur donne des
secours, voire même une petite pension de 20 francs
par mois. .

Bref, nous trouvons en action, sur les terres de
Rixensart, le système de protection et de dépendance dont Stuart Mill a fait si magistralement la critique et contre lequel les populations tendent de plus
en plus à s'insurger. C'est ainsi qu'à Rixensart, aux
élections communales de 1895, il s'en est fallu de bien
peu, grâce au secret du vote, que la liste présentée par
la Ligue ouvrière du Bourgeois ne l'emporte sur celle
du bourgmestre[1].

On nous disait même que les gens du village avaient

1. Aux élections du 15 octobre 1899, pour le renouvellement partiel
du Conseil communal, trois socialistes et deux cléricaux ont été élus.

voté contre ce dernier avec plus d'ensemble que ceux du hameau.

§ 2. — Transformation de la propriété

Bureau de bienfaisance. — Les communaux, depuis longtemps, ont complètement disparu. Quant aux Bureau de bienfaisance, il possède encore sous Limal 9 h. 41 ares et sous Rixensart 23 ares[1] ; tout le reste du territoire appartient à des particuliers.

Cotes foncières en 1834. — En 1834, la propriété était plus divisée à Rixensart qu'à la Hulpe. Le nombre des cotes foncières était de 313, dont 239 (70 0/0) au nom de propriétaires habitant la commune ; soit donc, en tenant compte seulement de ces derniers, une cote foncière pour cinq habitants (5,09).

Cotes foncières en 1898. — Depuis cette époque, la population ayant beaucoup moins augmenté qu'à la Hulpe, la progression des cotes foncières a été plus lente également : elles sont, pour l'année courante, au nombre de 488.

On voit qu'ici encore il n'est pour ainsi dire pas de famille qui n'ait son coin de terre ; mais, comme à la

---

1. En 1897, les recettes du bureau de bienfaisance se sont élevées à 1.263 francs (fermages : 702 fr. 50 ; location de la chasse de Limal : 39 francs ; rentes sur l'Etat : 522 francs ; subside de la commune : 50 francs). Les dépenses ont beaucoup augmenté depuis quelques années ; pour 1899, le subside de la commune sera de 410 francs. D'après M. le secrétaire communal, cette augmentation provient plutôt de ce que les pauvres ont des exigences plus grandes que de l'accroissement réel de la misère.

Hulpe, et plus encore qu'à la Hulpe, la plupart d'entre elles n'ont qu'un haillon de propriété.

Sur la liste des propriétaires de 1834, nous relevons 38 cotes foncières inférieures à 10 ares, parmi lesquelles :

N° 274. — Cultivateur.........	6ª,50ᶜ	8 fr. 39 de revenu.
N° 252. — Marchand de plantes.	4ª,30ᶜ	0 fr. 58	—
N° 300. — Maçon	0 ,50	0 fr. 32	—
N° 189. — Sabotier	0 ,40	0 fr. 25	—
N° 208. — Tisserand	0 ,40	0 fr. 25	—
N° 231. — *Aveugle*........... 2 h.	30 ,30	104 fr. 62	—
N° 24. — *Mendiant*..........	7 ,90	10 fr. 11	—

Bref, une vraie cour des miracles de propriétaires !

En revanche, sur la même liste de 1834, nous trouvons le n° 61, — comte de Mérode-Westerloo, — avec un revenu cadastral de 18.832 francs et des propriétés d'une contenance de 537 h. 40 a. 70 centiares, soit 63,06 0/0 du territoire. Depuis lors, la concentration, d'une part, et le morcellement, de l'autre, n'ont fait que s'accentuer.

Nous avons résumé dans les tableaux suivants la situation foncière de la commune en 1834 et en 1898 :

1834 :

ÉTENDUE	NOMBRE DE COTES	0/0	CONTENANCE	0/0
			H. A. C.	
De 100 hectares et plus......	1	0.31	537 43 70	63.06
10 à 100 hectares.......	1	0.31	13 72 40	1.61
5 à 10 hectares........	9	2.87	56 36 70	6.61
2 à 5 hectares........	25	7.98	79 99 80	9.39
2 hectares et au dessous.	277	88.53	164 63 40	19.33
	313	100.00	846 16 00	100.00

1898 :

ÉTENDUE	NOMBRE DE COTES	0/0	CONTENANCE	0/0
			H. A. C.	
De 100 hectares et plus.....	2	0.49	552 24 65	64.80
10 à 100 hectares.......	2	0.49	24 78 35	2.91
5 à 10 hectares........	3	0.62	18 71 30	2.19
2 à 5 hectares	15	3.07	40 89 33	4.79
2 hectares et au dessous.	466	95.33	215 59 37	25.31
	488	100.00	846 16 00	100.00

La propriété parcellaire. — En somme donc, à Rixensart comme à la Hulpe, la toute petite propriété, inférieure à 2 hectares, a gagné du terrain ; au lieu de 277 cotes avec 164 h. 43 ares, — ce qui représente une moyenne de 58 ares par cote, — nous en trouvons aujourd'hui 466 avec 215 h. 19 ares, soit une moyenne de 46 ares.

La propriété paysanne. — Tandis que ces parcelles ouvrières se multiplient, la propriété paysanne, de 2 à 10 hectares, s'est considérablement réduite, et les domaines de la famille de Mérode occupent une portion du territoire plus considérable encore que par le passé.

La grande propriété. — M. de Mérode, en effet, possède actuellement 431 h. 49 ares, avec un revenu cadastral de 27.326 fr. 60 ; Mme Vve de Montalembert, 120 h. 74 ares, avec 5.914 fr. 55 de revenu cadastral.

Ces propriétés comprennent tous les bois situés dans la commune, la plupart des prairies de la Lasne et des

autres cours d'eau, ainsi qu'une notable fraction des
terres arables.

VALEUR VÉNALE DES TERRES. — D'après le recensement de 1895, la valeur moyenne à l'hectare est de
2.000 francs pour les terres labourables et de 1.800 francs
pour les prairies.

PRIX DES FERMAGES. — Quelques terres de première
qualité se louent encore 150 francs l'hectare, mais le
prix moyen des fermages ne dépasse pas 65 francs.

Quant aux loyers des maisons et des parcelles ouvrières,
ils sont, dans la partie de Rixensart qui appartient aux
Mérode, moins élevés qu'à la Hulpe et dans les autres
communes plus rapprochées de l'agglomération bruxelloise.

§ 3. — DIVISION DES CULTURES

Bien que Rixensart ait conservé, plus que la Hulpe,
les caractères d'une commune rurale, la proximité de
la ville y produit pourtant, avec une intensité moindre,
des effets analogues.

ÉTENDUE DU DOMAINE AGRICOLE. — LOCATION ET FAIRE
VALOIR DIRECT. — BOIS. — L'étendue du domaine
agricole est tombée, de 810 hectares en 1880, à
758 h. 54 ares, dont 331 h. 93 ares en location et
426 h. 61 ares en faire valoir direct ; ce dernier chiffre
comprend les bois appartenant à la famille de Mérode,
qui ont une contenance totale de 299 h. 52 ares.

Les exploitations ouvrières se sont multipliées aux dépens des grandes et des moyennes exploitations.

Nombre des exploitations 1846, 1856, 1895. — D'après les recensements généraux de 1846, 1856 et de 1895, les exploitations agricoles se classaient de la manière suivante par rapport à leur étendue :

Exploitations	1846	1856	1895
50 ares et au dessous...	68	83	137
De 51 ares à 1 hectare..	98	104	94
1 à 2 hectares	74	56	94
2 à 3 —	12	23	21
3 à 5 —	11	9	12
5 à 10 —	10	5	7
10 à 20 —	3	2	2
20 à 50 —	»	»	1
50 et au dessus......	3	3	»
	277	285	368

1° Ferme de Froidmont. — Des trois grosses fermes de jadis, il n'en reste plus qu'une : la *Ferme de Froidmont*, dont les bâtiments en quadrilatère, entourés de maisonnettes chétives, sont à l'entrée du plateau qui domine le village. Contrairement aux indications du recensement de 1895, ses dépendances ont encore une étendue de 77 hectares environ. Le fermier, qui s'occupe surtout de l'élevage des chevaux, travaille avec ses enfants, cinq garçons et deux filles. Il n'emploie guère de journaliers qu'à l'époque de la moisson et ne recourt aux Flamands que pour l'arrachage des betteraves sucrières.

2° Ferme du château. — L'ancienne *Ferme du Château* est habitée par le garde-chasse. Depuis que la plupart des ouvriers s'en vont travailler en ville, les terres arables ont été converties en vergers et en pâtures; quelques terrains sablonneux, que l'on cultivait à la bêche, ont été, — faute de main-d'œuvre, — reboisés et plantés de sapins.

CULTIVATEURS INDÉPENDANTS. — Il n'existe plus qu'un très petit nombre de cultivateurs vivant principalement des produits de leur culture; à deux ou trois exceptions près, ce sont des ouvriers trop âgés pour aller à Bruxelles, ou dont les fils y vont à leur place. En général, les travaux agricoles ne sont que l'accessoire d'un commerce ou d'un métier.

PARCELLES OUVRIÈRES. — D'autre part, le mode de culture des parcelles ouvrières s'est également transformé, par suite de l'émigration quotidienne de la population mâle.

Les ouvriers qui, dans le temps, travaillaient leur lopin de terre à la bêche et brouettaient eux-mêmes leur fumier, le font amener aujourd'hui par charrettes, — sauf en hiver, quand ils ont des loisirs forcés, — et emploient, gratuitement ou moyennant redevance, les chevaux des cultivateurs pour labourer leur champ.

TRAVAIL DES FEMMES. — Depuis que leurs maris vont en ville et doivent se lever à trois heures, au lieu de cinq, les femmes font comme eux et, maintenan que l'homme est absent, travaillent d'autant plus dur, sur le champ familial. Outre le travail agricole proprement dit, leurs principales occupations consistent à chercher de l'herbe pour la vache, des feuilles sèches pour sa litière, du bois mort pour cuire le pain.

Ce sont elles, en somme, avec les vieillards occupés dans les bois, qui forment le gros de la population agricole.

POPULATION AGRICOLE. — On en jugera par les chiffres suivants, empruntés au recensement de 1895 :

MEMBRES DE LA FAMILLE OCCUPÉS HABITUELLEMENT AUX TRAVAUX AGRICOLES			DOMESTIQUES A GAGES ET OUVRIERS JOURNALIERS PERMANENTS		
Hommes	Femmes	Total	Hommes	Femmes	Total
169	314	483	24	19	43

Soit donc 526 personnes s'occupant habituellement des travaux agricoles, y compris les enfants âgés de plus de douze ans.

FRÉQUENTATION SCOLAIRE. — D'après les renseignements qui nous ont été fournis par M. le secrétaire communal, la fréquentation scolaire ne se ressent pas du travail infantile, mais, immédiatement après leur première communion, vers l'âge de douze ou treize ans, les enfants ne vont plus à l'école, et un grand nombre d'entre eux accompagnent leur père à Bruxelles.

§ 4. — SITUATION DES OUVRIERS

Avant l'établissement du chemin de fer, une quarantaine d'ouvriers de Rixensart allaient travailler à Bruxelles et y séjournaient toute la semaine

Coupons de semaine. — Actuellement, il y en a plus de 200 (209, d'après les renseignements qui nous ont été fournis par l'Office du Travail), qui s'y rendent tous les jours ; la station de Rixensart, pendant la bonne saison, délivre, en moyenne, 350 à 400 coupons de semaine ; mais ces coupons sont, en partie, achetés par des ouvriers de Rosières-Saint-André, Lasne-Chapelle-Saint-Lambert et Champles-sous-Bierges.

Recensement industriel. — Outre les ouvriers agricoles, dont nous avons déjà parlé, la population ouvrière de Rixensart se compose, d'après le recensement industriel en cours d'exécution, de 48 ouvriers à domicile et de 262 ouvriers d'ateliers ou de fabrique (254 hommes et 8 femmes).

Les femmes sont des chiffonnières (5) et des couturières (3). Les hommes sont, presque tous, des cimenteurs (13), des menuisiers (18), des plafonneurs (57) et des maçons (134).

Quant aux ouvriers à domicile, le recensement constate l'existence de 2 bobineurs et de 46 tisserands ; mais, depuis l'introduction du machinisme dans l'industrie textile, ces ouvriers, à Rixensart comme dans les autres communes de la vallée de Lasne, sont en voie de complète disparition. C'est principalement à cette cause, jointe à l'attraction de la ville et à la facilité des transports, qu'il faut attribuer l'exode quotidien de la population ouvrière.

Il y a cinquante ou soixante ans, la plupart des

familles combinaient les travaux des champs avec le tissage à domicile.

Presque tous les cultivateurs plantaient une pièce de lin et le faisaient teiller, pendant l'hiver, par deux ou trois ouvriers, spécialement adonnés à cette occupation. Les femmes et les filles se réunissaient pour filer, le soir, chez l'une d'elles, à tour de rôle, de manière à n'avoir qu'un feu et une lumière. On faisait tisser de la toile, pour les chemises, et avec l'étoupe, pour les draps de lit, par deux ou trois tisserands, dont c'était la spécialité ; les autres, fort nombreux à Rixensart, et surtout au Bourgeois, où chaque maison, pour ainsi dire, avait son métier, tissaient des cotonnettes et des étoffes de pantalons pour des fabricants de Braine-l'Alleud.

Les salaires, à cette époque, étaient excessivement bas : les ouvriers du château gagnaient 64 centimes en hiver et 72 centimes en été, sans nourriture ; les tisserands arrivaient à 1 franc par jour, mais devaient payer 1 franc par semaine à l'enfant qu'ils employaient à faire les époules. Beaucoup de ces enfants travaillaient comme épouleurs, dès l'âge de huit ans, au lieu d'aller à l'école.

Cette situation commença à s'améliorer vers 1860, quand les tisserands de la Lasne se mirent à chercher de l'ouvrage à Bruxelles, portant la matière première ou rapportant la toile dans leur brouette ou même sur le dos !

Après 1870, et pendant les années qui suivirent, le tissage manuel atteignit, dans cette région, son maximum de prospérité, les tisserands arrivèrent à gagner une moyenne de 5 francs par jour. C'est probablement ce qui causa leur perte ; à partir de 1880, en effet, les fabricants commencent à employer des machines, les salaires tombent rapidement, le métier se gâte de plus en plus.

SITUATION ACTUELLE DES TISSERANDS. — Aujourd'hui, des 200 tisserands établis jadis à Rixensart, il n'en reste pas 10 qui travaillent pendant toute l'année. Si l'on tient compte des chômages, des courses inutiles, des allées et venues chez le fabricant, il faut, — depuis qu'à Braine-l'Alleud on emploie des machines, — être un bon ouvrier pour gagner 1 fr. 50 par jour. « Le tissage à la main, nous disait le secrétaire communal de Rixensart, n'existe plus qu'à l'état de passe-temps, pendant l'hiver. »

Quand arrive la bonne saison, presque tous les ouvriers tisserands se transforment en maçons et en plafonneurs. Quelques-uns d'entre eux sont des vieillards que la misère contraint à se faire manœuvres à un âge où il serait humain de les mettre à la retraite. On nous montrait, au Bourgeois, un homme de soixante et un ans, qui, ne pouvant plus vivre de son métier de tisserand, venait de se faire manœuvre-plafonneur! Un autre, parmi ceux que nous avons interrogés, a soixante et onze ans; c'est un ancien tisserand qui s'est fait manœuvre de maçon il y a quatorze ans et qui l'est encore[1].

1. L'âge moyen des 48 tisserands recensés par le ministère du tra-

Condition des ouvriers en général. — En dépit de
ces souffrances individuelles, inséparables de toute
transformation technique en régime capitaliste, il n'est
pas douteux que, dans son ensemble, la condition des
ouvriers se soit améliorée, tant au point de vue des
salaires que de la nourriture et du logement.

1° Salaires. — Les ouvriers du bâtiment sont payés
au même taux que leurs camarades de la Hulpe ou
de Bruxelles ; ceux qui travaillent dans les bois reçoivent
un salaire moindre que dans les villages voisins ; mais
il convient d'ajouter que ce sont des vieillards repoussés
de partout ailleurs : « Il en est parmi eux, nous disait-on,
que l'on devrait rapporter le soir dans la brouette qu'ils
amènent le matin. »

2° Logement. — Quant au logement, les maisons
ouvrières de l'ancien type, sans étage et sans cave, avec
deux pièces et une soupente, disparaissent peu à peu,
le plus souvent par incendie, et surtout quand elles
sont assurées. Quand une de ces vieilles maisons brûle,
les gens du village ont coutume de dire qu' « un rat a
passé par là, fumant son cigare ». Il est naturellement
impossible de savoir dans quelle mesure ces incendies
doivent être réellement attribués à la malveillance.
Quoi qu'il en soit, les maisons nouvelles ont toutes un
étage, une cave bien construite et des chambres plus
spacieuses.

vail est quarante et un ans ; l'âge moyen des 134 maçons, vingt-sept
ans.

3º NOURRITURE. — En ce qui concerne la nourriture, la qualité du pain, qui constitue la base de l'alimentation ouvrière, s'est progressivement améliorée depuis quarante ou cinquante ans. On mangeait alors du pain de seigle avec le son ; petit à petit on y a mélangé du froment : un quart d'abord, puis successivement un tiers, la moitié, les trois quarts, les quatre cinquièmes, si bien qu'aujourd'hui le seigle est complètement éliminé.

Jusqu'à présent, le pain des boulangeries, dont les camions viennent de Wavre et de Louvain, trouve peu d'acheteurs ; le pain de ménage revient plus cher, mais les ouvriers le trouvent plus nourrissant et mieux travaillé.

Outre le pain, ils consomment une grande quantité de pommes de terre, les choux et les poireaux de leur jardin, le beurre qu'ils font chez eux, à l'ancienne mode, et le lard d'Amérique qu'ils achètent, tandis qu'en général ils doivent vendre leur cochon pour payer leur propriétaire.

Le régime alimentaire de ceux qui vont en ville est à peu près le suivant :

Avant de partir le matin : pain de froment, beurre et café, sans sucre ; un peu de lait, s'il y en a. On part avec une cruche de café et quatre ou cinq tartines dans sa mallette. A huit heures et demie, une ou deux tartines et café froid. Même repas à midi ; quelquefois un œuf, ou un morceau de lard ; une ou deux fois par semaine, 5 centimes de moules. A quatre heures, les uns prennent un quart d'heure, pour achever leurs tartines; d'autres mangent en travaillant; d'autres encore ne mangent pas du tout. En rentrant, vers neuf heures, soupe aux légumes, avec des tartines, ou bien pommes de terre, avec des cretons de lard, accommodés avec du vinaigre et des échalotes.

Le dimanche seulement, un kilo de bœuf bouilli, que l'on rapporte de Bruxelles pour le pot-au-feu.

En somme, les ouvriers de Rixensart, — ceux, du moins, qui vont travailler en ville, — reçoivent le même salaire que les ouvriers de la Hulpe et des villages environnants.

Ils ont moins d'impôts à payer, et les loyers sont sensiblement plus bas.

En revanche, les communications avec Bruxelles sont plus difficiles, les trains ouvriers moins nombreux, le prix du transport un peu plus élevé : 1 fr. 60 au lieu de 1 fr. 50 par semaine.

Pendant la mauvaise saison, ils ont aussi plus de peine à trouver du travail. Ceux qui ne font pas du tissage à domicile ou qui ne sont pas occupés dans les bois, en sont réduits à battre au fléau le peu de grain qu'ils ont récolté.

Dans ces conditions, ils dépendent absolument du seigneur ou de son intendant : tandis que les habitants de la Hulpe ont le choix entre beaucoup de propriétaires, ceux de Rixensart, suivant l'expression d'un ouvrier de ce village, sont littéralement « attachés par la patte ». Sous peine d'être privés de la terre qu'ils cultivent et dont ils ont impérieusement besoin, ils doivent être, ou plutôt paraître, du même bord que l'unique propriétaire du village.

Au Bourgeois cependant, où l'influence de la famille de Mérode se fait moins directement sentir, il existe une Ligue ouvrière et une section du syndicat des maçons.

CHAPITRE III

GENVAL

(Arrondissement de Nivelles. — Canton de Wavre.)

A l'intérieur du triangle formé par la Hulpe, Rixen-sart et Ohain, se trouve toute une série de petites agglomérations ouvrières, telles que Genval, Galle-marde, Hanonsart, Ransbecq, Le Bourgeois, etc., dont la plus importante, Genval, a seule été érigée en commune distincte.

§ 1. — Mouvement de la population

POPULATION. — En 1835, on y comptait 1.140 habitants ; ce chiffre s'était élevé à 1.304 en 1885 ; il est actuellement de 1.450 environ.

Presque toute cette population se compose de petits commerçants et d'ouvriers menuisiers, maçons ou plafonneurs. Pas de château ; deux fermes seulement, de médiocre importance ; quelques maisons bourgeoises appartenant aux notables de la commune, et, depuis deux ou trois ans, des villas, des habitations d'employés, un *sanatorium* en construction, près d'une source, qui fournit des eaux de table à beaucoup de restaurants bruxellois.

Bref, Genval représente fort bien l'état intermédiaire entre Rixensart, véritable îlot féodal, et la Hulpe, où l'évolution capitaliste est beaucoup plus avancée et l'élément petit bourgeois plus nombreux.

§ 2. — Transformations de la propriété

Communaux. — Les communaux, — 28 bonniers de prés communs en 1686, — ont disparu depuis longtemps.

Bureau de bienfaisance. — Le bureau de bienfaisance possède encore 4 h. 28 ares de terres arables et 1 hectare de prés.

Cotes foncières en 1834. — En 1834, il y avait à Genval 314 cotes foncières, se décomposant comme suit :

ÉTENDUE	NOMBRE DE COTES	0/0	CONTENANCE H. A. C.	0/0
De 20 à 30 hectares........	2	0,64	51 57 10	11,3
10 à 20 —	3	0,96	45 18 00	10,0
5 à 10 —	14	1,46	99 09 00	21,9
2 à 5 —	34	10,83	109 00 75	24,2
2 hectares et au dessous.	261	83,11	146 25 15	32,6
	314	100,00	451 10 00	100,0

Cotes foncières en 1808. — En 1898, il y a 453 cotes foncières, qui se répartissent de la manière suivante :

ÉTENDUE	NOMBRE DE COTES	0/0	CONTENANCE H. A. C.	0/0
De 20 à 30 hectares........	3	0,66	63 22 89	14,0
10 à 20 —	4	0,88	75 58 92	16,2
5 à 10 —	9	1,99	59 72 71	13,2
2 à 5 —	26	5,74	78 08 76	17,3
2 hectares et au dessous.	411	90,73	172 46 73	39,3
	453	100,00	451 10 00	100,0

On voit qu'ici encore c'est la propriété inférieure à 2 hectares qui gagne du terrain, au détriment des cotes de 2 à 10 hectares. Au-dessus de 10 hectares, par contre, il y a concentration.

Ainsi donc, malgré les différences considérables qui existent, au point de vue de la répartition du sol, entre la Hulpe, Rixensart et Genval, ces trois communes présentent ce caractère commun, que les propriétés paysannes, de 2 à 10 hectares, se raréfient de plus en plus.

LOCATION ET FAIRE VALOIR DIRECT. — Quant à la propriété capitaliste, exploitée par des locataires, elle occupe à Genval une étendue plus considérable qu'à la Hulpe et à Rixensart : 247 h. 90 ares exploités en location, contre 167 h. 68 ares seulement en faire valoir direct.

Cette différence provient surtout de ce qu'à Genval, les bois, — qui relèvent ailleurs la proportion du faire valoir direct, — ont été presque entièrement défrichés et n'occupent plus que 11 hectares.

VALEUR VÉNALE ET VALEUR LOCATIVE DES TERRES. — D'après le recensement de 1895, la valeur moyenne des terres est la même qu'à Rixensart et à la Hulpe, soit 2,000 francs par hectare; le taux moyen des fermages est de 65 francs pour les terres labourables; de 60 francs pour les prairies un peu marécageuses des bords de la Lasne.

Quant aux terrains, bâtis ou à bâtir, situés dans la partie agglomérée de la commune, leur valeur vénale et locative a considérablement augmenté depuis la création récente de la station du chemin de fer : elle atteint, aux abords de celle-ci, et le long de la chaussée qui conduit au village, 8.000, 9.000 et même 15.000 francs à l'hectare.

Nous assistons donc à un double mouvement : la rente des terres arables a beaucoup diminué depuis la crise agricole; celle des terrains d'agrément ou d'habitation, au contraire, augmente rapidement depuis que l'influence de l'agglomération bruxelloise se fait plus directement sentir.

§ 3. — Division des cultures

Étendue du domaine exploité. — A Genval, comme dans les communes environnantes, l'étendue des terres exploitées s'est réduite : de 435 h. 83 ares, en 1880, à 415 h. 59 ares en 1895.

Nombre des exploitations. — Le nombre des exploitations dites agricoles a sensiblement augmenté.

EXPLOITATIONS	1846	1856	1895
50 ares et au dessous.....	85	109	122
De 51 ares à 1 hectare....	47	55	71
1 à 2 hectares.......	34	38	46
2 à 3 —	18	17	21
3 à 5 —	7	6	17
5 à 10 —	5	3	6
10 à 20 —	4	1	4
20 à 40 —	3	6	»
	203	235	287

Actuellement, il n'existe plus que deux fermes d'une étendue supérieure à 10 hectares : la ferme du Sart et la ferme de l'abbé Stouffs, — ainsi nommée parce que le fils du fermier avait manifesté, mais non réalisé, l'intention d'entrer dans les ordres.

POPULATION AGRICOLE. — A l'époque du recensement agricole de 1895, la population s'occupant habituellement d'agriculture s'élevait à 126 personnes :

MEMBRES DE LA FAMILLE		DOMESTIQUES ET OUVRIERS	
HOMMES	FEMMES	HOMMES	FEMMES
58	54	7	7

On voit que les ouvriers agricoles sont très rares à Genval. Ils se recrutent, comme à Rixensart, parmi les ouvriers trop vieux et trop caducs pour aller travailler en ville.

Les autres personnes recensées comme faisant partie de la population agricole sont, ou bien des ouvriers industriels, avec leur champ de pommes de terre, leur cochon et leur vache, ou bien des petits commerçants ou industriels, — marchands de volailles, bouchers, briquetiers, cabaretiers, marchands de farines, marchands de vaches, — qui ont gardé quelques morceaux de terre et les cultivent à titre accessoire, soit pour leur consommation, soit pour l'avoine de leur cheval, la nourriture de leurs vaches, les pailles et autres produits dont ils ont besoin.

Il va sans dire que, dans pareilles conditions, les procédés de culture sont fatalement rudimentaires ; les

machines agricoles ne sont guère employées; presque
toute la besogne retombe sur les femmes et les enfants.

Fréquentation scolaire. — Aussi la fréquentation
scolaire laisse-t-elle grandement à désirer, depuis le
mois d'avril jusqu'à la Toussaint.

§ 4. — Situation des ouvriers

Tissage a domicile. — Comme dans tous les villages
de la vallée de la Lasne, il y avait à Genval, jusque
dans ces dernières années, un assez grand nombre de
tisserands.

Vers 1850, un industriel bruxellois, M. J..., y avait
établi un atelier de 28 métiers, pour la fabrication des
tissus de laine et de coton. On y comptait, en outre,
une trentaine de tisserands travaillant à domicile.

Beaucoup d'ouvriers déjà, — maçons, marbriers, plafonneurs, peintres, — quittaient la commune, pendant
une partie de l'année, pour aller travailler à Bruxelles
et aux environs de Charleroi.

Depuis lors, cette émigration s'est généralisée, et le
tissage a complètement disparu. Les agents du recensement industriel n'ont plus trouvé, à Genval, que
deux vieux tisserands, tous les deux sans travail.
Quelques ouvriers, pendant l'hiver, retournent à leur
métier à tisser, ou font le commerce des volailles,
mais leur nombre se restreint de plus en plus.

Recensement industriel. — D'après les renseignements qui nous ont été fournis par l'Office du travail,

la population industrielle de Genval se compose de
261 ouvriers et de 49 ouvrières.

Les ouvrières sont des chiffonnières (4), des couturières (4), une modiste (1), des tailleuses (6), des
lavandières (14) et des trieuses de papier (20). Presque
toutes travaillent à la Hulpe.

Les ouvriers sont, presque tous, des menuisiers (29),
des plafonneurs (41) et des maçons (133).

COUPONS DE SEMAINE. — Pendant les trois mois d'hiver
de 1897 (janvier, février et décembre), la station de
Genval a délivré 1.416 coupons de semaine, soit une
moyenne hebdomadaire de 101 coupons ; pendant le
reste de l'année, 7.126, soit une moyenne de 187 par
semaine ; seulement il faut noter que les ouvriers
habitant le hameau de Bruyère à la Croix vont prendre
le train à la station de la Hulpe.

Aussi peut-on évaluer à plus de 200, — 214, d'après
les renseignements de l'Office du travail, — le nombre
des ouvriers de Genval qui vont travailler en ville
comme maçons, plafonneurs, menuisiers, mécaniciens,
chauffeurs, paveurs, etc.

De plus, une douzaine d'ouvriers vont travailler à
l'étranger, pendant la bonne saison : de préférence dans
le Grand Duché de Luxembourg et en France.

CONSÉQUENCES DU TRAVAIL EN VILLE. — Au point de vue
de l'influence exercée par ces déplacements, sur la
condition morale et matérielle des travailleurs, voici
l'opinion de M. le secrétaire communal de Genval :

« Je n'ai point remarqué que les déplacements de

la population ouvrière aient abaissé son niveau moral ;
au contraire, les salaires plus rémunérateurs qu'ils
obtiennent, en augmentant leur bien-être, élèvent en
même temps leurs sentiments et contribuent à leur
inspirer plus de dignité. J'ajouterai que, d'après moi,
les relations de famille n'ont pas souffert de cet exode
des ouvriers vers les villes ou l'étranger.

« Depuis que cet état de choses existe, les salaires
ont suivi une progression ascendante. J'ai souvent
entendu raconter par de vieux ouvriers qu'ils étaient
payés, il y a de cela trente à quarante ans, 40 et
50 centimes les deux heures ; maintenant que le nombre
de ces ouvriers a plus que quintuplé, ils reçoivent des
salaires variant de 80 à 90 centimes et même 1 franc
les deux heures de travail.

« Les déplacements des ouvriers du bâtiment ont eu,
à mon avis, une heureuse influence sur les salaires à
la campagne. Les ouvriers agricoles sont, — eu égard à
ce qui existait antérieurement et à la situation malheureuse de l'agriculture, — bien payés chez nous. Ils
reçoivent encore des salaires journaliers de 2 à 3 francs
pendant l'été.

« Les ouvriers qui travaillent en ville quittent leur
domicile à quatre heures du matin en été, entre cinq
heures et demie et six heures en hiver ; ils rentrent à
huit heurs ou huit heures et demie du soir pendant la
bonne saison ; en hiver, la plupart sont rentrés entre
six heures et six heures et demie.

« Ces ouvriers sont mieux nourris et mieux logés
que s'ils restaient en ville ; mais, par contre, j'estime

que ces déplacements quotidiens sont pour eux une cause de fatigue excessive.

« L'ouvrier qui travaille à l'étranger est mieux nourri et reçoit un salaire plus rémunérateur que ceux qui restent dans le pays. »

En somme donc, cette mobilisation des forces de travail paraît avoir eu pour l'ensemble de la population des conséquences favorables ; mais on ne peut en dire autant des transformations qui se sont produites depuis l'établissement de la gare du chemin de fer.

L'administration locale a fait exécuter toute une série de travaux d'embellissement ; les chemins ont été améliorés ; une distribution d'eau vient d'être établie ; les abords de la gare se couvrent d'habitations ; *Genval-les-Eaux* se transforme à vue d'œil, et toute une population nouvelle commence à s'y fixer ; bref, la commune s'enrichit, mais, tout au moins dans la phase de transition qu'elle traverse, la classe ouvrière s'appauvrit, à raison même de cette prospérité.

Les salaires, en effet, sont restés ce qu'ils étaient, mais les charges locales augmentent, les loyers ont haussé de 30 à 40 0/0 ; beaucoup d'ouvriers sont contraints de quitter le centre de la commune, pour se loger dans les hameaux d'alentour.

Quant à ceux qui ne veulent pas s'en aller, ils doivent chercher des ressources supplémentaires, et la plupart d'entre eux ne trouvent rien mieux que d'ouvrir un petit cabaret.

Il existe actuellement à Genval environ 70 débits de boissons, dont une trentaine ne paient pas le droit de licence et vendent clandestinement de l'alcool. Or presque tous ont été ouverts depuis peu, dans le but de faire face à des dépenses qui vont croissant. C'est ainsi que l'accroissement de la rente constitue l'un des facteurs de l'alcoolisme.

CHAPITRE IV

RÉSUMÉ ET CONCLUSIONS

On peut ramener à l'un ou l'autre des types que nous venons de décrire la plupart des communes du canton de Wavre.

Si différentes qu'elles soient à d'autres points de vue, elles présentent un certain nombre de caractères communs.

Jusque Mont-Saint-Guibert, aux limites du canton de Perwez, la composition du sol est plutôt sablonneuse que limoneuse. Les sapinières sont fréquentes; les terres, en général, de qualité médiocre. D'après le recensement agricole de 1880, le prix moyen des baux par hectare (120 francs pour les terres labourables, 111 francs pour les prairies fauchées) est notablement inférieur à celui de tous les autres cantons du Brabant wallon. Malgré les défrichements considérables exécutés depuis un ou deux siècles, les bois, les bruyères, les terres incultes et les vaines pâtures occupent encore le sixième de l'étendue du canton.

C'est également dans le canton de Wavre que, de tout le Brabant, on trouve la plus forte proportion de cotes foncières d'une contenance supérieure à 100 hectares. Elles occupent une étendue totale de 6.777 hectares (25 0/0 de l'étendue cadastrale) et sont au nombre de 28 pour 24 communes.

Enfin depuis la disparition presque complète du tissage à domicile, il n'existe plus, dans la région, d'industrie locale assez importante pour occuper un grand nombre d'ouvriers.

Ce troisième facteur est venu se joindre aux précédents pour augmenter, dans des proportions considérables, le nombre de ceux qui sont obligés, pour vivre, de travailler au dehors ; mais, depuis longtemps déjà, avant même l'établissement du chemin de fer, nous avons vu que l'attraction de la capitale se faisait sentir. Les trains ouvriers ne sont donc pas la cause initiale de ces déplacements ; ils les ont seulement développés et facilités en permettant aux travailleurs de rentrer chez eux tous les soirs, au lieu de se loger dans des chambrées infectes ou, comme il arrivait parfois, de se créer un second ménage dans la ville où ils travaillaient.

Grâce aux trains ouvriers, les maçons et les plafonneurs du canton de Wavre peuvent donc gagner les salaires de Bruxelles, tout en vivant à la campagne, où les charges fiscales sont moins lourdes et les loyers d'autant plus bas que l'influence de la ville se fait moins sentir.

Ce sont là de sérieux avantages, mais il convient de montrer également le revers de la médaille.

Et, tout d'abord, la *fatigue excessive qui résulte de ces déplacements quotidiens.*

On en jugera par le tableau suivant, des heures de

départ et de retour des trains ouvriers, pendant la bonne saison.

STATION	KIL.	DÉPART	RETOUR		PRIX DE COUPON DE SEMAINE
Wavre......	36	3 h. 44	20 h. 13 ou 21 h. 18		1 fr. 85
Limal	34	3 51	20 7	21 12	1 85
Ottignies ...	30	3 58	20 2	21 7	1 75
Rixensart...	25	4 11	19 39	20 26	1 60
Genval	23	4 16	19 34	20 21	1 50
La Hulpe ...	22	4 21	19 30	20 17	1 50
Bruxelles...	0	4 51	18 59	19 46	—

Il y a donc des ouvriers qui font tous les jours 72 kilomètres en chemin de fer, pour aller et revenir de Bruxelles à Wavre, sans compter le trajet qu'ils doivent faire pour gagner leur chantier ou rentrer dans leur hameau. On ne doit pas s'étonner que, dans ces conditions, beaucoup d'entrepreneurs se plaignent que « l'on pose moins de briques » depuis que les ouvriers ne logent plus à Bruxelles.

D'autre part, la facilité des transports ayant eu pour effet d'attirer dans les villes la plupart des travailleurs mâles, *les travaux des champs retombent presque tout entiers sur les femmes*, avec toutes les conséquences mauvaises qui en résultent pour les soins du ménage et l'éducation des enfants.

Pour l'ensemble du pays, le nombre des femmes employées, sur 100 travailleurs agricoles, était de 39,29 en 1846, de 44,02 en 1880. La proportion était plus élevée dans les trois provinces les plus industrielles : Hainaut (45,10), Brabant (45,99), Liège (48,51).

Dans le canton de Wavre, avec ses villages de maçons et de plafonneurs, il y avait, — d'après le recensement de 1880, — 49 femmes environ (48,84) sur 100 travailleurs agricoles et, d'après les renseignements que le département de l'agriculture a bien voulu nous fournir pour 1895, la proportion est actuellement de 49 0/0 à Genval et de 63 0/0 à Rixensart. Quand on parcourt, l'après-midi, surtout à l'époque de l'arrachage des pommes de terre, la banlieue morcelée de ces villages, on ne voit guère, se détachant sur le ciel pâle de septembre, que de grêles silhouettes de femmes et d'enfants.

Aussi, dans les communes de Genval, Lasne, Rosières, etc., *les instituteurs se plaignent amèrement de la désertion de leurs écoles* depuis la fenaison jusqu'aux pommes de terre, soit à peu près la moitié de l'année [1].

Pendant que la mère est aux champs, les enfants en âge d'école, s'ils ne travaillent pas avec elle, doivent rester à la maison pour surveiller le ménage ou garder les plus petits.

S'il en est autrement à la Hulpe, — où il n'y a, d'ailleurs, que 35 femmes sur 100 travailleurs agricoles, — c'est parce que les parcelles ouvrières sont plus petites et la division du travail plus avancée : les femmes achètent leur pain, plutôt que de le cuire elles-mêmes et d'aller en forêt ramasser du bois pour leur four. Au lieu de faire de l'herbe ou de mener leur vache le long des chemins, elles préfèrent, le cas échéant, acheter un peu de fourrage. Bref, elles peuvent

---

1. Il serait difficile, au surplus, de trouver en Belgique une région agricole où les mêmes plaintes ne se fassent pas entendre.

consacrer plus de temps à leur ménage et envoyer régulièrement les enfants à l'école.

Il serait donc inexact de prétendre que l'émigration quotidienne des ouvriers, en aggravant le labeur des enfants et des femmes, constitue un obstacle *permanent* au développement intellectuel des jeunes générations. Cela n'est vrai que pendant la période de transition entre l'état agricole et l'état d'industrialisation complète. Dès l'instant où l'accroissement de la population et les progrès de la division du travail réduisent l'étendue des cultures ouvrières, les choses reviennent à l'état normal.

Nous ne croyons pas non plus, — malgré les apparences contraires, — que l'alcoolisme se soit développé depuis que les ouvriers, travaillant en ville, sont devenus plus nombreux.

Certes, *le nombre des débits de boissons a considérablement augmenté depuis* 1870, *c'est-à-dire précisément depuis la création des trains ouvriers.* Au hameau de Gallemarde, par exemple, où il n'y en avait que 3, on en compte aujourd'hui une vingtaine ; au Bourgeois, il y a plus de 30 cabarets en 1898, contre 2 seulement en 1850.

Mais il faut remarquer, tout d'abord, que si les ouvriers boivent plus dans leur village, maintenant qu'ils rentrent tous les soirs, ils boivent beaucoup moins à Bruxelles, où ils ne séjournent plus guère que pour travailler.

D'autre part, c'est un fait d'observation courante qu'il n'existe aucun rapport entre le nombre des débits et la quantité d'alcool que l'on boit.

« Il y a vingt ans, — nous disait une brave femme
de Gallemarde, — nos hommes s'entassaient dans les
deux ou trois cabarets du hameau, et, comme ils s'exci-
taient mutuellement à boire, ne rentraient que tout à
fait saouls. Aujourd'hui que l'on s'éparpille dans une
vingtaine de cabarets, les gens qui s'y trouvent, — à
deux ou trois, — boivent tranquillement leur chope
ou leur goutte et, comme ils s'ennuient, ne tardent pas
à regagner la maison. »

Bref, l'impression que nous avons recueillie, un peu
partout, c'est que l'on boit moins, et surtout moins de
genièvre; cependant la consommation des boissons
fortes reste considérable, et il faudra bien des efforts,
bien des années, sans doute, avant que l'on constate
une décisive amélioration.

Dans ces milieux ruraux, en effet, — malgré l'influence révolutionnaire de la ville, — les transformations ne sont jamais rapides.

Que de fois, en causant avec des ouvriers de la
Hulpe et des environs, — bien plus développés cependant que les Flamands des villages voisins, — nous
avons été frappés, et péniblement impressionnés, de la
lenteur avec laquelle se propagent, parmi eux, les
idées et les nouvelles qui les intéressent le plus directement.

Deux mois après la réduction du prix des coupons de
semaine, décrétée récemment par le département des
chemins de fer, une demi-douzaine d'ouvriers maçons,
qui d'habitude vont en ville, mais travaillaient mo-
mentanément au village, ignoraient absolument cette

mesure, qui constituait pour eux un très réel et très sensible avantage.

La plupart d'entre eux, cependant, savent lire, tant bien que mal; mais combien en est-il qui lisent régulièrement un journal? Presque tous se déclarent socialistes, mais par instinct de classe bien plus que par adhésion réfléchie aux principes du Parti ouvrier.

Quand on leur demande pourquoi ils sont socialistes, ils donnent généralement des raisons qui n'ont rien à voir avec le socialisme : les dotations princières, l'injustice du vote plural, l'iniquité du remplacement militaire.

Ceux, d'ailleurs, qui ne sont pas socialistes invoquent de moins bonnes raisons encore pour ne pas l'être : la crainte du partage des biens, de la promiscuité des femmes ou de la damnation éternelle, par exemple.

Quant aux ouvriers qui réfléchissent le plus, qui tâchent de voir au-delà des limites de leur village et de concevoir, dans ses grandes lignes, le mécanisme social qui fonctionne au-dessus d'eux, presque tous se font de la société dans laquelle ils vivent la plus étrange image.

Le charron de X... nous demandait, par exemple, s'il existait un contrôle quelconque pour tous les millions que les contribuables versent entre les mains du ministre des Finances; il a paru fort soulagé en apprenant l'existence de la Cour des comptes.

D'autres sont inébranlablement convaincus que, pour être acquitté, devant un tribunal quelconque, il suffit d'être recommandé aux juges par un ami du gouvernement. Pour eux, le secret du vote n'est qu'un leurre la formation des listes électorales une injustice permanente : tous les secrétaires communaux ont reçu l'ordre de n'accorder qu'un suffrage [1] aux adversaires du parti dominant.

Bref, le monde leur apparaît absolument déformé, avec toute une floraison d'abus imaginaires ou démesurément grossis, — fantastique reflet des abus, trop réels, dont ils souffrent directement.

Il va sans dire que cette ignorance n'est pas générale ; que les exceptions sont nombreuses ; qu'elles deviennent plus nombreuses tous les jours, à mesure que l'instruction fait son œuvre et que, surtout, les contacts avec Bruxelles se multiplient.

La ville, invisible mais présente, n'a pas seulement transformé les cultures et déplacé les bornes des propriétés : elle commence à muer les âmes et à faire sentir son action intellectuelle dans les hameaux les plus éloignés.

Quand on se promène, par les sombres nuits d'hiver, aux environs de la Hulpe ou de Genval, on aperçoit dans le ciel, comme des lueurs d'aube, au-dessus de la forêt de Soignes : ce sont les lumières de Bruxelles, — à quatre lieues de distance, — qui éclairent les nuages et jettent de pâles reflets sur les campagnes endormies.

C'est le même foyer lumineux qui rayonne dans la sphère des intelligences.

---

1. On sait que l'article 47 de la Constitution accorde des votes supplémentaires aux citoyens qui réunissent certaines conditions de fortune ou de capacité.

Peu à peu, les cerveaux s'éclairent ; les ruraux, détachés de la glèbe, ramènent chez eux, tous les soirs, des idées nouvelles, des sentiments nouveaux ; l'organisation ouvrière se développe ; des sections syndicales se forment dans chaque village et, à mesure que le capitalisme y pénètre, le socialisme suit, pas à pas.

SECONDE PARTIE

MONOGRAPHIES RÉGIONALES

LES NEUF PROVINCES

Tandis que notre législation commerciale facilite la concentration des capitaux, nos lois successorales, instituant le partage légal et forcé, semblent tout en faveur du morcellement de la propriété foncière.

Elles ont pour but la division des héritages, la destruction des grands domaines, la suppression des *latifundia* qui survivent à l'ancien régime.

Ces résultats ont-ils été atteints? La concentration foncière est-elle un mythe? Le mouvement s'opère-t-il en sens inverse des prédictions socialistes?

De tous les problèmes qui se rattachent à la question agraire, il en est peu que l'on discute avec plus d'ardeur et avec moins de documents.

A ce point de vue d'ailleurs, volontairement ou non, les statistiques officielles sont muettes, ou manifestement insuffisantes.

Nous savons, à peu près, pour chaque pays, le nombre des têtes de bétail; nous ignorons le nombre des propriétaires. On nous renseigne, tant bien que mal, sur l'étendue, présente ou passée, des *exploitations* rurales ; on ne nous apprend rien, ou presque rien, sur l'étendue des *propriétés*.

Quant aux enquêtes personnelles, sur le point de savoir comment le sol se répartit, comment la propriété foncière évolue, elles sont, le plus souvent, trop limitées pour avoir une portée sérieuse.

Et cependant il existe une source précieuse de renseignements, pour des recherches de ce genre : c'est le cadastre, « cette œuvre de géant, conçue par un géant ».

En France, il est vrai, M. de Foville, — utilisant les travaux de M. Gimel, — y a puisé les éléments principaux de ses *Etudes sur la propriété foncière*[1] ; mais, en Belgique, les quinze ou vingt mille volumes qui dorment, poussiéreux, dans les bureaux de conservation provinciale, n'avaient pas été, jusqu'à présent, l'objet d'investigations systématiques.

Grâce aux facilités que nous devons à M. de Smet de Nayer, ministre des Finances, et au concours, patient et dévoué, d'un certain nombre d'amis, nous avons pu, — dans le courant des années 1898-1899, — dépouiller les registres cadastraux des 2.609 communes du pays, afin de comparer, dans ses grandes lignes, la situation foncière actuelle à la situation qui existait au moment de la confection du cadastre (1845 dans le Limbourg et le Luxembourg ; 1834 dans les autres provinces).

« On pourrait presque poser en principe, — dit M. de

---

1. *Le Morcellement.* Etudes économiques et statistiques sur la propriété foncière. Paris, Guillaumin, 1885.

Foville, — que c'est la grande propriété qu'il faut regarder quand on veut savoir où est la petite. »

Connaissant donc, par les statistiques de l'administration des finances, le nombre et la contenance totale des cotes foncières, en 1834 et actuellement, nous avons relevé dans chaque commune, — aux deux époques, prises pour points de comparaison, — les cotes foncières de 100 hectares et au dessus.

Ces dernières, en effet, dans un pays de culture intensive, comme le nôtre, peuvent être considérées comme se rapportant à la grande propriété.

Certes, leur nombre et leur contenance totale restent inférieurs au nombre et à la contenance totale des grandes propriétés : il est des domaines importants qui, se trouvant sur le territoire de deux ou plusieurs communes, sont représentés par deux ou plusieurs cotes de moins de 100 hectares.

D'autre part, nous verrons que, dans les régions où le même individu réunit un grand nombre de cotes, il peut y avoir de *grands propriétaires* sans qu'il y ait de *grandes propriétés;* mais, si le morcellement des cotes n'implique pas nécessairement que les fortunes foncières se divisent, leur concentration démontre, à toute évidence, que la grande propriété progresse; si, depuis l'époque de la confection du cadastre, la contenance globale des grosses cotes a augmenté, nous aurons, incontestablement, le droit d'en conclure que la contenance des grandes propriétés s'est accrue.

Or c'est précisément ce qui résulte de notre enquête. Les cotes foncières de 100 hectares et plus, *se rapportant à des particuliers*, occupent actuellement une étendue plus considérable qu'en 1834-1845.

Le morcellement qui s'est produit dans certaines provinces, — Namur, Limbourg, Hainaut, — se trouve compensé, et au delà, par la concentration qui s'est opérée dans les autres provinces.

Et, résultat assez inattendu, si le développement des villes, avec leur ceinture de villas, de cultures maraîchères, de jardins d'agrément, tend naturellement à faire disparaître les grandes cotes foncières, dans leurs environs immédiats, les progrès de l'accumulation capitaliste, dont le trop-plein se déverse sur les campagnes, tend à multiplier ces grandes cotes dans les régions d'alentour.

Disons tout de suite que, en règle générale, il y a progrès de la grande propriété dans les districts qui subissent, le plus directement, l'influence des principales villes ; regrès, au contraire, dans ceux qui, par suite de leur éloignement, de la difficulté des communications, restent en dehors de cette sphère d'influence.

L'explication de ce double mouvement nous paraît devoir être cherchée dans l'action contradictoire des lois successorales, qui divisent et subdivisent incessamment les propriétés et, d'autre part, des acquisitions, qui les agglomèrent et les concentrent.

L'action des lois successorales l'emporte, dans les régions écartées, où les spéculations sur la plus-value des terrains ne sont guère fructueuses et où, pour des motifs divers, les banquiers, les industriels enrichis et autres acquéreurs de biens-fonds ne se soucient pas de âtir des châteaux et d'acheter de vastes domaines.

La concentration prend le dessus, au contraire, dans es cantons qui se trouvent, naturellement, ou artifi- iellement, grâce aux chemins de fer, assez rapprochés les grands centres, pour offrir aux gens riches des éjours agréables ou des placements avantageux.

C'est ce que nous allons étudier de plus près, en écrivant la répartition et les origines de la grande ropriété moderne, dans les différentes régions de notre ays.

CHAPITRE I

LES FLANDRES

Sauf l'étroite lisière du littoral de la mer du Nord, recouverte par de récents atterrissements limoneux (*région poldérienne*), toute la partie septentrionale des Flandres appartient à la grande plaine Baltique, qui étale, au nord de l'Allemagne et jusqu'en Russie, ses bruyères monotones et ses sables arides, entrecoupés de lacs et de marais.

« Le sol de culture, — dit l'*Introduction du recensement agricole de* 1880, — est constitué par des terres siliceuses maigres, d'inégale valeur, suivant que la substance arénacée se rapproche ou s'éloigne de l'argile du sous-sol. Cette dernière se rencontre à quelques centimètres, entre Thourout et Aeltre, vers Thielt; plus au midi, elle affleure à la surface et retient de nombreux cailloux, tandis qu'au nord de Gand elle s'enfonce sous une couverture de sables dont l'épaisseur va en augmentant vers la frontière.

« En quelques points, la limonite agglutine les sables, les concrétionne en masses tufacées imperméables, plus ou moins épaisses, qui arrêtent la végétation et qu'il faut défoncer. Dans le pays de *Waes*, au

contraire, les sédiments argileux qui forment la surface, mélangés au sable et ameublis par la culture, sont
devenus très fertiles. Partout, du reste, dans cette
région, la fertilitée est l'œuvre exclusive de l'activité de
l'homme, le résultat du travail séculaire des habitants. »

On sait qu'aujourd'hui la *région sablonneuse* des
Flandres, transformée par la bêche du paysan, divisée
et subdivisée en des milliers de petites fermes, engrais-
sée par un nombreux bétail et par des fumures de
toutes espèces, forme l'un des jardins de l'Europe, la
terre classique de la petite culture.

Il en est de même de la *région sablo-limoneuse*, que
nous retrouvons dans la partie méridionale des deux
provinces, le long des frontières du Hainaut et de la
Flandre française. La fertilité naturelle du sol y est
plus grande ; la population rurale plus dense encore.
C'est de là que proviennent, depuis la chute de l'industrie
linière à domicile, les aoûterons qui, par milliers, se
déversent chaque année dans les provinces wallonnes
ou les départements du nord et du centre de la France [1].

Dans cette région, comme dans la région sablonneuse, presque toutes les terres, âprement disputées,
sont exploitées en location. La propriété est fort
divisée, mais fréquemment la même famille possède

---

1. D'après M. de Grünne, dans son étude sur *les Ouvriers agricoles
Belges en France*, dans la *Revue générale agronomique de Louvain* (1899,
n° 4), les premières migrations saisonnières dateraient de 1820. Mais
l'auteur constate ensuite que le développement énorme de la population
indigène sous la Restauration arrêta le mouvement. « Sous le second
Empire, ajoute-t-il, l'extension de la culture de la betterave demande
des bras plus nombreux. »
A cette cause d'attraction vers la France, insuffisante à elle seule

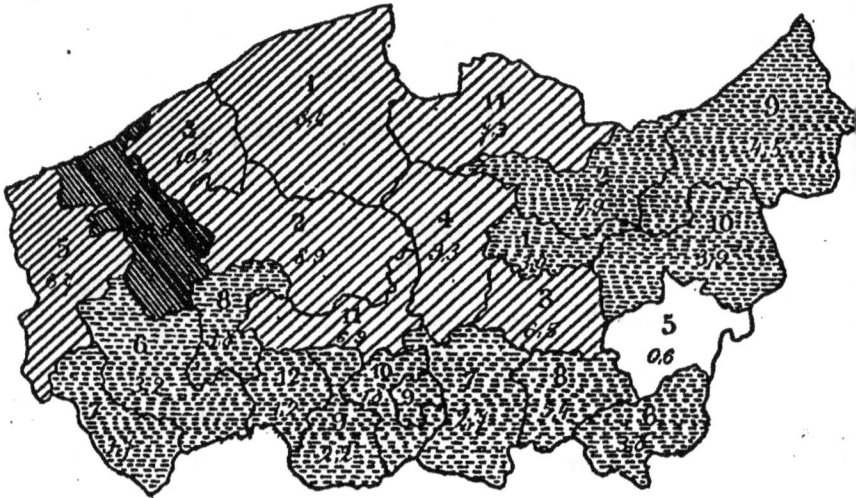

Carte indiquant par district agricole l'étendue relative occupée
par les cotes de 100 hectares et plus en 1834.

FLANDRE OCCIDENTALE	FLANDRE ORIENTALE
Districts	*Districts*
1. Bruges.	1. Gand.
2. Thielt, Ruysselede, Thouront, Ardoye.	2. Loochristy, Everghem, Waerschot.
3. Ostende, Ghistelles.	3. Oosterzele, Nazareth.
4. Dixmude, Nieuport.	4. Nevelle, Deynze, Somergem.
5. Furnes, Rousbrugge.	5. Alost, Herzeele.
6. Ypres, Werwicq.	6. Ninove, Grammont, Sottegem.
7. Messines, Poperinghe.	7. Audenarde, Renaix, Cruyshautem.
8. Hoogleede, Passchendaele.	8. Hoorebeke Sainte-Marie, Nederbrakel.
9. Courtray, Mouscron.	9. Saint-Nicolas, Tamise, Lokeren, Saint-Gilles, Beveren.
10. Harlebeke, Avelghem.	10. Hamme, Termonde, Wetteren, Zele.
11. Roulers, Iseghem, Meulebeke, Oostroosbeke.	11. Eecloo, Assenede, Caprycke.
12. Menin, Moorseele.	

FLANDRES

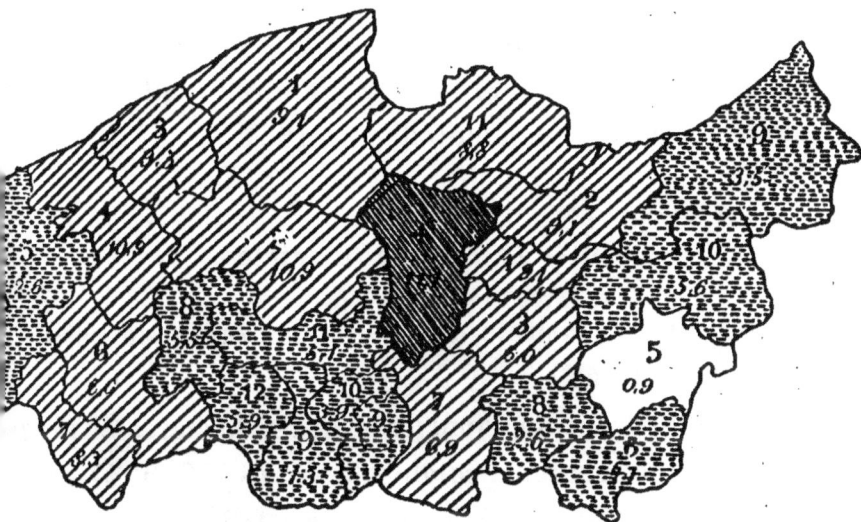

Carte indiquant par district agricole l'étendue relative occupée
par les cotes de plus de 100 hectares et plus en 1898.

Carte indiquant par district agricole de progrès de la région
des cotes foncières de 100 hectares et plus de 1838 à 1898.

des terres dans un grand nombre de villages. Les cotes foncières de plus de 100 hectares sont clairsemées, mais nous allons voir que dans les environs des principales villes, et surtout dans la Flandre orientale, leur nombre a plutôt augmenté depuis 1834.

I. — La Flandre Orientale

L'étendue cadastrale de la Flandre orientale est de 300.020 hectares.

En 1834, les cotes foncières de 100 hectares et plus avaient une contenance globale de 18.970 h. 47 ares (6,3 0/0 de l'étendue cadastrale); en 1898, leur contenance est de 21.255 h. 94 ares (7,1 0/0 de l'étendue cadastrale).

Il y a donc augmentation, pour l'ensemble des cotes foncières, mais cette augmentation provient exclusivement des cotes se rapportant à des particuliers.

Quant aux propriétés appartenant à des personnes publiques, elles ont diminué d'importance.

---

pour provoquer l'exode, il faut ajouter la nécessité de chercher du travail au dehors, sous peine de mourir de faim.

C'est ce que constate M. de Gand, dans son intéressante notice sur la *Commune d'Ellezelles* (près de Renaix) :

« A partir de 1846 et 1847 (années où la crise de l'industrie linière atteignit son maximum) commença l'exode annuel de nos ouvriers vers la France, où beaucoup se sont fixés à cette époque. La population d'Ellezelles, qui était, au 31 décembre 1843, de 6.377 habitants, était tombée à 5.618 en 1846. Chaque année, depuis lors, un millier d'ouvriers, — hommes, femmes et adolescents, — se rendent encore en France pour s'y livrer aux travaux agricoles et rapporter à leur famille de quoi vivre à l'aise pendant la période d'hiver. »

(*La commune d'Ellezelles pendant le* xixe *siècle*, p. 63. Renaix, 1898. — Voir aussi Emile Vandervelde, *les Villes tentaculaires. Revue d'Economie politique*, avril 1899.)

A l'époque de la confection du cadastre, il existait
18 cotes de 100 hectares et plus, se rapportant à l'État,
à des communes ou à des administrations hospitalières :

2 cotes de plus de 500 hectares..	1.504 h. 54 a. 70	
4 cotes de 200 à 500 — ..	1.014 h. 31 a. 60	
12 cotes de 100 à 200 — ..	1.617 h. 82 a. 30	
18 cotes de plus de 100 — ..	4.136 h. 68 a. 60	

L'État possédait des bruyères sur le territoire de
Maldeghem. Les communes de Doel, Calloo et Berlaere
étaient propriétaires de polders, qui ont passé, depuis
lors, dans le domaine privé. Les autres cotes se rapportaient à des biens d'hospices, ou de bureaux de
bienfaisance, qui existent encore actuellement.

En 1898, nous trouvons plus que 15 cotes se rapportant à des propriétés publiques :

4 cotes de 200 à 500 hectares....	1.010 h. 34 a. 00	
11 cotes de 100 à 200 —	1.487 h. 93 a. 40	
15 cotes de 100 hectares et plus ..	2.498 h. 27 a. 40	

A l'exception des forts de l'État, sous Zwyndrecht
(178 h. 51 ares), toutes les propriétés représentées par
ces cotes appartiennent aux hospices de Bruges, d'Alost,
de Lille, d'Audenarde, de Tournai et de Gand.

D'après un relevé fait en 1895, les hospices de Gand
possédaient, — outre leurs propriétés urbaines, —
3.893 h. 5 ares de propriétés rurales, dispersées dans
129 communes !

Quant aux biens communaux, il n'en reste plus, en
Flandre orientale, que d'insignifiants vestiges : les

prairies de l'Heirnisse, devenues un quartier de Gand, le Donckt, pâturage commun de 29 hectares environ, près d'Audenarde, les prairies d'échange (*Wissel-meer-schen*) de Wichelen, situées le long de l'Escaut et alloties, chaque année, entre les copropriétaires.

Nous renvoyons, pour ce qui concerne ces biens, aux intéressantes notices que M. P. Errera leur consacre. dans son livre sur les « Masuirs »[1].

Tandis que les propriétés publiques sont en recul, les grandes propriétés particulières ont gagné du terrain, depuis l'époque de la confection du cadastre.

En 1834, le nombre des cotes foncières de 100 hectares et plus, se rapportant à des propriétés privées, était de 86, avec une contenance globale de 14.833 h. 78 ares — 4,9 0/0 de l'étendue cadastrale :

4 cotes de 500 à 1.000 hectares ...	2.366 h. 86 a. 80
14 cotes de 200 à 500 — ..	3.416 h. 86 a. 70
68 cotes de 100 à 200 — ;.	9.050 h. 26 a. 90
86 cotes de plus de 100 — ..	14.833 h. 78 a. 40

En 1898, nous trouvons 98 cotes de plus de 100 hectares avec une contenance globale de 18.757 h. 67 ares, 6,3 0/0 de l'étendue cadastrale :

5 cotes de 500 à 1.000 hectares..	3.057 h. 70 a. 20
24 cotes de 200 à 500 — ..	6.720 h. 44 a. 90
69 cotes de 100 à 200 — ..	9.089 h. 52 a. 35
98 cotes de plus de 100 hectares..	18.757 h. 67 a. 35

Mais, s'il y a concentration pour l'ensemble de la

1. Bruxelles, Weissenbruch, 1891.

province, cette concentration n'a pas eu lieu dans tous
les districts.

C'est ce que montre le tableau suivant :

DISTRICTS	ÉTENDUE CADASTRALE	CONTENANCE des COTES FONCIÈRES de plus de 100 hectares		PROPORTION 0/0 DE L'ÉTENDUE cadastrale	
		1834	1898	1834	1898
IV. Nevele, Deynze, Somergem............ +	31.529	2.970	3.501	9,3	11,1
II. Loochristy, Everghem, Waerschot........ +	26.111	1.258	2.387	4,9	9,1
I. Gand............ +	11.448	349	1.051	3,0	9,1
XI. Eecloo, Assenede, Caprycke.......... +	36.198	2.640	3.163	7,3	8,8
VII. Audenarde, Renaix, Cruyshautem.......... +	29.401	803	2.024	2,7	6,9
III. Oosterzeele, Nazareth —	20.531	1.351	1.142	6,5	6,0
X. Hamme, Termonde, Wetteren, Zele.......... +	34.066	1.331	1.985	3,9	5,6
VI. Ninove, Grammont, Sottegem............ +	24.375	931	1.011	3,8	4,1
IX. St-Nicolas, Tamise, Lokeren, St-Gilles, Beveren —	49.326	2.254	1.164	4,5	3,5
VIII. Hoorebeke-Ste-Marie, Neder-Brakel........ —	14.354	809	369	5,4	2,6
V. Alost, Heerzele....... +	22.673	133	197	0,6	0,9
La province.......	300.020	14.833	18.757	4,9	6,3

En somme, la proportion des grandes cotes foncières
est la plus forte dans les quatre districts (1, 2, 4, 11),
qui appartiennent exclusivement, ou presque exclusivement, à la région sablonneuse. C'est là que les riches
familles industrielles de Gand, — les Lippens, les de
Kerckhove, les de Naeyer, etc., — ont formé, depuis
un siècle, d'importantes propriétés, par le boisement

ou la mise en valeur de terrains incultes ou marécageux.

Dans le neuvième district, par contre, c'est-à-dire dans le pays de Waes, — livré depuis des siècles à la culture intensive, — il n'y a guère de cotes foncières importantes, à l'exception des polders de la famille d'Arenberg, sur la rive gauche de l'Escaut.

Enfin, dans les districts de la région limoneuse, les grandes cotes foncières sont plus rares encore, mais, sauf dans le huitième district, il y a eu concentration.

D'une manière générale, on constate que, dans les districts les plus voisins de Gand, l'influence de la grande ville manufacturière s'est fait nettement sentir : partout ou le morcellement du sol n'opposait pas d'obstacles invincibles à la création de grands blocs, le nombre et l'étendue des cotes de plus de 100 hectares ont augmenté.

II. — La Flandre Occidentale

L'étendue cadastrale de la Flandre occidentale est de 323.480 hectares.

En 1834, les cotes foncières de 100 hectares et plus avaient une contenance globale de 26.639 hectares (8,2 0/0 de l'étendue cadastrale); aujourd'hui leur contenance est de 17.768 hectares (8,6 0/0 de l'étendue cadastrale).

Il y a donc augmentation de l'étendue occupée par les grandes cotes foncières, et cette augmentation provient, à la fois, de l'accroissement des propriétés publiques et des propriétés particulières.

A l'époque de la confection du cadastre, les cotes foncières de 100 hectares et plus, se rapportant aux propriétés des communes, hospices, bureaux de bienfaisance, etc., avaient une contenance globale de 4.065 h. 53 ares.

6 cotes de 200 à 500 hectares......	1.928 h. 85 a. 10
15 cotes de 100 à 200 —	2.136 h. 68 a. 80
21 cotes de 100 hectares et plus....	4.065 h. 53 a. 90

En 1898, les grandes cotes se rapportant à des propriétés publiques sont au nombre de 24, avec une contenance globale de 4.481 h. 62 ares.

6 cotes de 200 à 500 hectares......	1.934 h. 08 a. 17
18 cotes de 100 à 200 —	2.647 h. 53 a. 85
24 cotes de 100 hectares et plus....	4.481 h. 62 a. 02

La plupart de ces propriétés publiques appartiennent aux administrations hospitalières de Menin, Mouscron, Nieuport, Courtrai, Ypres et Bruges. Le bureau de bienfaisance de Bruges, par exemple, possède 302 h. 9 ares, dispersés dans 52 communes ; les hospices de Bruges, 3.635 hectares dans 76 communes et notamment à Houttave (272 hectares), Saint-André (190 hectares), Vlisseghem (295 hectares), Zuyenkerke (483 hectares), Oedelem (215 hectares), Oostcamp (166 hectares), etc. Les hospices civils d'Ypres ont également de vastes propriétés, représentées, entre autres, par les cotes de Zillebeke (251 hectares), Boesinghe

(121 hectares), Langemarck (110 hectares), Saint-Jean (153 hectares), Ypres (182 hectares), etc.

Enfin il reste en Flandre Occidentale quelques communaux, dont on peut retrouver l'histoire dans les « Masuirs » de M. Paul Errera.

Ce sont :

1° Le *Vry-Geweyd* (338 hectares), sous Ruddervorde, Zwevezeele et Lichtervelde ;

2° Le *Beverhoutsveld* (483 hectares), dont la jouissance appartient à trois sections des communes d'Oedelem, Beernen et Oostcamp ;

3° Le *Maleveld*, à Sainte-Croix (85 hectares) ;

4° Le *Sysseele-Veld*, à Sysseele (71 hectares) ;

5° Le *Parochie-Veld*, à Ruysselede (48 hectares) ;

6° Les *Gemeene-en-Looweiden*, à Assebroucke et Oedelem (67 hectares).

Toutes ces propriétés étaient, il y a cinquante ou soixante ans, des terrains vagues, propres seulement au pacage, à la pêche et à la chasse. Elles portaient quelques maigres plantations, et on y trouvait de la tourbe. Les ayants droit jouissaient gratuitement du produit de ces biens, sauf, toutefois que, pour le pacage, ils payaient généralement une légère redevance par tête de bétail.

Vers 1840, et jusqu'en 1853, la plupart de ces biens ont été mis en culture, au grand avantage des populations riveraines, qui, auparavant, étaient vagabondes, vivaient de rapines et se trouvaient presque continuellement en proie aux fièvres paludéennes, à cause du voisinage des marais (*vijvers*), qui existaient sur ces

biens communaux. Ceux de ces riverains qui possédaient autrefois une misérable chèvre ont maintenant
de belles vaches laitières, une porcherie et une basse-
cour bien garnies; ceux qui avaient jadis une ou deux
bêtes bovines, mal conformées et peu productives, possèdent un bon cheval de labour ou un attelage de
bonnes vaches de trait.

Les cabanes, autrefois construites en torchis, ont été
remplacées, presque toutes, par des habitations en briques.

Enfin les revenus de ces propriétés communes ont
permis de construire de nombreuses routes vicinales,
d'exécuter des travaux importants de plantations, de
nivellement et de creusement, et, d'autre part, elles
sont louées à des prix et à des conditions bien plus
favorables aux tenanciers que les propriétés particulières situées dans les environs.

Aussi, dans l'enquête agricole de 1886, le gouverneur de la Flandre occidentale, auquel nous empruntons ces détails, se prononce-t-il énergiquement pour
le maintien de ces biens communaux.

C'est dans la même partie de la province, défrichée
depuis un demi-siècle à peine, que les grandes propriétés particulières sont également les plus nombreuses.

En 1834, les cotes foncières de 100 hectares et plus,
se rapportant à des particuliers, étaient au nombre de
115, avec une contenance globale de 22.574 hectares.

6 cotes de 500 à 1.000 hectares.	4.327 h. 16 a. 64	
25 cotes de 200 à 500 —	7.208 h. 22 a. 46	
84 cotes de 100 à 200 —	11.939 h. 38 a. 00	
115 cotes de plus de 100 hectares.	23.288 h. 77 a. 10	

- En 1898, elles sont au nombre de 132, avec une contenance globale de 23.288 hectares.

2 cotes de 500 à 1.000 hectares.	1.505 h. 28 a. 77
27 cotes de 200 à 500 —	7.875 h. 51 a. 73
103 cotes de 100 à 200 —	13.908 h. 18 a. 89
132 cotes de 100 hectares et plus.	23.288 h. 98 a. 59

Soit donc une légère concentration de la propriété foncière, mais cette concentration n'a pas eu lieu dans tous les districts; c'est ce qui résulte du tableau suivant :

DISTRICTS	ÉTENDUE CADASTRALE	CONTENANCE des COTES FONCIÈRES de plus de 100 hectares		PROPORTION 0/0 DE L'ÉTENDUE cadastrale	
		1834	1898	1834	1898
IV. Dixmude, Nieuport. —	28.504	4.588	3.122	16,0	10,9
II. Thielt, Ruysselede, Thourout, Ardoye..... +	42.172	3.791	4.610	8,9	10,9
III. Ostende, Ghistelle .. —	21.282	2.178	2.013	10,2	9,5
I. Bruges............ +	59.320	4.997	5.433	8,4	9,1
VII. Messines, Poperinghe +	19.777	796	1.540	3,7	8,3
VI. Ypres, Wervicq..... +	33.199	1.061	2.002	3,2	6,0
XII. Menin, Moorsele.... +	11.765	140	691	1,2	5,9
VIII. Hooghlede, Passchendaele........... +	17.100	646	944	3,8	5,5
XI. Roulers, Iseghem, Meulebeke, Oostroosbèke —	20.886	1.430	1.063	6,9	5,1
X. Harlebeke, Avelghem +	12.896	234	502	1,8	3,9
V. Furnes, Rousbrugge. —	34.236	2.284	869	6,7	2,6
IX. Courtrai, Mouscron. —	22.254	489	299	2,2	1,3
La province..... +	323.480	22.574	23.288	6,9	7,2

On voit que les progrès de la grande propriété se manifestent surtout, dans les environs de Bruges et dans les régions du sud de la province, qui subissent l'influence des grandes villes manufacturières du département du Nord.

En somme, l'étendue cadastrale occupée par les cotes foncières de plus de 100 hectares est un peu plus considérable en Flandre occidentale qu'en Flandre orientale ; mais, dans l'une et l'autre province, si les *grandes propriétés* sont rares, les *grandes fortunes foncières* sont nombreuses et considérables. Seulement elles se composent, en général, de petites fermes, dispersées dans un grand nombre de communes.

III. — L'origine des grandes propriétés

Presque toutes les grandes propriétés des Flandres proviennent de l'assèchement d'anciens marais, de l'endiguement des alluvions qui bordent l'Escaut ou la mer, du défrichement ou du boisement des bruyères qui, jadis, occupaient la plus grande partie de la région sablonneuse.

Il faut y ajouter quelques domaines d'origine féodale, comme le bois de Buggenhout, entre Merchten et Termonde, ou les châteaux historiques de Laerne, de Winendaele ou d'Oydonck, à Bachte-Maria-Leerne.

§ 1. — RÉGION POLDÉRIENNE

La plupart des grandes propriétés de la région poldérienne doivent leur origine soit à l'endiguement des *polders*, soit à l'assèchement des anciens marais (*moeren*) qui couvrent toute la côte maritime de la Flandre.

On entend par *polders*, en Belgique et dans les Pays-Bas, les terres d'alluvion conquises sur la mer, dans les golfes ou aux embouchures des fleuves et munies de digues pour les défendre contre l'invasion des flots[1].

Dans une notice reproduite par E. de Laveleye[2], M. Lippens décrit en ces termes le mode de formation des polders : « Les eaux de la mer, près de nos côtes, sont toujours chargées d'une grande quantité de vase, apportée dans son sein par l'Escaut, la Meuse et le grand nombre de rivières et de voies d'écoulement des eaux intérieures des Flandres et de la Flandre zélandaise, qui y débouchent et qui, plus ou moins bourbeuses, s'y déversent.

Lorsque la mer est à la marée d'étale, elle abandonne toute cette vase, qu'elle tient suspendue, dans les golfes et criques de l'intérieur des terres, comme le Zwyn, le Braeckman et cette quantité de passes qui formaient jadis seize îles de la Zélande. La mer dépose à chaque marée un feuillet de vase qui, avec le temps, acquiert l'épaisseur de plusieurs mètres.

C'est ainsi que s'élèvent ces alluvions susceptibles de cultures que l'on entoure de digues, dont la hauteur dépasse les plus hautes marées connues et que l'on nomme *polders*.

Lorsque ces terrains sont au-dessus des basses marées, ils se couvrent de végétation herbacée et conviennent

---

1. De Hoon, *Mémoire sur les polders de la rive gauche de l'Escaut et du littoral belge.* Bruxelles, Hayez, 1852.
2. *Rapport sur l'agriculture belge à l'Exposition internationale de Paris* (1878).

à servir de pâtures pour le bétail; on les nomme alors *schorres*. Dès que l'alluvion est mûre, ce que l'on reconnaît par les plantes qu'elle produit, on peut l'endiguer. Sa valeur dépasse, alors, du triple au moins, les frais de construction et d'entretien de tous les travaux nécessaires à son existence, tels que digues, écluses, cours d'eaux, ponceaux, routes, etc. »

De tout temps, les *schorres* ont été considérés comme appartenant au domaine public.

Le Gouvernement les concède, à titre gratuit ou onéreux, soit à des particuliers, soit à des sociétés, pour les tranformer en polders.

Quand le polder est asséché par une société concessionnaire, elle l'exploite généralement, pendant quelques années; puis les terrains sont mis en lots, la société se dissout et la culture est abandonnée aux efforts particuliers. Mais on n'en laisse pas moins subsister une association de tous les propriétaires pour la surveillance et l'entretien des ouvrages communs : la digue, l'écluse, l'écoulement des eaux intérieures et les chemins publics.

Les associations défensives entre plusieurs polders se nomment des *wateringues*. Institutions de droit public, reconnues par la Constitution, elles couvrent plus du quart de la Flandre occidentale. La plus grande partie du littoral belge cependant, d'Ostende à la frontière de France, manque de digues et n'a d'autre protection que la barrière des dunes ; mais, au point de vue de la constitution du sol, il faut comprendre dans la région des polders toute la bande de terres qui s'étend

depuis Burcht, vis-à-vis d'Anvers, jusqu'aux *moeres*,
entre Furnes et Dunkerque.

C'est une lisière en forme de croissant, large de 10 à
15 kilomètres en moyenne, mais qui projette, vers
l'intérieur, des golfes, tels que ceux de Dixmude et de
Ghistelles.

« L'absence presque complète d'arbres, l'existence
de riches prairies naturelles où séjournent un nombreux bétail et beaucoup de chevaux, l'inépuisable fertilité des champs, qu'il suffit, après plusieurs années
d'exploitation, de faiblement fumer, pour y voir réussir le froment, l'orge, la pomme de terre, le seigle et
le trèfle, tels sont les caractères de la région[1]. »

Les terres fortes du littoral et les polders proprement
dits, reconnaissables à leurs digues, formant un vaste
damier, occupent en Flandre occidentale une grande
partie des districts 1, 4, 5 et presque tout le district 3
(Ostende-Ghistelles) ; en Flandre Orientale, l'extrême
nord de la province, la partie des districts 11 et 9,
qui touche à la Flandre zélandaise.

Dans toute cette région, la surface du sol est entièrement plane, coupée seulement par des plaques d'eaux
stagnantes (*creeks*) et par de nombreux fossés, bordés
de maigres saules têtards : « Le regard s'étend à des
distances énormes, sans rencontrer autre chose que les
bandes vertes des prairies, regorgeant, en été, d'un
innombrable bétail. C'est à peine si l'œil se repose sur
de rares habitations, dont les murs blanchis à la

---

1. *Recensement général de l'agriculture*, 1880. Introduction, p. 19.

chaux, des volets verts et les toits de pannes rouges, se dressent au milieu de l'immense plaine. Le vent de mer y souffle sans rencontrer d'obstacles, courbant d'un effort violent les longues aigrettes des roseaux, les tiges des arbres et même les flèches des églises : ni les unes ni les autres n'ont gardé leur rectitude primitive[1]. »

Les terres sont généralement fertiles, mais pénibles et difficiles à travailler.

Tandis que la petite culture règne, presque sans partage, dans le région sablonneuse, ce sont les fermes de 20 à 25 hectares qui caractérisent la région poldérienne. Les exploitations de plus de 50 hectares même y sont relativement nombreuses.

La nature compacte du terrain, qui exige de forts attelages, restreint la concurrence et empêche le morcellement des fermes. Par suite de la grande extension donnée aux pâturages[2], la population est beaucoup moins dense que dans le reste des Flandres ; on y trouve moitié moins d'ouvriers agricoles permanents que dans les régions à cultures variées. Mais, à l'époque de la moisson, des betteraves, ou de la récolte du lin,

---

1. Leplae, *Esquisse agronomique de la Flandre occidentale* (*Revue générale agronomique*, 1899, p. 41. Louvain, 1899).

2. « La grande richesse des polders sont les prairies permanentes à pâturer, dites *prairies grasses*, dont l'étendue et la qualité permettent l'entretien d'un bétail très nombreux, destiné à l'engraissement, et de vaches laitières donnant un beurre renommé dans toute la Belgique.

« Il est regrettable que ces belles prairies ne puissent toutes servir aux cultivateurs : un grand nombre d'entre elles, et précisément des meilleures, appartiennent à des bouchers engraisseurs (*velleggers*) qui les peuplent, chaque année, de bœufs et vaches nivernais, charolais et comtois, amenés de France, par trains entiers. » Leplae, *loc. cit.*, p. 45.

les fermiers ont recours à des *gangs* d'ouvriers et d'ouvrières agricoles qui viennent de la région sablonneuse et dont la condition misérable se trouve décrite en termes saisissants par le gouverneur de la Flandre occidentale, dans l'enquête agricole de 1886[1].

Au point de vue de l'appropriation du sol, la grande propriété domine encore dans les polders, mais depuis l'époque de la confection du cadastre, et malgré les endiguements qui ont créé de grandes propriétés nouvelles, — à l'embouchure de l'ancien golfe du Zwyn, par exemple, — les grosses cotes foncières tendent à se morceller.

C'est ce que constatait déjà, en 1878, M. Lippens, dans sa notice sur les polders :

« Le morcellement, dit-il, a lieu, tant à cause des partages entre membres de la même famille que par l'augmentation de la population, du nombre des habitations, de l'épuisement du sol, qui exige des cultures plus soignées, plus de main-d'œuvre, plus de capital agricole ; enfin, de la hausse des prix de location.

« Les exploitations morcellées se vendent toujours à des prix plus élevés ; les petites fermes se louent de 5 à 10 0/0 plus cher que les grandes.

---

1. Bruxelles, Lesigne, 1890. Question 6, p. 42 :
« Il est reconnu que les chefs de *gangs* sont d'ordinaire tout ce qu'il y a de plus vil et de plus perverti dans la basse classe ; afin de grossir leur gain personnel, ils exploitent les enfants, les jeunes femmes et tous les malheureux qui, n'ayant pas de travail, doivent chercher leur pain n'importe comment. Les *gangs* logent tous pêle-mêle sur place, là où ils trouvent gîte ; sinon ils se répandent aux environs ; parfois ils rentrent chez eux et, soir et matin, font plusieurs lieues avant ou après le travail ; ils sont ainsi dans un état d'exténuation presque permanent, sous la conduite d'une brute qui, très souvent, les maltraite pour augmenter la somme de travail à produire. »

« Les partages font disparaître le propriétaire cultivateur ; l'éducation qu'il donne à ses enfants les éloigne
des travaux des champs. »

Depuis l'époque où écrivait M. Lippens, la situation
agricole s'est profondément modifiée. De toutes les
régions du pays, c'est peut-être la région des polders,
et spécialement le *Furnes-Ambacht* qui a le plus souffert du bas prix des céréales[1] ; mais la dépression économique n'a fait qu'accentuer le recul de la propriété
paysanne, ou faire valoir direct.

Dans le district poldérien d'Ostende-Ghistelles, par
exemple, il y avait encore, d'après le recensement de
1880, 11,3 0/0 des terres labourables, exploitée en faire
valoir direct. En 1895, cette proportion tombe à
7,4 0/0.

Quant aux grandes cotes foncières, les plus importantes de celles qui subsistent sont les suivantes :

I. *Dans la Flandre Orientale :*

Le domaine de 1.400 hectares constitué par la famille
d'Arenberg et qui, par suite d'alliances, appartient aux
familles de Mérode et Aldobrandini.

Ces polders, situés sur les bords de l'Escaut, à Kieldrecht et au Doel, étaient représentés, en 1834, par
une cote de 236 h. 40 ares au Doel, et deux cotes de

---

1. Leplae, *loc. cit.*, p. 54 :

« Pendant les années où le grain était cher, la grande industrie du
pays était la culture du froment ; cette céréale poussait bien, et à peu
de frais, dans les terres grasses des *polders ;* l'escarcelle des fermiers
se remplissait rapidement. Puis vint la débâcle : le froment perdit sa
valeur ; la terre, dont beaucoup de fermiers s'étaient rendus acquéreurs (?), suivit le mouvement de baisse ; quelques années de séche-
resse vinrent ajouter leur action si terrible à celle de la crise générale. »

578 h. 20 ares et 104 h. 82 ares sous Kieldrecht. Un arrêté royal du 25 juin 1846 autorisa le duc d'Arenberg à endiguer les schorres qu'il possédait à Kieldrecht, en avant de ses propriétés. La surface endiguée, sur le territoire belge, fut de 458 h. 93 ares[1].

Une partie seulement de ces propriétés se trouve actuellement représentée au cadastre par deux cotes, sous Kieldrecht (153 h. 66 ares) et le Doel (234 h. 59 ares). Les autres sont exemptées de la contribution foncière ou ne paient qu'une taxe insignifiante.

II. *Dans la Flandre Occidentale :*

1° Slype, 224 h. 71 ares, à M. Jean, brasseur, Ostende ;

2° Le *Hazegras*, polders récemment endigués à l'embouchure du Zwyn, et qui appartiennent à la famille Lippens-de-Kerckhove (Gand). Ces propriétés sont représentées par une cote de 434 h. 21 ares au Hazegras proprement dit et 108 h. 33 ares sous Knocke ;

3° Les propriétés de M. Benjamin Crombez, sous Oostduinkerke (113 h. 71 ares), Ramscapelle (166 h. 25 ares), Lampernisse (110 h. 34 ares), Lombartzyde (339 h. 47 ares), Ooskerke (113 h. 72 ares). Soit donc, sans compter les cotes accessoires, plus de 843 hectares comprenant des polders et surtout des dunes situées le long de la mer et peuplées d'innombrables lapins.

4° Le domaine de Merckem, à M. de Coninck de Merckem (690 h. 93 ares sous Merckem) au fond de l'ancien golfe de Ghistelles, abandonné par la mer depuis le

1. Wolters, *Recueil des lois, arrêtés règlements, etc., concernant l'administration des eaux et polders de la Flandre orientale.* Gand, 1869.

xii⁰ siècle. Ce sont des terres arables, aux environs du château, et d'immenses prés à foin, autour du Blanckaert, — étang naturel de plus de 100 hectares.

C'est également dans la région des polders, au nord de Bruges, que se trouvent la plupart des grandes propriétés appartenant aux Hospices de cette ville.

A côté de ces propriétés d'origine poldérienne, plus ou moins récentes, — les unes sont de formation contemporaine, les autres ont été gagnées depuis plusieurs siècles, — nous trouvons, surtout dans le midi de la province, des propriétés qui ont été formées, jusqu'à la fin du siècle dernier, par l'assèchement artificiel des marais de la zone littorale.

Le plus considérable de ces marais, et, pour cette raison, le dernier mis en culture était la grande Moere située, — de même que la petite Moere, — entre Furnes et Dunkerque, en partie sur le territoire belge, en partie sur le territoire français. L'abbaye des Dunes y possédait le droit de pêche, jusqu'à ce qu'elle fût desséchée en 1624 par Kœberger. Le marquis de Leda, gouverneur des Pays-Bas, y remit les eaux en 1640, pour mettre la Flandre à l'abri des attaques des Français[1]. Ce fut au xviii⁰ siècle seulement que les travaux d'assèchement furent repris, par une compagnie française, à la tête de laquelle se trouvait le comte d'Hérouville. Bientôt, d'ailleurs, à la suite de plusieurs inondations des terres situées autour de la grande Moere, cette compagnie songea à se défaire de son entreprise.

1. Van de Putte, *Esquisse sur la mise en culture de la Flandre Occidentale* (*Annales de la Société d'émulation de Bruges*, 1841, III, p. 184).

En 1771, elle vendit à une autre compagnie, dite
Courtois, 1.025 mesures, situées sur le territoire belge.
Ce sont les « mille mesures », dont la plus grande partie
appartient à M. Andries (434 h. 79 ares sur le territoire
de Moere).

En 1779, après s'être entendue avec M. van der Mey,
avocat à la Haye, la Compagnie Hérouville fit la rétro-
cession des 1.700 mesures restantes des moeres bel-
giques, au Gouvernement belge, qui, par lettres patentes
du 11 mai 1780, les céda audit van der Mey. Ces
1.700 mesures, encore intactes en 1843, sont aujour-
d'hui morcellées. Le principal morceau (133 h. 23 ares)
appartient à M. Dartois. Quant au surplus des 8.000 mesures qui forment la contenance totale des moeres,
elles se trouvent sur le territoire français[1].

Le mémoire de la Société d'émulation de Bruges,
auquel nous empruntons ces détails, décrit en ces
termes les deux grands domaines qui existaient, il y
a cinquante ans, sur le territoire belge, et dont un seul
subsiste actuellement :

« Dans chacune des propriétés de 1.000 et de 1.700 mesures, il existe une maison de maître, indépendamment des grands bâtiments servant à l'exploitation des
fermes et autres maisons. Le sol se compose de terre
glaise, sablonneuse et tourbeuse, sans néanmoins con-
tenir de combustible. La nature consiste en pâtures,
prés, terres labourables et oseraies. Les principaux
fruits qu'on y récolte sont le blé, le seigle, l'avoine, les

---

1. *Annales de la Société d'émulation de Bruges*, 1843, I, pp. 33 et
suiv, *Mémoires sur le dessèchement des moeres de Furnes*.

fèves, les vesces, les trèfles, le colza, la camomille, le lin. »

Pendant de longues années, les terres des Moeres donnèrent des récoltes abondantes, presque sans engrais ; leur long séjour au fond des eaux les avaient considérablement enrichies de détritus organiques ; toutefois l'épuisement fut inévitablement atteint, et aujourd'hui les cultures des Moeres demandent, comme les terres voisines, d'amples restitutions[1].

§ 2. — LA RÉGION SABLONNEUSE

On divise, généralement, la région sablonneuse en trois zones : la zone des dunes, la zone des Flandres et la zone de la Campine.

Nous décrirons la Campine, en parlant de la province d'Anvers et de Limbourg.

Quant à la zone des dunes, large, en moyenne, de 300 mètres, elle ne prend un peu d'importance qu'aux environs de Knocke et au sud de Nieuport, où elle atteint une largeur de 3 kilomètres environ[2].

Reste enfin la zone des Flandres, qui occupe la majeure partie de ces deux provinces.

1. Leplae, *loc. cit.* (*Revue générale agronomique*, 1899, p. 86).
2. Les *pannes* (creux ou vallons entre les dunes), qui s'étendent entre Dunkerque et Nieuport, sont habitées par une population mixte, moitié paysans, moitié pêcheurs. Ils sont parvenus à produire d'excellents légumes en fertilisant leurs sables arides au moyen de fumiers d'algues, de mollusques et de petits poissons, qui répandent une odeur épouvantable, mais qui leur permettent d'entretenir un assez nombreux bétail, des ânes, voire même des chevaux.
Ces derniers, tour à tour, travaillent la terre et traînent les filets à crevettes des pêcheurs montés de Coxyde et d'Oostduinkerke. Rien de plus curieux que cette cavalerie, pêchant aux falots, avec de l'eau jusqu'au poitrail,

Nous avons déjà dit que c'est, par excellence, le pays de la petite culture et, — sauf quelques exceptions, — de la propriété morcellée.

D'après le recensement de 1895, le nombre total des exploitations agricoles, en Flandre occidentale, était de 108.088 ; il y en a 257 seulement, — situées presque toutes dans la région des polders, — qui ont plus de 50 hectares et 85.208 (79,8 0/0), qui sont inférieures à 2 hectares. En Flandre orientale, sur 113.674 exploitations, 84.120 (74 0/0) ont moins de 2 hectares et 52 plus de 50 hectares.

Encore ces grandes exploitations, en dépit de leur situation géographique, ne se trouvent pas, en réalité, dans la zone sablonneuse.

Choisissons, pour le montrer, un canton type, au cœur même de cette région : la circonscription du Comice agricole de Saffelaere, par exemple, déjà décrite, en 1878, par M. de Kerckhove[1].

Elle comprend les territoires de Desteldonck, Mendonck, Saffelaere, Seveneeken, Oostakker, Wachtebeke, Moerbeke et Winkel, soit à peu près 11.000 hectares de terres arables, partagés, d'après le recensement de 1895, en 4.214 exploitations agricoles, dont la grande majorité n'atteint pas 2 hectares.

Quand on examine de plus près les données du recensement, on constate que les communes dans lesquelles n'existe aucun polder, aucune terre argileuse (Saffelaere, Desteldonck, Winckel), n'ont pas une seule

---

1. E. de Laveleye, *l'Agriculture belge*, pp. 77 et sqq.

ferme dont l'étendue des terres arables dépasse 40 hectares. La seule grande ferme (plus de 100 hectares en faire valoir direct), que nous renseigne la statistique officielle de Mendonck, se compose, pour la plus grande partie, de prairies naturelles, situées le long du *Moervaert*, canal agricole servant, à la fois, à la navigation, l'irrigation et l'évacuation des eaux. A Wachtebeke et à Moerbeke, nous trouvons deux fermes de plus de 100 et une ferme de plus de 50 hectares, mais elles sont situées dans les polders, endigués en 1690 et 1696; le sol y est de nature argileuse, comme dans la zone poldérienne tout entière.

Le long des canaux du Moervaert et de la Zuidleede, sur les territoires de Winkel, Mendonck, Saffelaere, Wachtebeke et Moerbeke, il existe une zone de prairies naturelles formant la wateringue dite des vallées de la Zuidleede, du Moervaert et du canal de Stekene (1.701 h. 12 ares).

Enfin la circonscription de Saffelaere comprend encore 890 hectares de bois (il y en avait 1.386 hectares à l'époque où M. de Kerckove décrivait la région).

C'est dans la zone des prairies naturelles des anciens polders et des bois que s'y trouvent la plupart des grandes cotes foncières de la région sablonneuse et notamment les vastes propriétés de la famille Lippens, à Saffelaere (200 h. 86 ares) et à Moerbeke (715 h. 41 ares).

Les bois, formés surtout de vastes sapinières, se continuent dans la partie la plus sablonneuse des deux provinces. Ils occupent la crête de la dune qui s'étend depuis Nieuport (Flandre occidentale) jusqu'à Anvers et se prolonge, par la Campine, jusqu'au nord de l'Allemagne.

« Cette zone, large de 2 ou 3 lieues, — dit le chanoine Andries[1], — entre Anvers et Gand, s'appelle *pays de Waes;* de Gand à Eecloo, elle porte le nom de *Meetjesland* (pays des quatre métiers); de Somerghem à Thourout et Lichtervelde, c'est le *Bulscampveld*, le cœur de la bruyère ; et de Thourout vers la frontière française, dans la direction de Saint-Omer, on rencontre le fameux *Vrybusch* (Bois franc). On peut dire qu'autrefois ces diverses parties, dans toute leur étendue, ne furent qu'une même suite de bruyères désertes et plus ou moins stériles, où les bêtes sauvages, les maraudeurs et les voleurs de grand chemin avaient leurs repaires. »

Il va sans dire que cet ancien état de choses n'existe plus qu'à l'état de souvenir : depuis des siècles le *pays de Waes* est couvert d'admirables cultures ; le *Meetjesland* ne contient plus guère de terrains incultes. Seul, le *Bulscampveld* a résisté plus longtemps. Au siècle dernier, les communes de Beernem, Oedelem, Wynghene, Oostcamp et Ruddervoorde comprenaient encore de vastes landes (*wastines*). De même, une partie de Ruysselede et presque la moitié du grand territoire d'Aeltre, n'étaient que bruyères.

Ce sont ces bruyères, achetées à vil prix et transformées en bois ou en terres arables, qui constituent aujourd'hui les grandes propriétés du *Houtland*. — le

---

1. *Notice sur la grande bruyère flamande de Bulscamp (Bull. de la Soc. hist. et litt. de Tournai,* pp. 48 et sqq.).

pays des bois, — par opposition au *Blootland*, le pays découvert, de la région poldérienne.

Ainsi, par exemple, les propriétés des familles t'Kint de Roodenbeke, Vander Bruggen et de Kerckove, sur Ursel, Aeltre, Bellem, Cluysen, Wynghene, etc., ne formaient jadis qu'un seul bloc, acheté, boisé, mis en valeur, au commencement de ce siècle, par un industriel de Gand, M. de Naeyer. Les trois fils de celui-ci se partagèrent l'héritage paternel et le transmirent, par mariage, à leurs propriétaires actuels.

Presque toutes les grandes cotes foncières de l'ancien *Bulscampveld* ont des origines analogues[1].

Quelques-unes de ces propriétés, cependant, provenaient de défrichements plus anciens.

A Oostcamp, le village aux seize châteaux, nous trouvons 6 cotes de plus de 100 hectares, dont la plus importante (339 h. 46 ares) appartient à la famille d'Ursel et faisait partie, sous l'ancien régime, avec les terres situées à Wynghene et Ursel, de la seigneurie de ce nom.

A Thourout, la propriété de M. Matthieu (175 h. 32 ares) comprend ce qui reste du célèbre château de Wynendaele. Pendant la révolution, Wynendaele, qui avait été bâti par Robert le Frison, servit, pendant quelques années, d'auberge, ou plutôt de taverne. En 1811, le gouvernement français en fit abattre trois parties sur quatre ; dans celle qui restait debout, un garde forestier devint le successeur des comtes de

1, Andries, *loc. cit.*, pp. 56 et sqq.

Flandre et des ducs de Bourgogne. A son tour, le roi Guillaume, qui avait d'abord réuni cette propriété aux domaines de l'État, la vendit en 1825, et ce ne fut que dix-huit ans plus tard qu'elle fut acquise par M. Matthieu, de Bruxelles[1].

§ 3. — RÉGION SABLO-LIMONEUSE

La région sablo-limoneuse qui se prolonge dans le Tournaisis et le Brabant, à l'ouest de la Senne, comprend la majeure partie des districts 6, 7, 8 de la Flandre Occidentale et 3, 5, 6, 7, 8 de la Flandre Orientale.

Le sol, très fertile, y est propre à toutes les cultures, depuis les excellents pâturages de l'Yprois jusqu'aux plantations industrielles célèbres du Courtraisis.

Autour de Poperinghe s'élèvent les plus grandes houblonnières de la Belgique, — celle d'Alost ne venant qu'au second rang ; — elles sont entretenues avec beaucoup de soin et montées, pour la moitié, non en perches, mais en fils de fer. Vers le mois d'août, les longues allées, ombragées de rameaux chargés de cônes, présentent un ravissant aspect.

Aux environs de Messines, on trouve surtout une culture peu commune : le pavot ou œillette. Dans les banlieues de Menin et de Wervicq, ce sont les plantations de tabac qui dominent. Puis on entre dans le royaume du lin : depuis Wervicq jusqu'à Deynze, les meules de lin s'allongent, sur les bords de la Lys, où

1. De Smet, *Le château de Wynendaele* (*Annales de la Soc. d'émulation de Bruges*, 1870, V, p. 331).

des milliers d'ouvriers travaillent, pendant tout l'été, au rouissage et à la préparation de ce textile. C'est pour ce motif que les Anglais appellent la Lys, aux eaux troubles, lentes, nauséabondes, *the Golden River*, la rivière d'or.

Toute cette contrée, d'ailleurs, comprise entre Courtray, Roulers et Thielt, peut être considérée comme une des plus remarquables des Flandres, au point de vue agricole : « Chevaux, bétail et culture, tout y est également soigné et perfectionné ; nulle part, l'instruction technique du cultivateur n'est poussée plus loin ; nulle part aussi la culture n'est plus intensive, ni la crise agricole moins sensible[1]. »

On pourrait ajouter que nulle part, peut-être, les salaires agricoles ne sont aussi bas et les fermages aussi élevés.

C'est principalement dans cette région, — qui se continue, avec des caractères analogues jusqu'aux confins du Brabant, — que florissait, pendant la première moitié de ce siècle, l'industrie linière à domicile. Le chef de famille était tisserand, en même temps que cultivateur. Les femmes et les filles étaient fileuses, et cette industrie familiale permettait aux paysans de nouer les deux bouts.

Aujourd'hui que le développement de l'industrie mécanique les a privés de cette ressource, et que la baisse des prix du lin et de la chicorée forcent les fer-

---

1. Leplae, *Esquisse agronomique de la Flandre Occidentale. Revue générale agronomique*, p. 87. Louvain 1899. — Nous avons emprunté à cette intéressante étude les détails ci-dessus.

miers à réduire, autant que possible, la main-d'œuvre agricole, le trop-plein de la population est contraint de chercher du travail au dehors. Les uns vont travailler, tous les jours, dans les centres industriels du Hainaut et du nord de la France; les autres, à l'époque de la moisson ou des betteraves, s'en vont gagner au dehors de quoi subsister en hiver. Grâce à ces migrations quotidiennes ou saisonnières, l'étonnante densité de la population s'est maintenue. La culture est extrêmement divisée. Bien que leur nombre ait légèrement augmenté, depuis 1834, les grandes propriétés sont rares.

Il y en a quelques-unes dans l'Yprois ; d'autres, aux alentours de Popeninghe ; mais la plus importante, — qui se trouve dans la Flandre Orientale, — est celle de Buggenhout (515 h. 70 ares), appartenant à la famille de Mérode.

Buggenhout, le « bois des hêtres », faisait partie jadis d'une forêt plus considérable qui s'étendait jusqu'aux bords de l'Escaut (ou le nom de Baesrode évoque le souvenir d'anciens défrichements). Le 23 mai 1776, Emmanuel de Durfort, comte de Duras, vendit la seigneurerie de Buggenhout-Bournonville à Louise-Françoise Cogels, veuve de Julien-Ghislain de Pestre, comte de Seneffe, et à son fils Joseph de Pestre, comte de Seneffe et de Turnhout. Dans le contrat de vente, il était dit que les acquéreurs devaient prendre à leur charge le procès existant, au sujet de certains droits honorifiques, entre les vendeurs et le prince de Grimberghe. Celui-ci, usant de la faculté que lui laissaient

es lois féodales, ayant déclaré vouloir retraire la seigneurerie, elle lui fut cédée le 7 mars 1777 à la seule
condition d'en céder le prix d'achat : 680.000 florins
de change, plus 4.681 florins pour les frais (r. du
3 mars 1777)[1].

C'est ainsi que la famille de Mérode a hérité du patrimoine des Bournonville.

En résumé, ce qui caractérise les Flandres au point
de vue de la répartition de la propriété foncière, c'est :

1° La disparition presque complète des communaux ;

2° Le nombre, relativement considérable, des grandes
propriétés appartenant aux administrations charitables,
et spécialement aux Hospices de Gand, de Bruges et
d'Ypres ;

3° Le morcellement du sol et la dispersion des
fortunes foncières dans un grand nombre de communes
différentes ; si bien que certaines familles possèdent
des biens-fonds considérables sans une seule cote de
plus de 100 hectares ;

4° La rareté des grandes cotes foncières et d'autre
part leur tendance à augmenter, en nombre et en
étendue, dans les districts qui subissent l'influence de
Bruges, de Gand et des centres industriels du Nord
de la France ;

5° La faible proportion des terres exploitées en faire
valoir direct et les progrès constants de la propriété
capitaliste sur la propriété paysanne.

Par suite du morcellement et de la surpopulation,

1. Wauters, *Histoire des environs de Bruxelles*, II, 122.

les fermages sont très élevés et la condition des fermiers d'autant plus pénible que la plupart des propriétaires, habitant les villes, se désintéressent de la culture : « Tous ou presque tous, — déclare le gouverneur de la Flandre Occidentale, dans l'enquête agricole de 1886, — vivent dans un *dolce farniente*, ignorant la plupart des premières notions de l'agronomie, ne s'occupant guère du point de savoir si leurs propriétés sont cultivées au mieux de leurs intérêts ; s'ils touchent régulièrement leurs loyers, tout est bien » (Enq. 10e question, p. 314).

Le taux moyen des fermages, qui, d'après le recensement de 1880, était, pour les terres labourables, de 119 francs dans la Flandre Occidentale et de 132 francs l'hectare, dans la Flandre Orientale, était tombé, en 1895, à 105 et 119 francs ; mais ces moyennes ne permettent pas de se rendre compte du degré d'exploitation dont certains cultivateurs parcellaires sont victimes.

« Je connais des villages, — disait l'abbé Daens, à la Chambre des représentants, le 25 mai 1897, — où deux ou trois propriétaires capitalistes accaparent toutes les terres mises en vente ; ils les afferment à des ouvriers agricoles, au prix incroyable de 1 franc la verge, c'est-à-dire 320 francs l'hectare. »

Ces prix sont assurément exceptionnels, mais la pratique est constante : il est de règle que le taux de location à l'hectare, pour les petites parcelles, soit plus élevé que pour les grandes exploitations. Les ouvriers, agricoles ou industriels, peuvent payer de pareils prix,

parce que les quelques verges de terre qu'ils cultivent,
ou font cultiver par leur femme, ne constituent pour
eux qu'un appoint : les uns s'emploient comme journaliers dans les fermes voisines[1]; d'autres travaillent
en fabrique ; il en est, au pays d'Alost, qui prennent,
tous les jours, le train pour aller dans les charbonnages
du Centre-Hainaut ; ce qui représente, de Sotteghem à
Houdeng, par exemple, 56 kilomètres, à parcourir deux
fois par jour, avant et après dix ou douze heures de
travail ! Enfin nous avons vu que, dans la région
sablonneuse et sablo-limoneuse des Flandres, une
notable partie de la population se compose de travailleurs nomades : d'après les relevés qui nous ont été
fournis par le ministère de l'Intérieur, le nombre des
ouvriers quittant le pays, pour travailler à l'étranger,
fut, en 1897, de 57.262, se répartissant comme suit,
entre les diverses provinces :

Anvers..........................	362
Luxembourg....................	1.102
Namur..........................	1.294
Brabant.........................	1.391
Liège	2.086
Limbourg.......................	2.291
Flandre Occidentale.............	12.582
Hainaut.........................	17.212
Flandre Orientale...............	18.042
Le royaume	57.262

La plupart de ces émigrants temporaires, dans le
nord du Hainaut et dans les Flandres, sont des ouvriers

1. Le nombre de ces ouvriers a considérablement diminué, depuis
la crise agricole :

« Il y a dans nos campagnes beaucoup de misères, causées non par
le coût des denrées, mais par le manque de travail. Cela n'a rien

agricoles. Dans l'intéressante monographie qu'il vient de leur consacrer[1], M. de Hemricourt de Grunne évalue leur nombre à 45.000. Ils quittent la Belgique, dès la première quinzaine de mai, pour se disperser dans toute la région qui s'étend de Lille à Orléans, et ils ne regagnent leurs maisons de Flandre qu'à la mi-novembre, les dernières betteraves arrachées.

A la fin de cette campagne, ils peuvent rapporter chez eux, bon an, mal an, près de 400 francs, qui constituent le plus clair de leurs ressources pendant le reste de l'année. Aussi les mesures restrictives que d'aucuns proposent, en France, pour leur fermer la frontière, seraient pour ces pauvres gens de véritables lois de famine.

Au surplus, la dépopulation des campagnes françaises exige aussi impérieusement l'arrivée annuelle des Flamands que la surpopulation des campagnes flamandes nécessite leur départ. Ils ne peuvent vivre, sans la grande culture étrangère ; la grande culture ne peut vivre sans eux.

d'étonnant, car le cultivateur réduit aux abois cherche tout naturellement à payer le moins d'ouvriers possible et se garde bien d'entreprendre un travail aussi longtemps qu'il lui est pratiquement possible de le différer ..

La situation, à ce point de vue, se résume dans cette phrase, que nous entendons répéter partant par les ouvriers : *De boeren doen niets meer doen omdat zij niet meer kunnen!* — Les fermiers ne font plus rien faire, parce que les ressources leur manquent.

(Leplae, *La crise agricole anglo-belge. Revue agronomique de l'Institut agricole de Louvain*, 1891, n° 2, p. 108.)

Etude d'ailleurs, poussée au noir, en vue de préconiser des mesures protectionnistes.

1. *Les Ouvriers agricoles belges en France. Revue générale agronomique.* Louvain. 1899.

CHAPITRE II

LA CAMPINE

La plaine sablonneuse de la Campine, d'une super-ficie d'environ 350.000 hectares, comprend tout le nord-est de la Belgique ; elle s'étend sur la plus grande partie des provinces d'Anvers et de Limbourg, descend jusqu'au Démer et dépasse un peu la Dyle, dans la direction de Vilvorde. Il n'existe toutefois aucune ligne de démarcation tranchée entre la Campine et les régions environnantes, les zones sablonneuses du nord du Bra-bant et du sud-ouest de la province d'Anvers, bien qu'on les rattache à la Campine, sont constituées, en grande partie, par des terrains de transition, ou mélanges de sols d'origine géologique fort dissemblable.

L'altitude de la Campine varie de 10 à 95 mètres, depuis les terres alluviales des bords de l'Escaut jusqu'aux plateaux arides et caillouteux qui dominent la Meuse.

Malgré les vastes travaux d'irrigation et de défriche-ment entrepris depuis un demi-siècle[1], cette région répond encore, surtout dans sa partie orientale, à la

[1]. V. Lebens, *les irrigations de la Campine. Annales des Travaux publics de Belgique*, octobre 1897.

ANVERS ET LIMBOURG

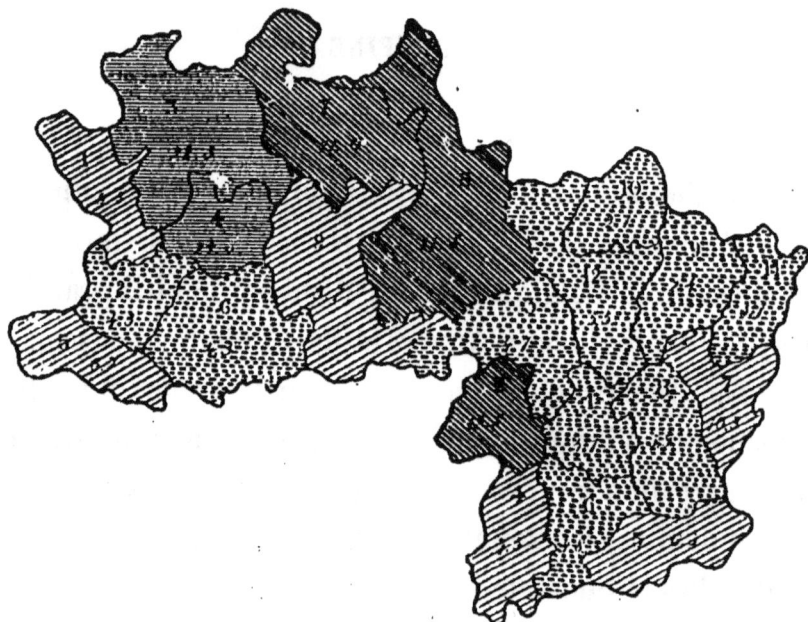

I. — Carte indiquant l'étendue relative occupée par les cotes
de 100 hectares et plus en 1838-1845.

ANVERS	LIMBOURG
Districts	*Districts*
1. Anvers, Eeckeren.	1. Hasselt.
2. Contich, Boom.	2. Herck-la-Ville.
3. Brecht.	3. Beeringen.
4. Santhoven.	4. Saint-Trond.
5. Malines, Puers.	5. Tongres, Sichem.
6. Lierre, Duffel, Heyst op den	6. Looz.
Berg.	7. Mechelen.
7. Turnhout.	8. Bilsen.
8. Moll, Arendonck.	9. Brée.
9. Herenthals.	10. Achel.
	11. Maeseyck.
	12. Peer.

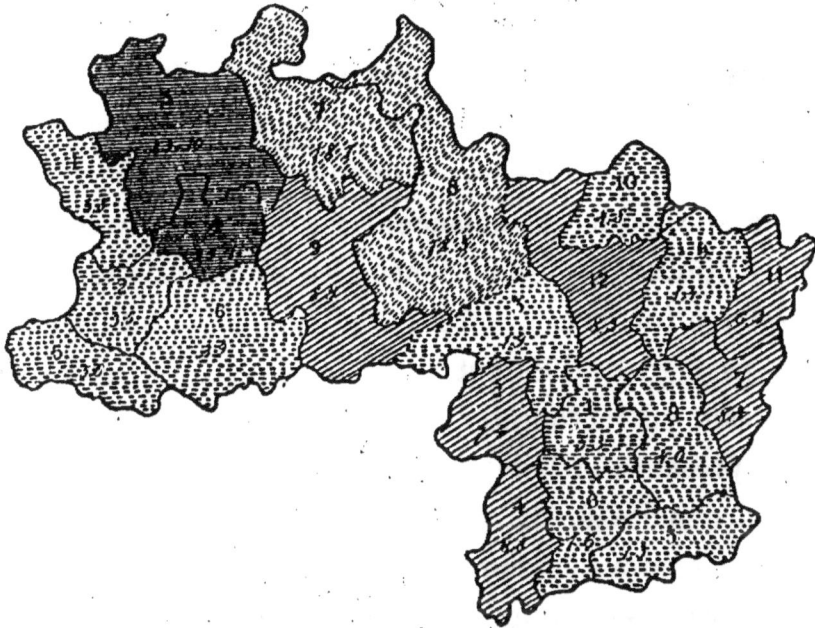

II. — Carte indiquant par district agricole l'étendue relative occupée
par les cotes de 100 hectares et plus en 1898.

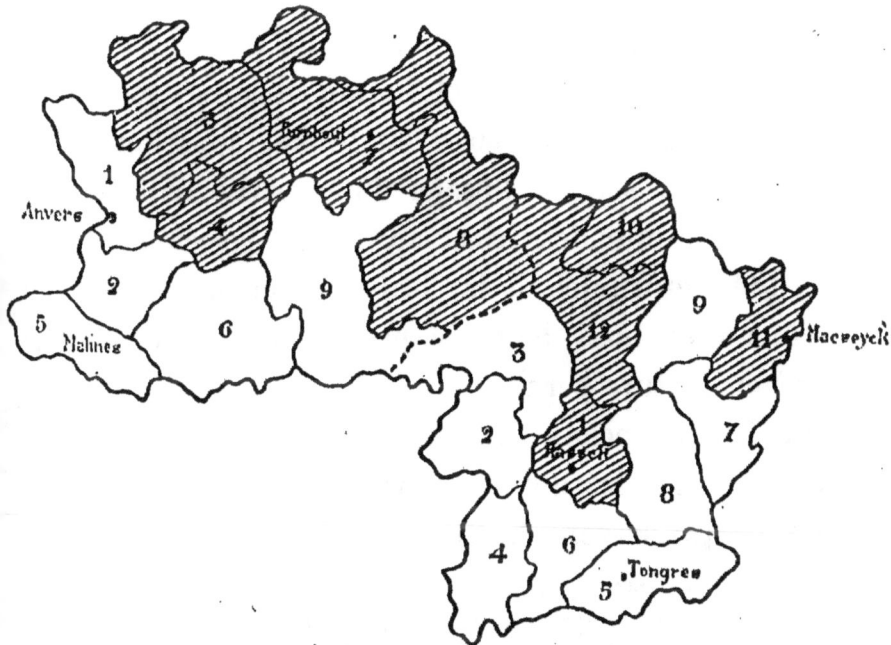

III. — Carte indiquant par district agricole la progression et la régression
des cotes de 100 hectares et plus.

description qu'en donnait l'ingénieur Delacroix, dans un rapport au Gouvernement français (1859) : « Des centres de culture peu étendus et groupés autour des villages ; quelques bois et pinières, répandus çà et là ; des bruyères et des terres incultes, formant comme le fond sur lequel se détachent les terres cultivées ; les bois diminuant d'importance, les bruyères s'agrandissant, au fur et à mesure qu'on s'élève, — vers la crête de partage de l'Escaut et de la Meuse, — tel est le tableau, en raccourci, et pour ainsi dire à vol d'oiseau, que présente la Campine [1]. »

La densité de la population, dans les arrondissements campiniens proprement dits, — Turnhout et Maeseyck, — reste inférieure à 100 habitants par kilomètre carré [2]. Le mode de faire valoir dominant est celui de la petite culture, à la fois intensive et extensive, en ce sens que la lande vient en aide aux champs cultivés : « Chaque exploitation dispose soit d'un certain nombre d'hectares en friche, appartenant au propriétaire, soit de l'usage d'une partie indivise des landes communales ; c'est au moyen des éléments de fertilité empruntés à la bruyère que le cultivateur amène à un haut degré de productivité la terre qu'il tient en culture permanente, malgré sa stérilité naturelle. Les troupeaux pâturent sur le terrain vague ; on en découpe, tous les quinze ou vingt ans, la superficie en mottes, qui servent de litière au bétail et de combus-

---

1. Delacroix, *Défrichement des terrains incultes dans la Campine belge*, p. 19. Paris, Imprimerie impériale, 1860.
2. *Annuaire statistique de la Belgique*, 1896. Cartogramme II. Bruxelles, 1897.

tible au foyer. Ainsi converties en fumier ou en cendres, elles remplacent l'engrais que le cultivateur flamand achète au loin [1]. »

Au point de vue du régime de la propriété, la Campine est caractérisée par l'extension considérable des communaux, et, — dans la province d'Anvers, — le nombre, relativement grand, des propriétés de plus de 100 hectares appartenant à des particuliers et couvertes, pour la plupart, de bois de sapin.

Quant aux terres arables, la monographie agricole que vient de publier le ministère de l'Agriculture nous fournit, à cet égard, les renseignements suivants :

« Dans la Campine limbourgeoise, le faire valoir direct est au moins aussi usité que le faire valoir indirect ; dans la Campine anversoise, ce dernier l'emporte ; sur la lisière sablonneuse du nord du Brabant, les cultivateurs sont généralement propriétaires de la ferme qu'ils habitent et de quelques ares y attenant ; indépendamment de ces terres qu'ils possèdent, ils en cultivent d'autres qu'ils tiennent en location.

« Les grandes exploitations, qui sont devenues rares, surtout à cause du morcellement résultant du partage des successions, sont en majeure partie affermées.

« Dans la culture moyenne, on rencontre beaucoup de propriétaires. Cependant, il y a une quinzaine d'années, à cause de la situation précaire de l'industrie agricole et de la diminution de la valeur des immeubles, maints propriétaires sont devenus locataires. A cette

1. De Laveleye, *l'Agriculture belge*. Rapport au Congrès agricole international de Paris, p. 37. Décembre 1878.

époque, les ventes forcées étaient très fréquentes, et les propriétés hypothéquées passaient aux mains des créanciers, qui recouraient à l'expropriation pour recouvrer les arriérés.

« Cet état de choses s'est heureusement modifié durant ces dernières années. La situation de l'agriculture s'est beaucoup améliorée, et, avec de l'économie, des cultivateurs parviennent à solder leurs vieilles dettes et même à racheter leurs anciens biens. On constate en même temps une augmentation dans la valeur de la propriété foncière...

« En ce qui concerne les petites exploitations, un grand nombre d'entre elles appartiennent en propre aux occupants. Les fils de bons cultivateurs, après le partage du patrimoine, consacrent leur part à l'acquisition de ces petites exploitations et les dirigent eux-mêmes, jusqu'à ce que leurs enfants puissent leur prêter secours ; alors, après avoir réalisé leur bien, ils louent une moyenne ou une grande exploitation.

« Les journaliers occupent aussi de ces petites exploitations et parviennent quelquefois à s'en rendre propriétaires.

« Certaines communes, entre autre celles de Genck, aident les cultivateurs débutants à devenir propriétaires de petites exploitations, en leur cédant des bruyères bonnes à défricher, moyennant paiement d'une légère annuité[1]. »

En somme donc, le faire valoir direct est rare,

---

1. Ministère de l'agriculture. *Monographie agricole de la région de la Campine*, p. 148. Bruxelles, 1899.

our les grandes exploitations ; il est en décroissance,
— sauf le temps d'arrêt que la monographie officielle
ouligne, avec trop de complaisance peut-être, — pour
es exploitations de moyenne étendue ; il se maintient
seulement pour la propriété parcellaire, qui fournit de
a main-d'œuvre aux industries locales et aux cultiva-
eurs employant des salariés.

I. — La province d'Anvers

La province d'Anvers, tout entière, à l'exception des
polders qui bordent l'Escaut, appartient à la région
sablonneuse ; mais, tandis que des cantons du nord et de
l'est présentent encore tous les caractères de la Campine, avec ses bruyères parsemées de bois de sapins,
de dunes imparfaitement fixées, de tourbières et de
marécages, les cantons du sud-ouest ont été conquis
par la culture intensive et sont aussi bien cultivés que
les plus belles terres du *pays de Waes*.

Aux environs d'Anvers, bien que les terres soient
très maigres, on a pu, grâce au voisinage de la ville,
communiquer une très grande fertilité au sol et lui
appliquer, à peu près, les procédés de la culture maraîchère. Dans le petit Brabant (cantons de Malines et de
Puers), on trouve des prairies magnifiques ; les cultures
industrielles sont aussi développées que dans les
Flandres et, dans toute la région sud-ouest, l'extrême
division des cultures a retenti sur la division des propriétés : les communaux sont fort réduits ou ont été

complètement aliénés ; les grosses cotes foncières sont
assez rares ; l'étendue des terres exploitées en location
l'emporte, de beaucoup, sur celle des terres exploitées en
faire valoir direct.

Bref, à mesure que l'on se rapproche d'Anvers et de
la vaste agglomération qui entoure la métropole, les
cultures se divisent, le sol augmente de valeur et la
scission s'accentue entre la propriété et le travail.

Dans le Campine, au contraire, la propriété paysanne,
malgré les pertes qu'elle a subies, pendant la crise
agricole, occupe encore une notable fraction du territoire. Les bois et les bruyères appartiennent soit
aux communes, soit à des particuliers.

L'étendue cadastrale de la province est de 283.180 hectares.

En 1834, les cotes foncières de 100 hectares et plus,
se rapportant soit à des propriétés particulières, soit
à des propriétés publiques, — État, communes, administrations de bienfaisance, fabriques d'église, etc., —
étaient au nombre de 192 et occupaient une étendue de
67.634 hectares, soit 23,9 0/0 du territoire. En 1898, elles
ne sont plus que 184, avec une étendue de 52.677 hectares, soit 18,6 0/0 du territoire.

Il y a donc recul. Les cotes foncières supérieures à
100 hectares ont perdu du terrain, mais cette régression
n'a porté que sur les communaux et autres propriétés
publiques. Le phénomène contraire se manifeste pour
les propriétés appartenant à des particuliers.

En 1834, les cotes foncières de 100 hectares et plus,
se rapportant à des propriétés publiques, occupaient

ensemble 33.468 hectares, se décomposant comme suit :

10 cotes de plus de 1.000 hectares..				21.052 h. 32 a. 92
6	—	500 à	1.000	— .. 4.918 h. 14 a. 15
17	—	200 à	500	— .. 5.029 h. 66 a. 64
18	—	100 à	200	— .. 2.468 h. 34 a. 22
51 cotes de plus de			100	— .. 33.468 h. 47 a. 93

Quelques-unes de ces propriétés, — en petit nombre d'ailleurs, — appartenaient soit à des administrations hospitalières, soit à la Société de bienfaisance, instituée sous le régime hollandais, et qui avait établi des colonies agricoles libres, pour les indigents, à Woortel (516 hectares) et à Merxplas-Ryckevorsel (568 hectares).

Le reste du domaine collectif appartenait aux communes et se composait de bruyères, fort utiles aux habitants, mais dont la valeur vénale était presque nulle : elles se vendaient 20 francs l'hectare à Wortel, en 1830.

Les plus importants de ces communaux étaient ceux de Moll (2.196 hectares), de Poppel (2.081 hectares), de Weelde (2.416 hectares), de Turnhout (2.767 hectares), d'Arendonck (3.093 hectares) et de Calmpthout (3.108 hectares). Tous ont subi de fortes réductions au profit du domaine privé.

Abstraction faite des cotes inférieures à 100 hectares, les propriétés publiques n'occupent plus aujourd'hui que 13.192 hectares, se décomposant comme suit :

3 cotes de plus de 1.000 hectares..				4.837 h. 67 a. 95
5	—	500 à	1.000	— .. 3.548 h. 95 a. 15
12	—	200 à	500	— .. 3.547 h. 93 a. 17
9	—	100 à	200	— .. 1.257 h. 77 a. 82
29 cotes de plus de			100	— .. 13.192 h. 34 a. 09

Les dépôts de mendicité de l'État occupent 552 hectares sous Wortel, 904 hectares sous Brecht (colonie de Hoogstraeten) et 453 hectares sous Merxplas-Ryckevorsel.

Les trois cotes supérieures à 1.000 hectares se rapportent aux communaux de Calmpthout (1.164 hectares), Poppel (1.626 hectares), Weelde (2.046 hectares). Le surplus du domaine collectif se compose de « biens des pauvres » et, surtout, de bruyères communales.

Si nous défalquons ces propriétés publiques de la contenance globale des cotes foncières de plus de 100 hectares, pour tenir compte seulement des propriétés particulières, nous constatons que, si les exploitations se sont morcellées, les grands domaines, bien loin de décroître, ont gagné du terrain depuis l'époque de la confection du cadastre. En 1834, les cotes foncières (privées) de 100 hectares et plus occupaient une étendue totale de 34.184 hectares, soit 12, 7 0/0 du territoire de la province.

1	cote	de plus de	1.000 hectares.	4.637 h. 67 a. 55
0	—	500 à	1.000	—	5.251 h. 48 a. 40
36	—	200 à	500	—	11.314 h. 82 a. 51
95	—	100 à	200	—	13.252 h. 13 a. 44
141	cotes de plus de		100	—	34.184 h. 81 a. 10

A part les domaines situés dans la région des polders ou dans le sud de la province, presque toutes ces propriétés se composaient de bruyères, aussi incultes que les communaux, et qui appartenaient soit à des bourgeois d'Anvers, soit à de grandes familles comme les d'Ursel, les de Mérode et les princes de Salm. A Moll, un particulier possédait la plus forte cote de la province : 4.367 hectares.

En 1898 les cotes de 100 hectares et plus, se rapportant à des propriétés particulières, occupent une étendue globale de 39.485 hectares, 14,7 0/0 du territoire de la province :

3 cotes de plus de 1.000 hectares				5.888 h. 67 a. 55
13	—	500 à	1.000	—	9.007 h. 87 a. 58
38	—	200 à	500	—	11.340 h. 11 a. 22
98	—	100 à	200	—	13.448 h. 80 a. 93
152 cotes de plus de			100	—	39.485 h. 47 a. 93

La plus grande propriété de la province est le domaine de Postel, appartenant au comte de Flandre ; il mesure plus de 4.000 (4.452) hectares d'un seul tenant et s'étend sur les communes de Rethy, de Deschele, de Moll et de Gheel.

Les d'Ursel et les Mérode réunissent un assez grand nombre de cotes foncières (respectivement 834 et 1.888 hectares, sans compter les cotes de moins de 100 hectares). La famille d'Arenberg ajoute 605 hectares aux milliers d'autres qu'elle possède dans le Brabant. Depuis une cinquantaine d'années, un assez grand nombre de domaines ont été taillés dans les bruyères; bref, il y a eu concentration de la propriété, mais, ainsi qu'on en jugera par le tableau suivant, cette tendance ne se manifeste pas dans tous les cantons.

COTES FONCIÈRES DE 100 HECTARES ET PLUS SE RAPPORTANT
A DES PROPRIÉTÉS PARTICULIÈRES

CANTONS		ÉTENDUE CADASTRALE	CONTENANCE DES COTES de 100 hectares et plus		PROPORTION 0/0 DE L'ÉTENDUE cadastrale	
			1834	1898	1834	1898
		H. A.	H. A.	H. A.		
Santhoven	+	18.185 16	4.473 58	4.559 67	24,6	25,1
Brecht	+	43.444 62	9.670 33	10.039 40	22,3	23,1
Moll	+	33.184 09	6.365 34	6.519 88	19,7	19,8
Hoogstraeten	+	20.411 28	2.524 80	3.950 30	12,4	19,3
Arendonck	+	21.704 34	114 43	3.678 44	0,5	16,7
Turnhout	+	17.197 37	1.629 89	2.868 16	9,5	16,9
Westerloo	+	17.399 84	1.707 48	1.737 88	9,8	9,9
Herenthals	—	25.742 54	2.464 87	2.128 64	9,6	8,3
Eeckeren	—	19.513 38	1.600 18	1.003 06	8,2	5,1
Puers	—	17.520 62	964 61	870 01	5,5	4,9
Contich	—	12.011 79	697 23	565 96	5,8	4,7
Heyst-op-den-Berg	—	14.105 44	787 54	612 86	5,6	4,3
Duffel	—	11.472 64	629 43	447 36	5,5	3,9
Lierre	+	7.262 25	—	217 76	0,0	2,9
Anvers	—	6.866 96	259 53	148 20	3,8	2,2
Malines	—	8.799 73	230 51	110 24	2,6	1,2
Boom		16.036 83	—	—	0,0	0,0

On voit qu'il y a diminution des grandes cotes foncières dans les 1er, 5e, 6e, 7e et 9e districts agricoles,
comprenant les cantons d'Eeckeren, Contich, Anvers,
Puers, Malines, Duffel, Heyst-op-den-Berg et Heren-
thals.

Par contre, il y a concentration dans toute la Campine anversoise; la grande propriété occupe une fraction considérable du territoire dans toute la région
située au nord-est d'Anvers.

Nous allons voir qu'il en est autrement dans la Campine limbourgeoise.

II. — Le Limbourg

Le Limbourg belge se divise en deux zones cultu-rales : l'une est représentée par le sol sablonneux de la Campine, qui couvre les deux tiers du territoire de la province ; l'autre, limitée au nord par la vallée du Démer, est formée par le limon hesbayen.

Dans les terres fortes de la zone hesbayenne, — caractérisée par les vastes pâturages du Démer et de ses affluents, les cultures betteravières du canton de Saint-Trond, les vergers des environs de Looz, princi-pal siège de la production fruitière en Belgique, et la production de l'épeautre, pour la fabrication des tresses de paille, dans la vallée du Geer, — les communaux ont à peu près entièrement disparu ; il n'y a guère de bois et pour ainsi dire pas de terres incultes ; la pro-priété capitaliste l'emporte de beaucoup sur le faire valoir direct.

Dans la zone sablonneuse, au contraire, nous retrou-vons, presque intacts, les caractères que Delacroix assi-gnait jadis à toute la Campine : « D'un côté, de vastes étendues de bruyères possédées en commun ; de l'autre, des terres bien cultivées et placées en un nombre considérable de mains. » Les grosses cotes sont assez rares. Il n'y a guère eu de concentration foncière que dans les environs, plus ou moins immé-diats, de Hasselt et de Maeseyck. Dans les cantons de Peer, de Brée et d'Achel, — les cantons campiniens par excellence, — la propriété paysanne, les communaux et les bois (sapinières) occupent encore plus des huit dixièmes de la superficie.

Toute cette partie de la province reste profondément attachée à ses coutumes archaïques.

Les faiseurs de balais (*bezemsmakers*) y vivent dans un état voisin de la sauvagerie [1].

La grande masse de la population rurale, — pour conserver ses anciens droits d'usage, — s'oppose opiniâtrément, soit au boisement des communaux, soit à l'établissement d'industries dans la bruyère : récemment, une grande usine à zinc, à qui la commune d'Overpelt refusait toute concession, de peur de s'aliéner les paysans, a dû s'établir de l'autre côté de la frontière, sur le territoire hollandais.

Dans quelques villages du canton d'Achel, on trouve encore des débris de l'ancienne industrie drapière à domicile. Il existe aussi quelques fermes, où les filles et les femmes filent le lin ou le chanvre de la récolte, le portent au tisserand et, avec le tissu confectionné par ce dernier, cousent des chemises pour toute la maisonnée.

Ces survivances, néanmoins, se font de plus en plus rares, et, en dépit de tous les obstacles, l'agriculture évolue vers la forme capitaliste : nous avons vu que, de 1880 à 1895, le faire valoir direct a sensiblement reculé ;

---

1. « J'ai connu, — nous disait-on récemment, — un couple de *bezems makers*, qui s'était établi sur une parcelle communale, prise à bail emphytéotique. Ces nouveaux mariés avaient construit, de leurs mains, une hutte de bois et de branchages, où il n'y avait d'autre mobilier qu'une vieille chaise et un tas de feuilles sèches, pour la couchée. »

depuis quelques années, le développement des coopératives laitières tend à substituer l'économie d'argent à l'échange en nature, qui subsiste en beaucoup d'endroits[1]. Enfin les propriétés communales, — si importantes qu'elles soient encore, — sont bien moins étendues qu'il y a cinquante ans.

Dans l'ensemble de la province, d'ailleurs, les grandes cotes foncières, privées ou communales, sont en décroissance.

L'étendue cadastrale du Limbourg est de 241.230 hectares.

En 1845, — époque de l'achèvement du cadastre dans cette partie du pays, — les cotes foncières de 100 hectares et plus avaient une contenance globale de 78.537 hectares, soit 32,6 0/0 du territoire; elles n'occupent plus, aujourd'hui, que 49.845 hectares, 20,7 0/0.

Cette réduction considérable a surtout porté sur les

1. Avant l'introduction des laiteries coopératives, les cultivateurs (surtout les petits) ne portaient pas au marché leur beurre et leurs œufs : ils les échangeaient *en nature*, contre d'autres marchandises, chez des détaillants, qui les revendaient en faisant double bénéfice : sur les objets donnés en échange et sur les produits de la ferme, qu'ils prenaient dans des conditions inférieures à leur valeur réelle.

Depuis l'établissement des coopératives, ceux parmi les paysans qui se trouvent dans le cercle de leur action reçoivent de l'argent, ont appris à compter, achètent ce dont ils ont besoin et, dans nombre de cas, les commerçants-échangistes, pour conserver une clientèle, ont dû se faire colporteurs.

C'est ainsi, par exemple, que le sacristain d'O..., qui tenait un magasin, et, grâce au crédit, tenait les paysans de plusieurs villages d'alentour, doit, — aujourd'hui qu'ils sont plus libres, qu'ils touchent de l'argent dans les coopératives, — faire le tour des petites fermes, prendre dans sa charrette les œufs qu'il continue à vendre, et en échange desquels il fournit des marchandises : ses clients paient le surplus, avec l'argent de leur beurre.

cotes foncières se rapportant à des propriétés publiques ;
mais, contrairement à ce qui s'est passé dans la province d'Anvers, les aliénations des communaux n'ont
guère servi à constituer des grands domaines. « Dans
cette zone, écrivait M. de Favereau, en 1878, c'est la
petite propriété qui domine ; le morcellement va toujours croissant, à cause des partages et des ventes[1]. »

En 1845, l'État (camp de Beverloo), les communes
et les administrations de bienfaisance réunissaient
69 cotes de 100 hectares et plus, avec une contenance
globale de 63.238 hectares, se décomposant comme
suit :

20 cotes de plus de 1.000 hectares.....				42.617 h. 97 a.
16 —	500 à	1.000	—	11.815 h. 77 a.
21 —	200 à	500	—	7.019 h. 17 a.
12 —	100 à	200	—	1.785 h. 58 a.
69 cotes de plus de	100		—	63.238 h. 51 a.

En 1898, il ne restait plus que 51 cotes, avec une
contenance globale de 37.322 hectares, se décomposant comme suit :

14 cotes de plus de 1.000 hectares.....				24.662 h. 96 a.
9 —	500 à	1.000	—	5.795 h. 32 a.
16 —	200 à	500	—	5.303 h. 15 a.
12 —	100 à	200	—	1.561 h. 37 a.
51 cotes de plus de	100		—	37.322 h. 80 a.

La plus considérable de ces propriétés publiques, —
le camp de Beverloo, — appartient à l'État belge. En

1. De Laveleye, *l'Agriculture belge.* Annexes, p. 196.

1841, le département de la Guerre prit à bail perpé-
tuel, moyennant 1 franc l'hectare, et avec option
d'achat, une vaste étendue de bruyères, appartenant à
la commune de Beverloo et aux communes voisines.
De 1848 à 1865, usant de la réserve qu'il s'était ména-
gée, le Gouvernement acheta successivement aux communes intéressées la totalité des terrains qu'il tenait
en location. Aujourd'hui, la superficie du domaine
national, affecté au campement des troupes et aux
manœuvres, est de 4.446 hectares, dont 430 à peu près
forment le camp proprement dit. Le reste se compose
de terrains incultes, affectés aux manœuvres, de bois
de sapins et de cultures. Grâce à l'abondance des
fumiers et des engrais de toute espèce que procure
le campement des troupes, on continue, chaque
année encore, à transformer en plantations, en prairies ou en terres arables, quelques parcelles de
bruyère.

Presque toutes les autres propriétés publiques, supérieures à 100 hectares, sont des communaux situés
dans la zone campinienne.

Quant aux cotes foncières de plus de 100 hectares,
se rapportant à des propriétés particulières, elles
étaient, en 1845, au nombre de 85, avec une contenance de 15.298 hectares.

2 cotes de 500 à	1.000 hectares.....	1.467 h. 54 a.	
17 — 200 à	500 —	4.842 h. 24 a.	
66 — 100 à	200 —	8.989 h. 05 a.	
85 cotes de plus de	100 —	15.298 h. 83 a.	

Il n'en reste plus aujourd'hui que 56, avec une contenance de 12.522 hectares.

4 cotes de 500 à	1.000 hectares.....	2.576 h. 31 a.
15 —	200 à 500 —	4.330 h. 89 a.
37 —	100 à 200 —	5.615 h. 41 a.
56 cotes de plus de	100 —	12.522 h. 61 a.

La plus importante de ces cotes foncières se rapporte au domaine de la famille de Mérode, à Lanaeken (886 hectares avec 40.355 francs de revenu cadastral). Les trois autres cotes de plus de 500 hectares se composent en grande partie de terrains incultes :

Genck...	(550 h.),	6.643 francs de revenu (bâti et non bâti).
Lommel.	(609 h.),	323 — —
id.	(529 h.),	323 — (non bâti).

Dans toute la province, d'ailleurs, il n'y a que vingt cotes d'un revenu cadastral supérieur à 10.000 francs. Les deux plus importantes, après celle de Lanaeken, se rapportent aux propriétés du prince de Looz-Corzwarem, à Gingelom (243 hectares, avec 28.165 francs de revenu), et du comte d'Oultremont, à Duras (208 hectares, avec 21.125 francs de revenu).

En somme, dans la plupart des districts agricoles de la province, les grandes cotes foncières tendent à se morceller.

On en jugera par le tableau comparatif de la page suivante :

COTES FONCIÈRES DE 100 HECTARES ET PLUS SE RAPPORTANT
A DES PROPRIÉTÉS PARTICULIÈRES

CANTONS	DISTRICTS AGRICOLES	ÉTENDUE CADASTRALE	CONTENANCE DES COTES de 100 hectares		PROPORTION 0/0 DE L'ÉTENDUE cadastrale	
			1845	1898	1845	1898
		H.	H.	H.		
Mechelen......	VII	19.318	1.996	1.633	10,3	8,4
Peer........	XII	34.806	1.905	2.892	5,5	8,3
Herck-la-Ville.	II	16.274	1.087	1.210	12,8	7,4
Saint-Trond ...	IV	18.461	1.381	1.263	7,5	6,8
Maeseyck	XI	17.261	638	1.093	3,7	6,3
Hasselt........	I	14.399	737	768	5,1	5,3
Achel.........	X	14.469	308	698	2,1	4,8
Bilsen........	VIII	23.057	1.371	935	5,9	4,0
Beeringen.....	III	24.773	1.026	448	4,1	1,9
Looz.........	VI	18.483	910	290	4,8	1,6
Brée.........	IX	19.961	493	272	2,4	1,4
Tongres....... Sichen	V	13.308 6.631	1.284	255	6,5	1,3

On voit que, dans la plupart des cantons campiniens,
les grandes propriétés particulières occupent une très
faible partie du territoire. Par contre, les cotes foncières de 100 hectares et plus, se rapportant à des propriétés publiques, représentent encore une notable
fraction de l'étendue cadastrale.

PROPORTION 0/0 DE L'ÉTENDUE CADASTRALE
OCCUPÉE PAR LES PROPRIÉTÉS PUBLIQUES DE 100 HECTARES ET PLUS

CANTONS	RÉGION SABLONNEUSE	CANTONS	RÉGION LIMONEUSE
Achel.............	28,9	Herck-la-Ville	--
Peer.............	27,4	Looz.............	--
Bilsen............	27,3	Tongres...........	0,9
Mechelen..........	20,8	Sichen...........	1,4
Beeringen.........	19,8	Saint-Trond.......	
Brée.............	19,5		
Hasselt...........	13,9		
Maeseyck	2,2		

En un mot, l'évolution de la propriété foncière est moins avancée dans la Campine limbourgeoise que dans la province d'Anvers. Les communaux ont mieux résisté à l'envahissement de la propriété privée, et cette différence entre les deux provinces dépend en partie de la nature du sol, en partie du plus ou moins de proximité des grands centres. « A mesure que les terrains de la Campine s'élèvent au-dessus du niveau de la mer, — dit Delacroix, dans le rapport que nous avons déjà cité, — l'humidité diminue et le sol est moins fertile; l'établissement des voies de transport devient de moins en moins facile, par conséquent les engrais provenant du dehors sont plus coûteux. En même temps, et pour cette cause, l'activité commerciale cesse; les centres de population qu'elle crée s'éclaircissent; la production d'engrais sur place diminue, et il y a moins de bras disponibles pour le travail des champs. Toutes les ressources tendent donc à diminuer à la fois pour l'agriculture : qualité du sol, proximité des engrais, forces à appliquer à la terre, besoins, circulation des hommes et des choses, enfin capitaux à bon marché. »

On comprend que, dans ces conditions, les capitalistes, en quête de placements, se soient peu souciés d'acheter des terres dans la Campine limbourgeoise, — trop pauvre et trop éloignée des grandes villes, — tandis que dans la province d'Anvers la majeure partie de l'ancien domaine communal a passé dans leurs mains.

III. — L'origine des grandes propriétés

On trouve, dans les provinces d'Anvers et de Limbourg, un certain nombre de propriétés qui datent de l'ancien régime.

Tel est le cas pour les biens de l'ancienne abbaye de Postel, vendue en 1797 comme propriété nationale, et rachetée, depuis lors, par le comte de Flandre.

Parmi les biens d'origine féodale, il faut citer les châteaux des Marnix à Bornhem, des Mérode à Westerloo, des d'Oultremont à Duras.

Mais, c'est avant tout, aux dépens des biens appartenant aux communes, aux communautés d'habitants, que s'est constituée, dans cette partie du pays, la grande propriété moderne.

A l'époque de la confection du cadastre, il y avait encore en Campine plus de 125.000 hectares de bruyères, dont 45.000 environ, — situés presque en entier dans la province d'Anvers, — constituaient des propriétés privées, tandis que les 80.000 autres appartenaient à des administrations publiques, communes, bureaux de bienfaisance ou fabriques d'église.

« Ces surfaces considérables, — dit M. Lebens, dans une étude récente[1], — étaient soumises à un étrepage[2] intermittent; elles servaient à fournir des bruyères, dont les parties touffues étaient employées comme litières.

---

1. *Annales des Travaux publics de Belgique*, octobre 1897.
2. Opération qui consiste à enlever une partie du sol pour amender le reste.

tandis que la racine et la partie minime de terres
humeuses qu'elles réunissent, enlevées par lambeaux
quadrangulaires, séchées ensuite, constituaient le combustible et servaient même de matériaux de construction. Les cendres des foyers, les déjections d'un bétail
chétif et d'une population peu dense, mal nourris, formaient les uniques ressources d'engrais des cultivateurs campinois. »

Cette affectation de la lande publique aux besoins
des habitants formait, et forme encore aujourd'hui,
dans bien des localités, la principale cause de l'opposition systématique des conseils communaux à la mise
en valeur des bruyères dépendant d'administrations
publiques.

Déjà, sous l'ancien régime, cette opposition s'était affir-
mée, et l'ordonnance de Marie-Thérèse (25 juin 1772),
qui ordonnait la mise en vente des terrains incultes,
dans les six mois, ne fut guère suivie d'effet.

La question se posa de nouveau, plus pressante cette
fois, dès le début de la révolution industrielle.

Le 30 juin 1843, M. Rogier, ministre de l'Intérieur,
adressa aux autorités provinciales de la Belgique une
circulaire exposant que, presque partout les usagers
résistaient, directement ou indirectement, au défrichement des terres incultes; que l'intérêt privé ne parais-
sait pas un levier suffisant pour vaincre les obstacles
qui s'opposaient à la mise en valeur des bruyères; que
cet objet appelait, par conséquent, la sollicitude des
autorités.

L'année suivante, l'ingénieur Kümmer, consulté par

le Gouvernement, au sujet de la mise en valeur de la Campine, assignait deux causes principales à l'état arriéré de l'agriculture dans cette région : le manque de communications et de débouchés; l'indivision des bruyères possédées par les communes et l'opposition, présentée par ces dernières, à la vente et au partage de leurs biens. L'établissement complet des canaux de la Campine, l'achèvement des routes qui s'y rattachaient, devaient faire disparaître le premier obstacle; le second devait être levé par le pouvoir législatif, décrétant l'expropriation pour cause d'utilité publique de tout ou partie des bruyères communales.

C'est dans ce but que fut votée la loi du 25 mars 1847 accordant au Gouvernement le droit d'ordonner la vente, par arrêté royal, des terrains incultes, bruyères, sarts, vaines pâtures et autres, appartenant à des communes ou à des communautés d'habitants.

Cette loi, qui devait avoir pour effet la destruction d'une grande partie du domaine communal, ne fut pas votée sans une vive résistance de la part des députés du Luxembourg. Ils firent valoir, — et leur raisonnement s'appliquait également à la Campine, — que les « bruyères communales sont les ressources les plus assurées des habitants pauvres. Elles leur permettent de tenir quelques têtes de bétail sur le pâturage commun, leur fournissent la litière de ce bétail et la couverture de leur chaumière et, en outre, dans certains lieux, une portion d'essarts, qui leur procurent, en partie, le pain nécessaire à la subsistance de leurs familles ».

On établit, et M. de Mérode insista sur cette idée,

que plus un pays est fertile, plus il renferme d'indigents, et que la cause de cet état de choses, c'est l'absence de propriétés communes. On fit voir que dans le Luxembourg le nombre des mendiants était, proportions gardées, le dix-huitième de celui de la Flandre. Défricher trop promptement l'Ardenne ou la Campine, — pays pauvres, mais d'une vie facile aux habitants, par suite de l'existence des terres communes et des vaines pâtures, — faire arriver le sol à cet état de fertilité que l'on admire dans les Flandres, c'était créer la plaie du paupérisme qui désole ces contrées et l'engorgement de population qui, dans certaines années, peut menacer la tranquillité de l'État.

A ces arguments irréfutables, mais qui avaient le tort de conclure au maintien pur et simple du *statu quo*, le Gouvernement répondait, au nom des principes de l'économie bourgeoise, que l'emploi de la bruyère, par les agriculteurs pauvres, était déplorable, en ce qu'il faisait obstacle au progrès de l'agriculture et constituait une entrave permanente à l'amélioration des procédés techniques. Il constatait, au surplus, que ce n'étaient pas des gens pauvres, ou peu aisés, qui profitaient le plus des bruyères communales, mais les cultivateurs tenant chevaux et bestiaux, c'est-à-dire les habitants les plus aisés; et comme ceux-ci composaient, en général, la majorité des conseils communaux, c'était, en partie, à cette cause qu'il fallait attribuer l'opposition de ces conseils à l'aliénation ou à la transformation des terres incultes.

Quoi qu'il en soit, le vote de la loi de 1847 fut une

notable victoire de la propriété capitaliste sur la propriété paysanne, moyenne ou petite.

Pendant les vingt années qui suivirent, de vastes travaux furent entrepris dans toute la Campine. Les moyens de transport se multiplièrent. L'État intervint directement par la création de prairies, qu'il vendit ensuite à l'industrie privée. De grandes sociétés d'exploitation se fondèrent à Maestricht, à Liège, à Anvers, et, — grâce à la législation nouvelle, — la dilapidation des communaux, vendus à vil prix, s'organisa dans de vastes proportions.

En 1847, la surface totale des terres communales incultes en Belgique était de 162.896 hectares, dont 22.464 hectares dans la province d'Anvers et 57.699 hectares dans le Limbourg. Moins de quinze ans après, en 1860, plus de 22.000 hectares (22.501 hectares) avaient été aliénés, rien que dans ces deux provinces.

C'est ainsi qu'ont été formées les grandes propriétés d'Arendonck, d'Esschen, de Rethy, de Moll et d'un grand nombre d'autres localités de la Campine.

Depuis quelques années, cependant, une réaction se manifeste contre l'aliénation des communaux, au profit de particuliers. Les ventes se font plus rares. Les communes se montrent plus jalouses de leurs droits.

D'autre part, l'État, désireux d'étendre son domaine forestier, et les grandes administrations communales, dans le but d'écouler leurs engrais de rues, se préoccupent, en ce moment, d'acquérir des propriétés en Campine.

La ville d'Anvers, qui a déjà mis en valeur 25 hectares de bruyères, situés à Ryckevorsel, vient d'acheter à Brecht un terrain de 158 hectares, qu'elle se propose de transformer en plantations et en prairies, au moyen des engrais de rues et autres immondices, dont elle ne parvient que difficilement à se défaire par d'autres moyens.

L'Etat, de son côté, a décidé d'acheter et de boiser les immenses bruyères situées sur les confins de la Hollande et appartenant au domaine communal de Poppel, Raevels et Weelde.

Selon toutes probabilités, donc, les restes de l'ancien domaine communal échapperont à l'appropriation capitaliste et formeront le noyau d'un nouveau domaine collectif, qui s'étendra progressivement dans l'avenir.

CHAPITRE III

LE BRABANT

Le Brabant appartient, presque tout entier, à la région limoneuse, ou sablo-limoneuse. Le sol n'y présente guère que deux espèces de terre : des terres fortes à base d'argile et des terres légères, dans lesquelles la silice prédomine.

C'est la province mixte par excellence : le pays flamand et la Wallonie s'y rejoignent. La petite culture, sur la rive gauche de la Senne et les grandes exploitations du Brabant-Wallon, s'y coudoyent. Elle résume en quelque sorte les principales zones du pays, car elle participe un peu de la Flandre à l'ouest, un peu de la Campine au nord dans le *Hageland*, et un peu de l'Ardenne au sud-est, dans les pittoresques vallons qui descendent vers la Dyle.

Le long des rivières s'étendent de magnifiques prairies ; les plus renommées se trouvent aux environs de Tirlemont, dans les vallées de la Gète et du Démer.

La région moyenne est traversée par la forêt de Soignes, débris de l'antique forêt Charbonnière.

BRABANT

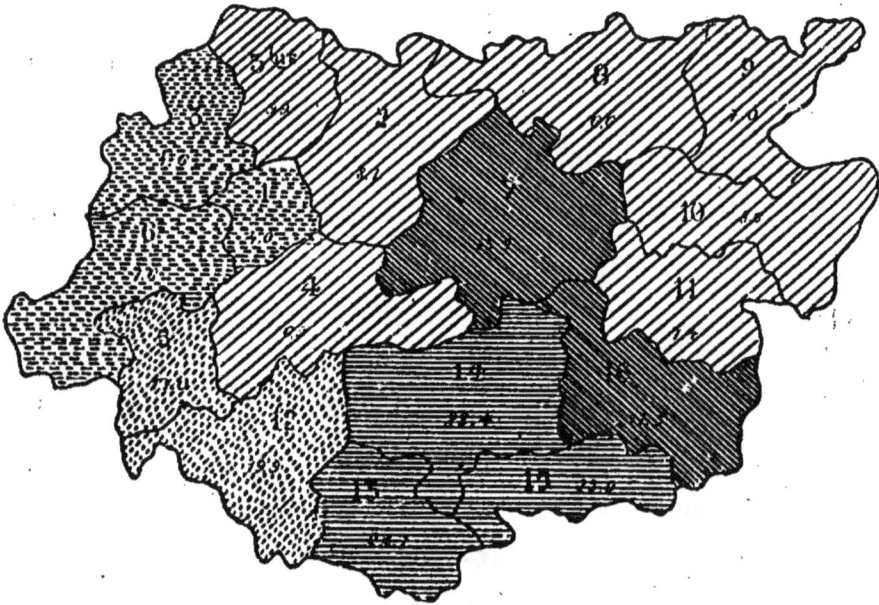

1. — Carte indiquant par district agricole l'étendue relative occupée
par les cotes de 100 hectares et plus en 1834.

Districts

1. Bruxelles-Anderlecht.
2. Vilvorde Saint-Josse-ten-Noode.
3. Assche.
3 *bis*. Wolverthem.
4. Ixelles.
5. Hal.
6. Lennick Saint-Quentin.
7. Louvain.
8. Haecht-Aerschot.
9. Diest.
10. Léau-Glabbeck.
11. Tirlemont.
12. Nivelles.
13. Genappe.
14. Wavre.
15. Perwez.
16. Iodoigne.

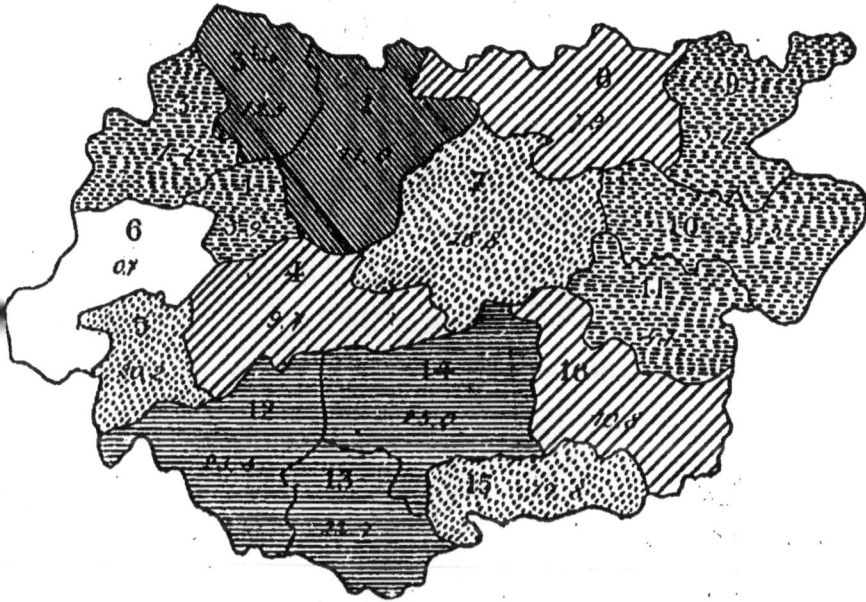

I. — Carte indiquant par district agricole l'étendue relative occupée par les
cotes foncières de 100 hectares et plus en 1898.

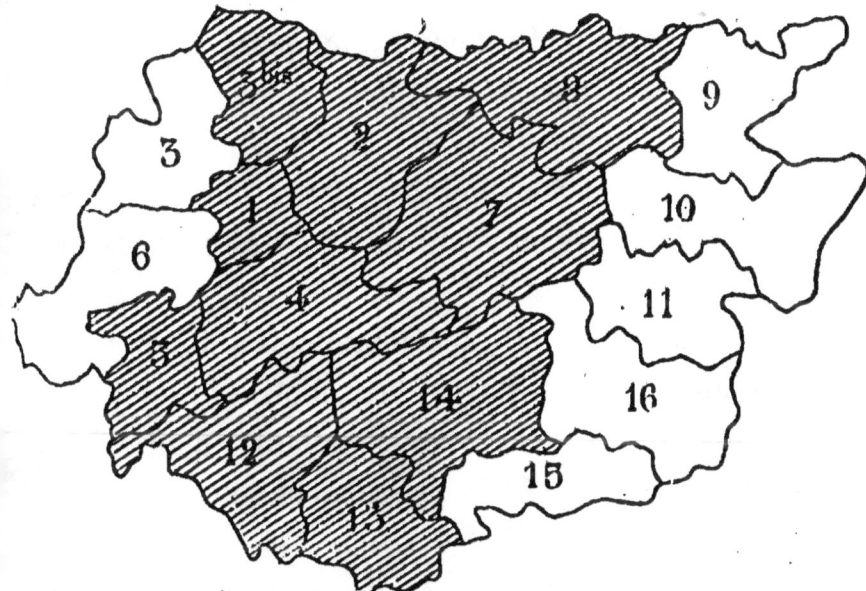

III. — Carte indiquant par district agricole la progression et la régression
des cotes foncières de 100 hectares et plus de 1834 à 1898.

Quelques bruyères, coupées de bois de sapins, s'aperçoivent sur les croupes et les plateaux du sud. Tout le reste est admirablement cultivé, depuis les terres à froment et à betteraves du pays de Nivelles jusqu'aux houblonnières du pays d'Assche.

Grâce aux jets de houblon, aux fruits et aux *poulets de Bruxelles*, les villages situés à l'ouest de la ville se trouvent dans des conditions assez prospères Il n'en est pas de même du côté de l'est (Sterrebeek, Steenockerzeel, etc.), où les terres sont de moins bonne qualité et les paysans misérables.

Au surplus, dans presque toute la province, l'exode quotidien vers la ville, — grâce aux trains ouvriers, — absorbe la plus grande partie des forces de travail.

Nous avons étudié, dans nos monographies locales de la Hulpe-Rixensart-Genval, les conséquences de cette raréfaction de la main-d'œuvre, au point de vue des cultures et des propriétés.

Nulle part, mieux que dans le Brabant, on ne peut étudier l'influence considérable que le développement d'une grande ville exerce sur la répartition de la propriété foncière.

Au 31 décembre 1831, les communes qui composent aujourd'hui l'agglomération bruxelloise avaient une population totale de 118.895 habitants, dont 93.574 pour la ville et 27.321 seulement pour les faubourgs.

Anderlecht, Schaerbeek, Ixelles étaient des villages renommés pour leur beurre, leurs cerises, leurs jardins de plaisance. Saint-Gilles trouvait une source de richesses dans la culture des légumes et, spécialement, des petits choux, dits de Bruxelles. D'où le sobriquet de hacheurs de choux (*Koolenkappers*), que l'on donnait aux Saint-Gillois.

Depuis lors, les *Koolenkappers* sont devenus des citadins. Bruxelles s'est entouré d'une ceinture de 40.000 maisons. L'agglomération compte plus de 500.000 âmes et la banlieue d'alentour — Jette, Boistfort, Uccle, Forest — ne tardera pas à se confondre avec elle.

A part Buda-Pesth et Berlin, il n'est pas une capitale en Europe dont la population se soit accrue aussi rapidement, depuis une soixantaine d'années.

On en jugera par le tableau suivant :

	Au 31 décembre 1831.	Au 31 décembre 1895
Schaerbeek.............	3.077	31.166
Saint-Josse-ten-Noode....	1.953	58.886
Etterbeek...............	2.237	19.263
Ixelles	4.483	52.456
Saint-Gilles...........	1.986	46.450
Anderlecht	3.510	38.412
Molenbeek.............	4.092	53.230
Koekelberg.............	2.177	7.542
Laeken...............	1.806	28.221
	25.321	335.606
Bruxelles.............	93.574	190.312
TOTAL	118.895	525.919

En somme, l'agglomération bruxelloise, en 1831, ne représentait que 21,2 0/0 de la population totale du Brabant (561.828 hectares) ; elle en représente aujour-

d'hui 44,1 0/0. La population de la province étant de
1.190.417 hectares.

Il va sans dire que cette énorme extension de la
capitale, ainsi que le développement, non moins
rapide, des communes qui l'entourent, ont eu pour
résultats de faire disparaître, dans les environs immédiats de Bruxelles, les cotes foncières de plus de
100 hectares qui existaient encore, assez nombreuses,
à l'époque de la confection du cadastre; mais, en
revanche, nous allons voir que le phénomène contraire
s'est produit, au-delà de cette première zone; en sorte
qu'il n'y a pas eu réduction, mais déplacement de la
grande propriété.

I. — La concentration foncière

L'étendue cadastrale de la province de Brabant est
de 328.289 h. 92 ares.

En 1834, — si l'on fait abstraction, pour des motifs
que nous indiquerons plus loin, des cotes foncières se
rapportant à la forêt de Soignes [1], — il y avait, dans la
province, 224 cotes de plus de 100 hectares, occupant
une étendue totale de 38.963 h. 10 ares, soit 11,8 0/0
de l'ensemble du territoire.

---

1. En 1834, les triages de la forêt de Soignes, qui se trouvaient aux
mains de la *Société Générale pour favoriser l'industrie nationale*, à
charge d'en rembourser la valeur à l'Etat, avaient une contenance
totale de 7.522 h. 81 ares; en 1898, la forêt, rentrée dans le domaine
collectif, n'est plus représentée que par 7 cotes foncières, avec une
contenance totale de 3.954 h. 9 ares.

Sur ces 224 cotes, il y en avait :

1 de plus de 1.000 hectares	1.063 h. 91 a. 09	
4 — 500 à 1.000 —	2.431 h. 34 a. 23	
41 — 200 à 500 —	11.130 h. 24 a. 41	
178 — 100 à 200 —	24.036 h. 59 a. 32	
	38.063 h. 10 a. 36	

En 1898, — abstraction faite également de la forêt de Soignes, propriété de l'État, — le nombre des cotes foncières de plus de 100 hectares a sensiblement diminué : il n'y en a plus que 209; mais, en revanche, il y a augmentation de leur contenance globale : 41.545 h. 70 a. 49 centiares, soit 12.6 0/0 du territoire de la province.

Au point de vue de leur importance, ces 109 cotes *209* foncières se subdivisent comme suit :

2 de plus de 1.000 hectares	2.569 h. 37 a. 80	
5 — 500 à 1.000 —	3.350 h. 74 a. 52	
55 — 200 à 500 —	15.910 h. 10 a. 06	
147 — 100 à 200 —	19.715 h. 48 a. 49	
	41.545 h. 70 a. 49	

Sur ces 209 cotes foncières, il y en a 12 qui appartiennent à des personnes publiques; elles ont une contenance totale de 1.935 h. 77 ares, dont 170 h. 21 ares à la commune de Berthem, et le reste aux administrations charitables de Bruxelles : Baisy-Thy, Louvain, Diest, Malines, Tournai, Vilvorde et Nivelles.

Tout le reste appartient à des particuliers, au nombre de 126 pour 197 cotes. Le domaine public se restreint.

Les cotes foncières de 100 à 200 hectares sont en décroissance. Les très grands domaines, au contraire, se multiplient et s'arrondissent.

Nous assistons donc à une double concentration de
la propriété foncière : *un plus petit nombre de propriétaires possède un plus grand nombre d'hectares.*

Et d'autre part, comme le nombre total des cotes
foncières suit, d'année en année, une progression
constante, il est évident que, dans la sphère de la
petite et de la moyenne propriété, *un plus grand
nombre de propriétaires possède un plus petit nombre
d'hectares.*

Malgré les lois successorales, qui avaient avant tout
pour but de l'entamer, le bloc de la grande propriété
reste intact, et même grandit ; *à cause* des lois successorales et des facteurs multiples qui agissent dans le
le même sens, la petite, et surtout la très petite propriété, gagne également du terrain ; c'est donc la propriété moyenne, la propriété familiale, qui tend à se
réduire ; de telle sorte que nous marchons à grands pas
vers un état de choses déjà réalisé dans beaucoup de
régions : d'une part, de vastes domaines ; de l'autre, une
multitude de petites parcelles cultivées par des ouvriers
agricoles ou industriels[1].

Cependant il faudrait se garder de croire que ces
phénomènes de concentration se produisent dans toutes
les parties de la province. Il suffit de jeter les yeux
sur le tableau suivant pour constater que, dans plu-

1. Voir nos monographies locales, la Hulpe, Rixensart, Genval.

sieurs cantons, la grande propriété recule au lieu de progresser :

CANTONS		ÉTENDUE CADASTRALE	CONTENANCE DES COTES FONCIÈRES de plus de 100 hectares		PROPORTION 0/0 DE L'ÉTENDUE cadastrale	
			1834	1898	1834	1898
		H. A.	H. A.	H. A.		
Wavre.........	+	27.013 07	6.062 34	6.777 58	22,4	25,0
Nivelles......	+	24.009 57	4.772 18	5.625 05	19,9	23,4
Genappe.....	+	15.069 55	3.336 44	3.419 49	22,1	22,7
Hal.........	+	15.466 87	2.634 53	3.126 80	17,0	20,2
Louvain	+	30.425 38	4.832 26	5.719 81	15,9	18,8
Perwez	—	15.966 54	4.137 88	2.840 93	25,9	17,8
Wolverthem..	+	14.774 40	1.474 80	1.916 43	9,9	12,9
Vilvorde.....	+	13.074 70	1.489 61	1.590 04	11,4	12,2
Haecht.......	+	13.387 58	1.410 54	1.537 21	10,5	11,5
Jodoigne.....	—	22.763 04	2.615 48	2.450 98	11,5	10,8
Ixelles.......	+	17.122 82	1.194 07	1.663 31	6,9	9,7
Léau	—	11.032 93	1.361 93	784 99	12,3	7,1
Anderlecht...	+	8.876 36	363 01	528 41	4,0	5,9
Saint-Josse-ten-Noode......	+	9.748 17	370 21	529 74	3,8	5,4
Diest........	—	16.906 75	1.191 66	870 84	7,0	5,1
Tirlemont....	—	15.671 83	1.169 18	724 66	7,4	4,7
Aerschot.....	+	13.544 99	372 22	599 54	2,8	4,4
Glabbeek	—	11.750 78	584 15	413 17	4,9	3,5
Assche.......	—	13.287 26	608 55	227 34	4,6	1,7
Lennick	—	18.397 51	297 96	120 54	1,6	0,7
La province...		328.289 92	38.963 10	41.545 70	11,8	12,6

En résumé, la grande propriété recule, dans les cantons les plus éloignés de la capitale : Perwez, Jodoigne, Léau, Tirlemont, Aerschot et Glabbeek ; il en est de même dans les cantons de Lennick et de Assche, où les cultures industrielles et fruitières (houblons, fraises, nèfles, etc.), favorisent le morcellement.

Par contre, la propriété foncière se concentre, dans tous les cantons qui entourent l'agglomération bruxelloise : Vilvorde, Schaerbeek, Saint-Josse-ten-Noode, Ixelles, Saint-Gilles, Anderlecht.

Aux environs immédiats de la ville, naturellement, la propriété parcellaire se développe ; les cultures maraîchères alternent avec les villas et les maisons de campagnes, mais au-delà de cette première zone, c'est la concentration qui l'emporte.

Une fois que l'on dépasse la banlieue morcelée des faubourgs, les domaines de plus de 100 hectares apparaissent avec leurs parcs, leurs bois, leurs châteaux.

Ils deviennent plus nombreux encore, dans la zone concentrique formée par les cantons de Wavre, Genappe, Nivelles, Hal, Wolverthem, Haecht, Louvain.

Bref, il y a progrès de la grande propriété dans la région qui subit le plus directement d'influence de Bruxelles ; regrès, au contraire, dans les cantons où cette influence se fait moins sentir[1].

Notons encore que, dans les uns comme dans les autres, les *domaines* de 100 hectares sont plus nombreux que les *cotes foncières* de 100 hectares.

En effet, un certain nombre de propriétés, d'une étendue supérieure à 100 hectares, ne se trouvent pas tout entières sur le territoire d'une même commune ; elles sont donc représentées par deux ou plusieurs cotes, inférieures à 100 hectares et qui, par conséquent, ne se trouvent pas comprises dans notre statistique.

---

1. La statistique des coupons de semaine, délivrés par l'administration des chemins de fer aux ouvriers qui travaillent en ville, établit que les deux cantons de Lennick et d'Assche, bien que voisins de la capitale, sont ceux qui lui envoient quotidiennement le plus faible contingent de travailleurs.

Si, par exemple, X... possède 125 hectares, d'un seul bloc, dont 75 dans une commune et 50 dans une autre, ces deux cotes échappent à nos investigations.

D'autre part, et pour le même motif, l'étendue cadastrale représentée par les cotes foncières de 100 hectares ou plus est nécessairement inférieure à l'étendue réelle des domaines que ces cotes représentent : il faut y ajouter, en effet, les parties de ces domaines, moindres que 100 hectares, qui peuvent se trouver sur le territoire d'autres communes.

Une propriété de 175 hectares, par exemple, peut être représentée par une cote de 125 hectares et par une ou plusieurs cotes accessoires, qui ne se trouvent pas non plus comprises dans notre statistique.

Afin d'apprécier, dans la mesure du possible, l'importance de cette double cause d'erreur, nous avons dressé la liste des personnes, publiques ou privées, réunissant, dans le même *canton cadastral*, 100 hectares ou plus, soit en un seul tenant, soit en plusieurs parcelles.

Nous arrivons ainsi, — défalcation faite des cotes de la forêt de Soignes, — à 236 propriétés, dont, fréquemment, plusieurs appartiennent à un même propriétaire, au lieu de 209 cotes foncières de 100 hectares ou plus, existant dans le Brabant. La contenance globale de ces propriétés est de 46.258 h. 54 ares, au lieu de 41.545 h. 60 centiares.

Ces résultats n'échappent pas encore à toute critique : certaines propriétés, en effet, peuvent se trouver à cheval sur deux cantons cadastraux; mais la rectification de ces erreurs, évidemment peu nombreuse entraînerait des complications inextricables, sans modifier d'une manière sensible les résultats généraux.

Il n'en reste pas moins établi que, dans le Brabant, la grande propriété se développe au lieu de se morceler.

II. — L'origine des grandes propriétés

Nous avons vu qu'à l'exception de la forêt de Soignes, des communaux de Berthem et des biens assez considérables encore, que possèdent certaines institutions de bienfaisance, toutes les grandes propriétés du Brabant appartiennent à des particuliers.

Il en est qui datent de l'ancien régime et sont restées constamment dans le patrimoine de la même famille ; d'autres sont des *biens noirs*, vendus par la Révolution, à des prix qui eussent été rémunérateurs s'ils n'avaient pas été payés en assignats dépréciés ; quelques-uns proviennent de l'aliénation des domaines, et spécialement de la forêt de Soignes, par le gouvernement hollandais ; les autres, enfin, ont été formés de nos jours, soit avec les débris de propriétés plus anciennes, soit aux dépens de la propriété paysanne.

§ 1. — Biens d'origine féodale

Les innombrables seigneuries qui existaient en Brabant, sous l'ancien régime, furent naturellement supprimées lors de l'annexion de la Belgique à la France ; mais, dans la plupart des cas, les terres qui en dépendaient restèrent aux mains des ci-devant seigneurs,

Quelques-unes, seulement, furent vendues comme biens d'émigrés; d'autres, après quelques années de séquestre, furent restituées à leurs propriétaires; les autres enfin, — de beaucoup les plus nombreuses, — traversèrent la Révolution sans encombre; il en est plusieurs qui sont restées dans le patrimoine de la même famille jusqu'aujourd'hui.

Pour éviter de longues et stériles énumérations, nous nous bornerons à quelques cas typiques.

1. A *Thilly*, — le village qui donna son nom au célèbre général de la guerre de Trente Ans, — la seigneurie appartenait aux t'Serclaes, depuis le xvᵉ siècle. Leurs biens, qui consistaient, d'après l'affiche de vente, en quelques masures, avec 154 boisselées de terre, furent vendus, comme biens d'émigrés, le 12 fructidor an VI. Un nommé Jurquet s'en rendit acquéreur « pour lui, ou son command », au prix de 1.100.000 francs en assignats.

Ces biens sont incorporés, aujourd'hui, au vaste domaine du Chênoit, appartenant au sénateur de Soignies, M. Boël-Capitte.

2. A *Yssche*, le dernier seigneur fut le prince Frédéric de Salm, maréchal de France en 1787, vonckiste en 1790, républicain et membre de la garde nationale, à Paris, pendant la Révolution; ce qui ne l'empêcha pas, sous la Terreur, d'être condamné à mort et de périr sur l'échafaud, le 25 juin 1794. Yssche fut confisqué par la République française et son château affecté, sous l'empire, à la sénatorerie de Bruxelles, dont Joseph Bonaparte fut le premier sénateur.

A la requête des créanciers de Salm, les biens de cette famille à Yssche furent vendus, le 1er septembre 1817, pour la somme de 1.450.000 francs.

Le château appartient, actuellement, aux héritiers de M. L..., de son vivant juge au tribunal de Nivelles.

3. La plus grande partie des territoires de *Wolverthem*, *Ittre* et *Braine-le-Château*, appartenaient, au xviiie siècle, à la famille de Tour et Taxis, — célèbre par le privilège postal, qu'elle conserva, même après la Révolution, dans tous les États de la confédération germanique.

Ces biens, qui avaient été séquestrés par le gouvernement français, furent restitués, dans la suite, au prince Charles-Alexandre; mais, à la mort de ce dernier, en 1827, son fils, Maximilien-Charles, aliéna successivement tout ce qu'il possédait en Belgique, sauf les prairies, que l'on appelle encore les « plaines de Tour et Taxis », où l'on se propose d'établir les bassins de Bruxelles port de mer.

Les terres d'Impde, à Wolverthem, furent morcelées; la famille t'Serstevens acheta les biens d'Ittre, — où elle possède, actuellement, plus de 1.000 hectares; le comte de Robiano, ceux de Braine-le-Château (479 h. 01 ares, en 1898).

4. Parmi les familles qui ont conservé, malgré la Révolution, leurs anciens domaines, il faut citer, en première ligne, les d'Oultremont, les Spoelberg, à *Lovenjoul;* les de Mérode, à *Grimbergen*, *Everberg*, *Rixensart;* les d'Arenberg, à *Perwez*, *Héverlé*, *Bierbeek*, etc.

D'après nos relevés cadastraux, peut-être incomplets,

car il est fort possible que des cotes secondaires nous aient échappé, les d'Oultremont possèdent, dans la seule province de Brabant, 699 h. 72 ares, représentés par 13 cotes foncières; les de Spoelberg, 1.242 h. 80 ares, avec 20 cotes; les de Mérode, 1.502 h. 99 ares, avec 16 cotes, et enfin les d'Arenberg, 6.332 h. 60 ares, avec 31 cotes.

En ce qui concerne ce dernier chiffre, il faut noter, cependant, que parmi les acquisitions récentes de la famille d'Arenberg il en est qui sont purement nominales : nous avons pu nous assurer, en effet, que plusieurs propriétés, appartenant à des congrégations religieuses, ont été mises au nom de la duchesse d'Arenberg, immédiatement après les émeutes de 1886. On voulait, semble-t-il, — sous le coup de la panique provoquée par les grèves de mars, — les soustraire à des confiscations éventuelles.

Parmi les autres familles dont les biens proviennent, par mariage ou transmission héréditaire, des seigneuries d'ancien régime, on peut citer encore les Liedekerke à *Leefdael*, les de Viron à *Dilbeck*, les de Beaufort à *Meysse* et à *Loupoigne*, les de Robiano à *Melin*, les Vander Dilft à *Céroux-Mousty*, etc.

Dans la majorité des cas, cependant, les biens d'origine féodale ont été aliénés dans le cours de ce siècle et achetés, soit par d'autres familles aristocratiques, soit par des financiers ou des industriels.

Actuellement, sur 126 propriétaires fonciers, réunissant 107 cotes de 100 hectares et plus, nous avons compté qu'il y a 67 nobles et 59 bourgeois.

§ 2. — BIENS D'ORIGINE CLÉRICALE

A la fin du XVIIIe siècle, d'après Henne et Wauters, — *Histoire des environs de Bruxelles*, — les immenses propriétés que les corporations religieuses avaient acquises dans le Brabant ne comprenaient pas moins que le tiers du territoire.

L'Ordre de Malte, le chapitre de Nivelles, les abbayes de Villers, de Gembloux, d'Afflighem, les chanoines de Maestricht, le chapitre de Saint-Lambert, à Liège, les religieuses d'Aywières, de Forest, de Florival et quantité d'autres congrégations moins importantes, possédaient des châteaux, des refuges et des fermes sans nombre, dans presque tous les villages de la province.

Souvent même, dans la région boisée du Brabant wallon, le territoire tout entier, ou peu s'en faut, était accaparé par les biens de mainmorte[1].

Il serait évidemment fastidieux de décrire en détail ces innombrables propriétés. Nous nous bornerons donc à quelques indications sommaires sur les biens des quatre institutions religieuses dont l'histoire est le mieux connue : l'Ordre de Malte, le chapitre de Nivelles, l'abbaye d'Afflighem et l'abbaye de Villers.

---

1. C'était le cas, par exemple, dans les communes suivantes : Baisy-Thy (Villers et le chapitre de Nivelles); Vieux-Genappe (Afflighem); Maransart (Afflighem et Aywières); Sart-Dames-Avelines, Thorembais-les-Béguines, Court-Saint-Étienne (Villers); Mellery (Villers et le chapitre de Nivelles); Thines (Ordre de Malte); Lillois (Nivelles, Afflighem, Aywières); Ophain, Bois-Seigneur-Isaac (prieuré de Bois-Seigneur-Isaac, abbaye de Wauthier-Braine, Aywières, chapitre de Cambrai); à Wauthier-Braine, tous les bois appartenaient à l'abbaye de Wauthier-Braine, au prieuré de Bois-Seigneur-Isaac et à l'abbaye de Nivelles.

1. — *L'Ordre de Malte*

La ferme de Mont-Saint-Jean à Waterloo, celle des Templiers à Wavre, et la seigneurie de Vaillampont à Thines-lez-Nivelles, appartenaient jadis aux Templiers. Lors de la suppression de l'Ordre du Temple, ces biens furent donnés à l'Ordre de Malte.

Vaillampont eut pour dernier chef Charles-Fr. de Prudhomme d'Hailly, vicomte de Nieuport.

Sa dotation comprit tous les biens de l'Ordre aux environs de Nivelles, de Genappe, de Chastre, et notamment la seigneurie de Thines, le château ou commanderie, les fermes de la Basse-Cour, de la Brassine et de Vieux-Cour.

Ce sont ces biens vendus par la Révolution qui constituent aujourd'hui les deux principales cotes foncières de Thines :

120 h. 98 a. 50 à la marquise Imperiali ;

105 h. 88 a. 60 à la famille du duc de Wellington.

La ferme de Mont-Saint-Jean et celle des Templiers, à Wavre, furent également vendues comme bien nationaux, moyennant quelques poignées d'assignats.

2. — *Le chapitre de Nivelles*

Institution religieuse en apparence, le chapitre de Nivelles constituait, en réalité, une association féodale, un asile ouvert aux jeunes filles nobles, en attendant l'occasion de se marier : les *Demoiselles au blanc sur-*

plis, disent Tarlier et Wauters, dans leur *Histoire de Nivelles*, furent toujours plus renommées pour la noblesse de leurs origines que pour l'étendue de leurs connaissances et la fermeté de leur zèle.

A la fin de l'ancien régime, le chapitre, — dont les domaines avaient subi des réductions considérables, — possédait, cependant, de vastes propriétés dans les environs de Nivelles, et notamment à Baulers, Ittre, Tubize, Hennuyères, Rebecq, localités que l'on peut considérer comme ayant fait partie du patrimoine de la fondatrice, sainte Gertrude, fille de Pépin de Landen.

Il avait également des possessions dans le Namurois, à Andenne, et dans le pays flamand, près de Grammont.

La loi du 5 frimaire an VI, qui détruisait, dans les départements réunis, tous les chapitres séculiers et corps laïques des deux sexes, fut signifiée le 15 janvier 1798, au chapitre de Nivelles. Ses biens furent mis en vente immédiatement après, et ce sont eux qui constituent aujourd'hui, — avec d'autres biens noirs, ayant appartenu aux abbayes d'Aywières et d'Afflighem, — les propriétés de plus de 100 hectares existant à Lillois et à Rebecq, les terres qui avoisinent la ferme du chapitre, à Baulers, les champs dits Bois de Tailly, à Tubize.

3. — L'abbaye d'Afflighem

L'abbaye bénédictine d'Afflighem, qui datait du xie siècle, était encore, au xviiie siècle, la plus puissante de toutes les abbayes du Brabant.

En 1787, elle possédait sept refuges : à Bruxelles, Wavre, Nivelles, Alost, Termonde, Malines et Louvain ; deux châteaux, le premier à Meldert et le second à Ilekelghem, et des fermes innombrables, surtout dans le Brabant wallon.

Vendue comme bien national, en l'an V, l'abbaye fut complètement démolie, — il n'en reste que des ruines informes ; les bois du pays d'Assche furent presque entièrement défrichés et morcelés ; les fermes du Brabant wallon, mises en vente avec leurs dépendances, servirent à constituer de grands domaines, dont la plupart subsistent encore aujourd'hui.

Ce fut le cas, par exemple, à Vieux-Genappe, où l'abbaye avait plus de mille bonniers de terres ; à Marbais et à la Hulpe, où elle possédait les fermes de Gentilsart et de La Ramée ; à Wavre, où les trois fermes de Lauzelle (117 b.), Bilande (145 b.) et la Vacherie (73 b.), furent vendues respectivement 214.000, 323.000 et 33.000 livres, en assignats, bien entendu.

A Maransart, où il n'y avait que deux propriétaires, Aywières et Afflighem, cette dernière abbaye possédait presque toute la commune : la cense de Maransart (79 b.), la cense de Hubermont (106 b.), la cense du Croissant (205 b.) et 66 bonniers de bois, en tout 536 bonniers. De ce vaste domaine, il ne reste aujourd'hui qu'une seule propriété de plus de 100 hectares (162 h. 17 ares) ; le surplus a été morcelé.

4. — *L'abbaye de Villers*

L'abbaye cistercienne de Villers, dont les ruines admirables ont·été rachetées par l'État, était presque aussi puissante que l'abbaye d'Afflighem.

En 1787, elle possédait une cour féodale, à laquelle ressortissaient un très grand nombre de fiefs ; la haute, moyenne et basse justice dans plusieurs villages, notamment à Thilly, Mellery, Sainte-Marie près d'Opprebais, etc. ; des refuges à Bruxelles, Louvain, Malines, Lierre et Namur ; un nombre considérable de fermes (80 à ce qu'on assure), de métairies, de moulins et de bois.

Les bâtiments conventuels et le vieux moulin, qui sert encore d'auberge aux visiteurs des ruines, furent vendus le 22 thermidor an V. Un nommé La Terrade, négociant à Saint-Omer, s'en rendit acquéreur et, pour en payer le prix, mit la vieille abbaye au pillage.

Quant aux fermes éparses dans le Brabant wallon, la plupart subsistent encore aujourd'hui, notamment à Opprebais ; à Villers, où les biens provenant de l'abbaye appartiennent, depuis l'époque de la Révolution, à la famille G... ; à Baisy-Thy, Sart-Dames-Avelines, Thorembais-les-Béguines, où l'abbaye était, pour ainsi dire, le seul propriétaire du village, et enfin à Court-Saint-Etienne, où elle avait d'immenses possessions, groupées autour de la ferme du Chènoit, bâtie vers l'an 1200[1].

---

1. Les principales propriétés formées des dépouilles de l'abbaye de Villers sont, outre le domaine du Chènoit et les biens de la famille G...:
Baisy-Thy. — La plupart des grands domaines, dans cette commune

C'est à côté de cette ferme que s'élève aujourd'hui le château de M. Boël, dont les dépendances, accrues par des acquisitions successives, constituent l'un des plus vastes domaines du Brabant. La propriété du Chênoit a une contenance totale de 1.161 h. 83 ares et s'étend sur le territoire des trois communes : Court-Saint-Étienne, Mellery et Thilly.

§ 3. — BIENS D'ORIGINE DOMANIALE

De tous les biens domaniaux qui existaient dans le Brabant, le plus important, et celui qui présente le plus d'intérêt, au point de vue des origines de la grande

sont d'origine cléricale. Les religieux de Villers y avaient plusieurs fermes : Gemioncourt, Bongrée, etc.; plusieurs bois, et notamment les Roscailles, les Vignobles, le bois de Converses. Le grand bois d'Ilez, qui s'étend jusqu'aux murs de l'abbaye, leur était commun avec le domaine et le chapitre de Nivelles.

Opprebais. — Villers y possédait trois grandes fermes, comprenant 518 bonniers de terres et 124 bonniers de bois. Les bois furent morcelés et défrichés. La Grande Cense (118 bonniers), la Cense del Porte (114 bonniers) et la Cense de Fontenelle (123 bonniers) furent vendues respectivement pour 1.670.000 livres, 1.410.000 livres et 1.295.000 livres en assignats. Il n'y a plus, à Opprebais, qu'une seule cote de plus de 100 hectares (126 h. 30 ares).

Thorembais-les-Béguines. — L'abbaye de Villers était propriétaire des fermes suivantes : la Petite Cense, la Cense de Glatigny, del Porte, du Mont, de la Converterie, de Cocqueramont, la grange ou ferme de Mellemont, qui datait du XIIIe siècle; elles furent vendues en l'an V, VI, VII de la République.

En 1834, il y avait à Thorembais deux cotes foncières de plus de 100 hectares (266 h. 67 ares et 153 h. 20 ares); il n'en reste plus qu'une aujourd'hui (153 h. 32 ares).

Sart-Dames-Avelines. — Dans cette commune, où la presque totalité du territoire appartenait à l'abbaye de Villers, il n'y a plus de cotes supérieures à 100 hectares; mais les deux fermes abbatiales, la Haute et la Basse-Cense, existent encore.

propriété, était la forêt de Soignes et les bois qui en dépendaient[1].

A l'époque de Charles-Quint, son étendue était environ de 8.257 hectares, dont 2.752 en taillis et broussailles. Sous la domination française, elle avait 9.858 h. 31 ares, superficie qui est aujourd'hui réduite à un peu plus de 4.000 hectares (4.686 hectares en 1873).

De temps immémorial, la forêt de Soignes avait appartenu à l'État.

Elle fit probablement partie du domaine des empereurs romains et, ensuite, de celui des rois francs. Les ducs de Brabant, depuis le xiiie siècle, l'avaient entourée d'une ceinture de villages et la considéraient comme la meilleure source de leurs revenus.

Au siècle dernier, le gouvernement y occupait chaque année, pendant cinq mois d'hiver, 800 à 1.000 ouvriers à élaguer et à repeupler la forêt. Les habitants des localités voisines avaient le droit d'y ramasser le bois mort ; un grand nombre de fermes y envoyaient pâturer leurs bestiaux, moyennant une redevance en avoine. Enfin elle fournissait au domaine rural d'énormes quantités de bois et de charbon.

Lors de la conquête de la Belgique par les Français, la forêt de Soignes et ses viviers, ses châteaux, ses

---

1. La forêt de Soignes couvrait jadis presque tout le plateau qui sépare la Senne de la Dyle : « Elle se continuait vers le Nord, par deux embranchements, le bois de Linthout, aujourd'hui défriché (entre Saint-Josse-ten-Noode et Woluwe), et les bois de Vossem, de Moorseloo et de *Haesewinckel*, qui la rattachaient au Saventerloo, aux ombrages de Perck et, enfin, au Dwysetterbosch, dont il n'existe plus que de faibles débris dans les environs de Malines. »

(Henne et Wauters, *Histoire des environs de Bruxelles*, I, p. 13.)

monastères, — Groenendael, Rouge-Cloître, le Val
Duchesse, le prieuré des Sept-Fontaines, — devinrent
des biens nationaux.

Malheureusement, ce ne fut pas pour les garder, dans
l'intérêt de tous, mais pour les mettre au pillage.

La forêt fut négligée, ravagée et plus tard livrée,
par ordre de Napoléon, à des coupes dévastatrices;
22.000 chênes y furent inutilement abattus, pour la
construction de la flottille de Boulogne.

Sous le régime hollandais, ce fut pis encore : la forêt
de Soignes tout entière et presque toutes les forêts du
royaume passèrent dans le domaine privé!

S'il faut en croire Dumortier, — d'ailleurs suspect
d'exagération patriotique, — on aliéna pour plus de
150 millions de biens domaniaux en Belgique, de 1815
à 1830.

Les uns achetèrent à vil prix; d'autres se firent doter
« pour la part louable qu'ils avaient prise à l'immor-
telle bataille de Waterloo ».

Wellington eut le bois de Nivelles, plus de 1.100 bonniers, plantés de chênes, qu'il fit entièrement défricher. Le prince d'Orange, — outre sa dotation annuelle
de 200.000 florins et un palais à Bruxelles, se fit donner le beau parc de Tervueren, avec un pavillon de
chasse, construit aux frais du Trésor. Son cadet, Frédéric, qui, légalement, n'avait droit à rien du tout,
obtint néanmoins une dot en fonds domaniaux.

Enfin le roi Guillaume, arrivé chez nous l'escarcelle
vide, ayant vécu, pendant son émigration, des secours
de l'Angleterre et des dettes qu'il y avait contractées,

trouva le moyen de se refaire, en agissant à l'égard des
Pays-Bas à peu près comme Léopold II quand il s'attribua le domaine *privé* du Congo.

Il parvint, en effet, à se faire donner comme biens
patrimoniaux, exploitables et aliénables à son profit, les
plus belles forêts domaniales, et notamment la forêt
de Soignes, plus de 11.000 bonniers de haute futaie.

Cette opération, — que vingt ans plus tard on quali-
fiait de vol à la Chambre des représentants de Belgique, — avait été préparée de longue main.

Les articles 30 et 31 de la loi fondamentale, imposée à nos provinces, malgré le refus positif de l'assemblée des notables, — accordait au souverain le droit de
se faire attribuer des biens domaniaux, produisant un
revenu de 500.000 florins, à déduire du montant de
sa liste civile.

Ces dispositions constitutionnelles furent, à la demande du roi, qui prétendait agir exclusivement dan
l'intérêt général, mises à exécution par la loi du
22 août 1822.

Aux termes de celle-ci, Guillaume « acceptait » e
pleine propriété, comme *bien patrimonial*, des bois
des forêts et des terres labourables, que les Etats géné
raux, « convaincus que Sa Majesté en tirerait un par
avantageux dans l'intérêt national », évaluaient, sa
avoir fait aucune expertise régulière, à *10 millions*
florins, soit, au denier, 20.500.000 florins de reven

Deux jours après, le roi constituait, pour en tir
parti, la « Société Générale pour favoriser l'industr
nationale » et, dans l'acte de fondation, attribuait

es biens une valeur double : *20 millions* de florins[1].

Encore cette valeur, que la Société Générale prenait l'engagement de rembourser à l'État, à l'époque de sa dissolution, restait-elle sensiblement en-dessous de la valeur réelle des biens qui lui étaient attribués.

D'après un rapport présenté au Congrès national, en 1831, par M. de Stappers, inspecteur de l'administration forestière, ils valaient environ *38 millions* de

1. Le chapitre III des statuts se rapportant aux domaines est rédigé comme suit :

La Société aura la libre administration des domaines qui, d'après l'article 7, font partie de son fonds. Elle en percevra les revenus et les produits à compter du 1er janvier 1823 inclus. Elle en supportera les charges à partir de la même époque.

Elle aura la plus grande latitude pour l'aliénation de ces domaines, ainsi que pour la fixation des époques, la forme et les conditions des aliénations ; elle tiendra cependant en réserve *un tiers de la forêt de Soignes :* ce tiers sera désigné par le roi et ne pourra être aliéné qu'après que tous les autres domaines l'auront été, encore ne sera-ce que dans les deux cas suivants, savoir :

1° S'il arrivait que le produit des aliénations des autres domaines n'atteignît pas la somme de 20 millions de florins ;

2° Si, quoique cette somme fût atteinte, le roi autorisait l'aliénation sur la proposition du Conseil général.

Dans le premier de ces deux cas, le projet d'aliénation devra être porté, préalablement, à la connaissance du roi, par la direction de la Société, qui lui soumettra en même temps un tableau des capitaux provenus des aliénations des autres domaines.

Toutes les parties des domaines, sans en excepter le tiers de la forêt de Soignes, dont il est fait mention dans l'article précédent, qui, à la dissolution de la Société, n'auront pas pu être réalisées, seront la propriété des actionnaires.

Jusqu'au payement de 20 millions de florins, qui constituent le prix des domaines mentionnés dans l'article 7, il sera payé à titre d'intérêt, savoir :

Au roi, le 31 décembre de chaque année, à partir de 1823 inclus, jusques et y compris 1849, une somme de 500.000 florins.

Et, en outre, à la Caisse d'amortissement ou à telle institution qui pourrait la remplacer, à la même époque à partir de 1825 inclus, une somme de 50.000 florins, laquelle augmentera progressivement d'année en année de 50.000 florins, jusqu'à ce qu'elle soit portée à 500.000 florins, taux auquel elle sera maintenue pour chaque année suivante, jusqu'à la dissolution de la Société.

S'il arrivait des circonstances majeures et imprévues qui entravassent

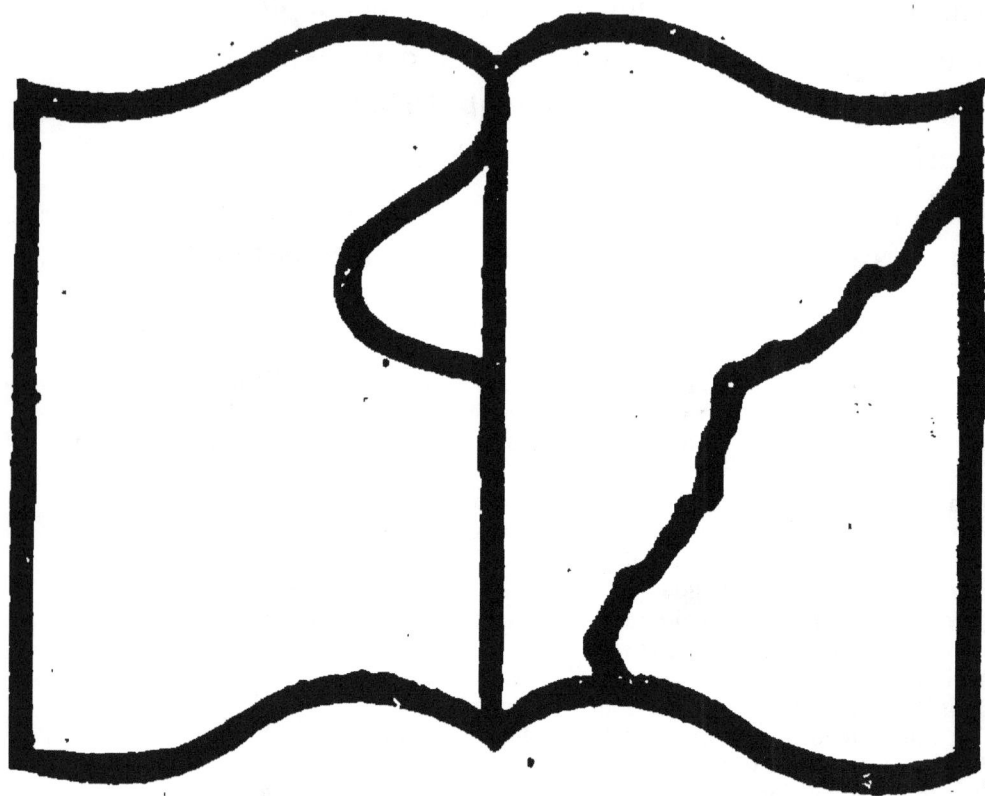

Texte détérioré — reliure défectueuse
NF Z 43-120-11

florins [1]. Les seules propriétés du Midi, c'est-à-dire les provinces belges, comprenaient ensemble 28.320 bonniers, qui furent exploités d'abord, aliénés ensuite, au plus grand avantage des actionnaires de la Société Générale.

Or, ces actionnaires, pour l'immense majorité des actions émises, c'étaient le roi lui-même et les membres de la famille royale.

Voici ce que disait à cet égard M. Fallon, dans un rapport à la Chambre des représentants, le 15 août 1835 :

« Votre Commission s'est adressée à la direction de la Banque pour connaître exactement le nombre d'actions appartenant au roi Guillaume et à chacun des membres de sa famille, ainsi que le nombre total des actions dont se compose réellement le fonds de la Société; mais il n'a pas été satisfait à sa demande, qui est restée sans réponse.

S'il faut en croire les renseignements qui nous sont parvenus, non officiellement toutefois, l'émission des 60.000 actions n'aurait pas eu lieu pour le tout, mais seulement jusqu'à concurrence de 31.000 environ, dans

soit la perception des revenus des domaines, soit leur aliénation, la direction pourrait les exposer au roi à l'effet d'obtenir une réduction sur les sommes à payer annuellement à la Caisse d'amortissement.

Parvenue à l'époque de sa dissolution, la Société versera dans la Caisse de l'Etat, pour prix intégral de tous les domaines, et pour en tenir lieu, une somme capitale de 20 millions de florins. Ce versement sera fait en argent comptant ou en effets publics sur l'Etat, rendant 1 million d'intérêts par an, au choix de la Société (*Pasimonie*, 1882, p. 124).

1. Voir aussi de Stappers, *Mémoire agricole, financier, politique et commercial*, tendant à prouver que les biens dont la Banque de Bruxelles a été mise en possession n'ont jamais cessé d'appartenir à la nation, et qu'il est indispensablement nécessaire de conserver intact le sol foncier. Bruxelles, 1827.

lesquelles 25.800 appartiendraient au roi Guillaume[1]. »

Il semble donc que la Société Générale, cette puissante machine capitaliste qui devait, dans la suite, conquérir la haute main sur toute l'industrie belge, n'ait été à l'origine qu'une personne interposée, — le paravent des spéculations royales.

« C'est ainsi que, — disait à la Chambre des représentants, le 31 décembre 1835, M. de Smet, avec plus de vérité que d'élégance, — le roi Guillaume, d'un esprit essentiellement calculateur, réalisa une somme importante de ces biens et, à l'aide de complaisants intervenants, dont je tairai les noms, quoiqu'on pourrait bien signaler au public qui sont ceux des Belges qui ont aidé, dans cette occasion, l'avide Guillaume à voler nos antiques domaines. »

Sous le régime hollandais, il est vrai, ces biens restèrent à peu près intacts.

« Jusqu'en 1830, dit M. Malou[2], la Société Générale administra ses domaines comme un bon père de famille qui a l'intention de les conserver. Plus d'une fois, elle déclara à ses actionnaires que les ressources de l'avenir sont ménagées avec autant de soin et de prudence que peut le faire le propriétaire le plus prévoyant; que les réserves sont nombreuses, qu'elle assure la reproduction, etc. »

1. Cf. De Greef, *le Crédit commercial et la Banque nationale de Belgique*: « Le public ne souscrivit que 5.426 1/2 actions sur les 31.226 1/2 souscrites et payées en fonds publics et argent. Ce chiffre demeura invariable jusqu'en 1837; le roi était le titulaire de la différence. » Bruxelles, Mayolez, 1899.

2. Notice historique sur la Société Générale pour favoriser l'industrie nationale.

A la fin de 1830, il n'avait été vendu de biens-fonds que pour une somme de 132.781 florins; mais, à la fin de 1830, tandis que les domaines et dîmes de Hollande étaient saisis et séquestrés de fait, malgré les protestations de la Société Générale, l'aliénation des domaines situés en Belgique commença dans de vastes proportions.

Pendant les années qui suivirent la Révolution de 1830, la Société Générale réalisa :

En 1831	pour................	1.170.383 francs
1832	—	3.625.205 —
1833	—	5.887.521 —
1834	—	2.664.612 —
1835	—	4.863.949 —
1836	—	11.252.005 —
1837-1840	—	40.820 —
		34.858.299 —
A ajouter pour les ventes antérieures..................		281.028 —
Total réalisé..........		35.139.317 francs

En ce qui concerne spécialement la forêt de Soignes, ces aliénations successives la réduisirent de moitié. A Rhode-Saint-Genèse, à la Hulpe, à Hoeylaert, à Uccle, ailleurs encore, l'aristocratie financière se tailla de larges domaines; à Ohain, par exemple, le comte Ferdinand Meeus, président de la Société Générale, ayant acquis 300 bonniers environ de la forêt de Soignes, les fit défricher en majeure partie, et, dans le parc splendide que traverse la Rivière d'Argent, fit bâtir le château d'Argenteuil.

Bref, la forêt y aurait peut-être passé tout entière si, à partir de 1835, le Gouvernement belge n'était

énergiquement intervenu pour faire respecter les
droits, plus ou moins définis, que lui réservait la loi
du 26 août 1822.

Après une série de négociations, de procès et de tran-
sactions avortées, la Société Générale, — par la convention du 4 novembre 1842, — se reconnut, vis-à-vis
de l'État belge, débitrice de 32 millions de francs, tant
pour le prix principal des domaines, payable en 1849,
que pour les redevances qu'elle n'avait pas payées
depuis 1830.

En paiement de cette somme, la Société céda au
Gouvernement belge, qui les rétrocéda au roi des
Pays-Bas, les domaines et les dîmes de Hollande. Quant
au 15.500.000 francs restants, elle les paya, en partie, —
jusqu'à concurrence de 8.100.000 francs, — au moyen
de la forêt de Soignes, réduite à 4.500 hectares, tandis
qu'en 1834 les triages qui se trouvaient aux mains de
la Société Générale avaient une étendue totale de
7.522 h. 81 ares.

§ 4. — Biens de formation récente

De 1834 à 1898, l'étendue occupée par les cotes foncières de 100 hectares et plus a augmenté, dans le Brabant, de 2.582 h. 60 a. 3 centiares.

Dans un assez grand nombre de communes, cependant, les propriétés de 100 hectares ont été morcelées ;
mais en revanche il s'en est formé de nouvelles, soit
aux dépens de la forêt de Soignes, soit aux dépens de
petites ou de moyennes propriétés.

On relève, en effet, dans la liste publiée en annexe, vingt et une communes[1] où il n'y avait pas de cotes au-dessus de 100 hectares en 1834, tandis qu'il en existe aujourd'hui.

Mais, dans une province comme le Brabant, où les forêts domaniales semblent désormais intangibles et les communaux, les terres vagues, les terrains incultes, réduits à peu de chose, la création de domaines nouveaux devient difficile et onéreuse.

Aussi les grandes fortunes foncières, d'origine récente, constituées par des capitalistes enrichis, se composent presque toutes soit de propriétés anciennes, graduellement arrondies, soit de petites et moyennes parcelles, éparses dans toute la province, et même dans tout le pays.

Nous connaissons, par conséquent, les *grandes propriétés*, formant un seul bloc, mais nous ne savons rien, ou presque rien, des *grands propriétaires*. Les listes des éligibles au Sénat pourraient fournir, à cet égard, des données précises; malheureusement les indications qu'elles contiennent ne sont pas complètes; l'administration arrête le relevé des cotes foncières de chaque éligible, dès l'instant où le cens d'éligibilité est atteint (1.200 francs de contributions ou 12.000 francs de revenu cadastral).

1. Archennes, Bellinghen, Biez, Bossut-Gottechain, Buysinghen, Hoelsbeke, Humbeek, Huysinghen, Itterbeek, Jodoigne-Souveraine, Leerbeek, Lennick-Saint-Martin, Lovenjoul, Malderen, Meldert, Rhode-Sainte-Agathe, Rillaert, Saventhem, Velthem, Wemmel, Woluwe-Saint-Lambert.
Il faut y ajouter Laeken où, par suite d'acquisitions récentes, les propriétés du roi dépassent 100 hectares.

M. Visart de Bocarmé, député de Bruges, avait pro-
posé jadis de centraliser tous les renseignements
relatifs aux propriétés foncières appartenant à chaque
éligible; il eût suffi pour cela que les secrétaires communaux de toutes les communes où ils possèdent des
terres les signalent au secrétariat communal de leur
domicile.

Cette proposition ne fut pas adoptée, et, en attendant
une législation fiscale taxant le revenu réel, il est malheureusement impossible de connaître, exactement,
l'étendue des grandes fortunes foncières et de montrer
dans toute sa force la tendance actuelle à la concentration des propriétés.

Quoi qu'il en soit, notre enquête établit que, dans la
province du Brabant, l'augmentation du nombre total
des cotes foncières n'a pas eu pour effet de restreindre
les grands domaines, mais bien de morceller, de plus en
plus, les propriétés de moindre importance.

Le domaine de l'État s'est réduit. La propriété capitaliste qui occupait, en 1880, 71,1 0/0 hectares de cultures ordinaires, en occupe, d'après le dernier recensement, 72,4 0/0. Enfin, par une évolution divergente,
dont nous retrouvons l'analogue presque partout, tandis
que la grande propriété progresse, la propriété parcellaire
se développe aux dépens de la propriété moyenne.

CHAPITRE IV

LA RÉGION INDUSTRIELLE

1ʳᵉ Section. — LE HAINAUT

La plus grande partie de la province de Hainaut appartient à la région limoneuse (limon hesbayen) ou sablo-limoneuse, que nous avons déjà rencontrée dans le Brabant et qui s'étend, à travers toute la Belgique moyenne, depuis Ypres jusqu'à Maestricht.

A l'exception des cantons méridionaux, qui se rattachent à la région condrusienne, les caractères différentiels que présentent, dans cette province, les districts agricoles, dépendent moins de la nature du sol que de la situation, du développement de l'industrie et des moyens de transport.

Au point de vue de la propriété et de la culture, on peut classer ces districts agricoles en quatre groupes :

1° Les districts 6 et 7, — Flobecq, Frasnes, Celles, Templeuve, Tournai, — qui touchent aux Flandres et participent, dans une certaine mesure, aux caractères de celles-ci ;

2° Les districts 8, 9, 10 et 11, qui comprennent les cantons les plus industrialisés de la province : le Borinage, le Centre et le pays de Charleroi ;

3° Les districts 1, 3, 4, 5 et 8, c'est-à-dire les cantons mi-agricoles, mi-industriels de Mons, Lens,

Rœulx, Soignies, Enghien, Ath, Chièvres, Quevaucamps, Antoing, Leuze, Péruwelz ;

4° Enfin, le district 12, avec les cantons de Merbes-
le-Château, de Beaumont et de Chimay.

Dans ce dernier district, et surtout dans l'ancienne
principauté de Chimay, les bois et les pâturages
occupent la majeure partie de l'étendue exploitée. Les
communaux, fortement entamés d'ailleurs, persistent
encore. Les grandes propriétés d'origine féodale ne
sont pas rares, mais elles tendent à se morceller.

Autour des bassins houillers, au contraire, et notamment dans les districts qui touchent au Brabant wallon, la propriété foncière a plutôt une tendance à se
concentrer. Les cotes de 100 hectares et plus occupent
une étendue qui varie de 10 à 15 0/0 du territoire, et
c'est là que se trouvent la plupart des grands domaines
de la province. « Il n'y a pas de région de notre pays,
— dit M. Th. Jouret, dans une notice sur Ath, Enghien,
Soignies, Belœil [1], — qui compte, sur une étendue proportionnelle, autant de parcs et de châteaux, depuis
les fermes élevées jusqu'à la dignité de châtellenie parvenue, jusqu'aux manoirs de souche authentique et aux
domaines princiers d'Arenberg et de Ligne. »

Cet état de choses existait également, au siècle dernier, dans le Centre ou le bassin de Charleroi [2], mais
le développement industriel a fait disparaître le plus
grand nombre des châteaux et divisé la plupart des
grandes cotes foncières. A peine y a-t-il encore

1. *Belgique illustrée*, II, p. 90.
2. *Ibid.*, pp. 105 et suiv.

Zéro
De 1 à 5%
De 6 à 10%
De 11 à 15%
De 16 à 20%
De 21 à 25%
plus de 25%

LE HAINAUT

I. — Carte indiquant l'étendue relative occupée par les cotés
de 100 hectares et plus en 1834.

Districts

1. Mons, Lens.
2. Boussu, Dour, Paturages.
3. Rœulx, Soignies.
4. Enghien, Lessinnes.
5. Ath, Chièvres, Quevaucamps.
6. Flobecq, Frasnes.
7. Celles, Templeuve, Tournai.
8. Antoing, Leuze, Peruwelz.
9. Charleroi, Châtelet, Gosselies.
10. Senelfe, Fontaine-l'Evêque.
11. Binche, Thuin.
12. Beaumont, Chimay, Merbes.

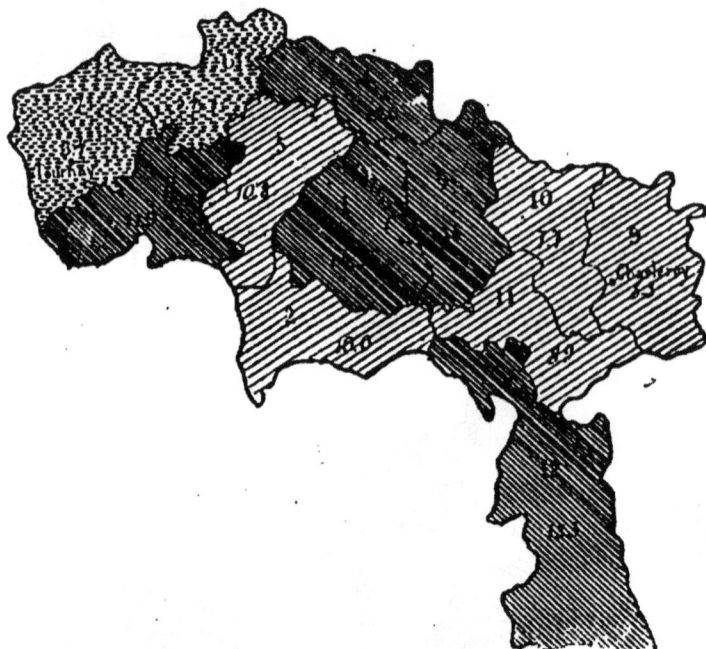

II. — Carte indiquant par district agricole l'étendue relative occupée par les côtes de 100 hectares et plus en 1898.

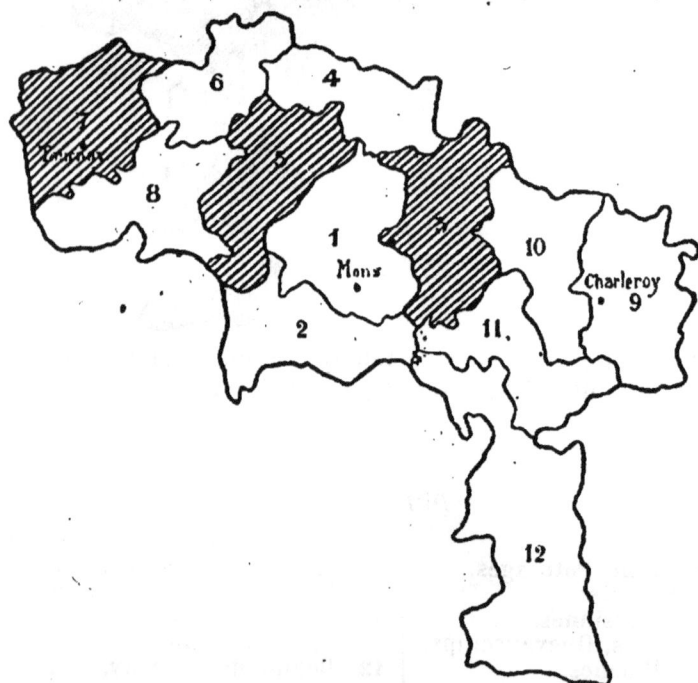

III. — Carte indiquant par district agricole la progression ou la régression des cotes foncières de 100 hectares et plus de 1834 à 1898.

quelques domaines, — celui de Mariemont, à Morlan-
wez, par exemple, — enclavés dans l'énorme agglomération dont les fabriques, les charbonnages, les cités
ouvrières, couvrent le tiers de la province. Dans toute
cette région, et surtout dans le bassin de Charleroi,
les cultures maraîchères, les jardins potagers, les
champs de *petotes*[1], occupent une notable fraction de
l'étendue exploitée. Le seul village de Mellet (canton
de Gosselies) envoie tous les jours une quarantaine de
de charrettes de légumes, et spécialement de carottes,
au pays noir. Les salaires agricoles sont élevés. La
valeur vénale, ou locative, des terres est, naturellement, influencée par la proximité de l'agglomération
industrielle ; la propriété foncière se morcelle, étant
donné qu'il se trouve des gens pour acheter les morceaux à gros prix. Les cotes foncières de 100 hectares
et plus ne représentent plus qu'une contenance globale
de 5 à 10 0/0 du territoire.

Elles sont plus clairsemées encore dans le 6ᵉ et
surtout dans le 7ᵉ district, qui comprend les cantons
de Tournai, Celles et Templeuve.

Ce qui caractérise cette fertile région, au point de
vue cultural, c'est la prédominance des terres à blé,
l'importance des cultures industrielles, — tabac, lin,
chicorée, betterave, etc., — le rôle que les cultures
dérobées, moins considérables d'ailleurs qu'en pays
flamand, jouent dans l'économie rurale ; enfin, aux
environs de Tournai, l'extension des cultures maraîchères, qui exportent leurs produits vers les centres

1. Pommes de terre.

industriels du nord de la France : Lille, Tourcoing,
Roubaix, etc. Bref, pays de petite et moyenne culture.
Peu de bois et très peu de terres incultes. L'Escaut,
jusqu'aux limites de la Flandre, coule à travers de
larges prairies et des champs magnifiquement cultivés.
Certains villages baignés par le fleuve, — celui de
Kain, par exemple, — dont la plupart des maisons
sont enfouies dans les fleurs et la verdure, ressemblent
à d'immenses jardins.

Dans ces riches campagnes, toutes semées de villas
et de châteaux, il n'y a guère place pour de vastes
domaines. Les cotes foncières de 100 hectares et plus
occupent seulement 5,4 0/0 du territoire dans le 6ᵉ,
3,4 0/0 dans le 7ᵉ district.

Mais, dans le Tournaisis, comme dans presque toute
la province, du reste, le faire valoir direct recule, la
terre échappe à ceux qui la cultivent : en 1880, le
faire valoir direct occupait encore, dans le Hainaut,
30,1 0/0 hectares de cultures ordinaires ; en 1895, ce
chiffre tombe à 25,8 0/0.

Ces progrès considérables de la propriété capitaliste
coïncident, d'ailleurs, dans presque tous les districts,
avec le morcellement des grandes cotes foncières.

I. — La répartition de la propriété

L'étendue cadastrale du Hainaut est de 372.166 hectares.

Nous n'avons pu réunir de données précises sur les
propriétés publiques et spécialement sur les commu-

naux, qui ont conservé de l'importance, — ainsi que nous le verrons plus loin, — dans les cantons de Beaumont et de Chimay.

Les institutions charitables de Tournai possèdent également des propriétés foncières considérables. Le patrimoine foncier des Hospices de cette ville comprend 1.822 hectares, répartis dans 79 communes du Hainaut et du Brabant ; celui du Bureau de Bienfaisance, 1.414 hectares dans 76 communes.

Quant aux cotes foncières de 100 hectares et plus, se rapportant à des propriétés privées, leur nombre et leur contenance ont sensiblement diminué depuis l'époque de la confection du cadastre.

En 1834, il y en avait 204, occupant 14,8 0/0 du territoire ; il n'en reste aujourd'hui que 166, occupant 10,5 0/0 du territoire.

Nous avons résumé, dans le tableau suivant, les renseignements que M. Gondry, de Mons, a bien voulu réunir, à notre intention, sur la contenance de ces cotes foncières :

COTES	NOMBRE	1834	NOMBRE	1898
De plus de 1.000 hectares .	3	10.679 h. 71	2	2.358 h. 27
500 à 1.000 —	12	8.197 h. 13	10	6.160 h. 05
200 à 500 —	62	18.653 h. 69	50	15.810 h. 38
100 à 200 —	127	17.727 h. 55	104	14.858 h. 13
De 100 hectares et plus....	204	55.258 h. 08	166	39.186 h. 83

On voit que la décroissance de la grande propriété se manifeste pour toutes les catégories.

Elle se manifeste également dans presque tous les districts agricoles :

DISTRICTS AGRICOLES	1834		1898	
	ÉTENDUE OCCUPÉE	P. C. de l'étendue cadastrale	ÉTENDUE OCCUPÉE	P. C. de l'étendue cadastrale
Districts :	H. A.		H. A.	
1ᵉʳ (Mons, Lens)......... —	4.886.89	15,5	47.15.26	14.9
2ᵉ (Boussu, Dour, Pâtu-				
rages)............ —	3.441.66	11,6	2.971.19	10,0
3ᵉ (Rœulx, Soignies).... +	3.157.83	9,8	4.420.95	13,8
4ᵉ (Enghien, Lessines).. —	3.034.24	13,4	2.732.16	12,0
5ᵉ (Ath, Chièvres, Que-				
vaucamps)........ +	3.081.38	9,8	33.93.65	10,8
6ᵉ (Flobecq, Frasnes)... —	1.860.29	10,4	961.62	5,4
7ᵉ (Celles, Templeuve,				
Tournai).......... +	752.18	2,5	964.31	3,4
8ᵉ (Antoing, Leuze, Péru-				
welz)............. —	5.107.38	16,7	3.627.83	11,9
9ᵉ (Charleroi, Châtelet,				
Gosselies)........ —	4.788.43	15,6	2.547.12	8,3
10ᵉ (Seneffe, Fontaine-				
l'Evêque)......... —	4.299.35	16,9	1.972.80	7,7
11ᵉ (Binche, Thuin)...... —	3.143.07	11,6	2 416.50	8,9
12ᵉ (Beaumont, Chimay,				
Merbes-le-Château). —	17.705.39	27,7	8,463.44	13,3
La province....	55.258.09	14.8	39.186.83	10,5

Les seuls cantons où la grande propriété soit en progrès sont les suivants : Chièvres, Enghien, Mons, Pâturages, Le Rœulx, Soignies, Ath, Celles, Leuze, Quevaucamps.

Tous se trouvent situés dans la même zone, aux alentours de l'agglomération industrielle, à peu de distance des principales villes : Tournai, Mons, Charleroi.

Ainsi donc, nous constatons le même phénomène que dans les provinces de Brabant et d'Anvers : aux centres d'accumulation capitaliste, correspondent sur nos cartes des taches de concentration foncière dans les cantons circonvoisins. La hausse de la valeur du sol et la densité croissante de la population font disparaître les grosses cotes de la région industrielle proprement dite, mais, aux confins de celle-ci, l'accroissement de la richesse les multiplie ; les propriétés des *homines novi* de la grande industrie viennent s'ajouter ou — moins souvent, d'ailleurs, qu'on ne le pense — se substituer à celles de l'aristocratie foncière.

C'est dans les campagnes voisines des bassins houillers que se trouvent *toutes* celles des grandes propriétés de la province qui ont un revenu cadastral supérieur à 50.000 francs [1].

En voici la liste, par ordre d'importance :

1. J. d'Arenberg (Recklinghausen). — Enghien et communes voisines : 2.288 h. 83 ares ; 205.696 francs de revenu cadastral ;

2. Prince de Ligne (Belœil). — Belœil et communes voisines : 1.975 h. 32 ares ; 200.775 francs de revenu cadastral ;

3. Comte Larochefoucault-de-Ligne (Paris). — Baudour et Tertre : 1.536 h. 20 ares ; 101.177 francs de revenu cadastral ;

4. de Béhault de Warelles (Quévy). — Quévy-le-

---

1. Les chiffres sont plutôt inférieurs à la réalité ; il est possible, en effet, que certaines cotes accessoires, inférieures à 100 hectares, aient échappé aux recherches.

Grand, Quévy-le-Petit, Havay et Givry : 802 h. 37 ares ;
99.338 francs de revenu cadastral ;

5. J. d'Arenberg (Recklinghausen). — Quiévrain et
Heusies : 495 h. 81 ares ; 92.602 francs de revenu
cadastral ;

6. Edouard Roussille (Ixelles). — Vellereille, Buvrinnes et Givry : 896 h. 9 ares ; 85.325 francs de
revenu cadastral ;

7. Prince de Croy (Le Rœulx). — Le Rœulx et Houdeng : 523 h. 51 ares ; 72.768 francs de revenu cadastral ;

8. Comte du Val de Beaulieu (Cambron). — Havré,
Cambron et Casteau : 376 h. 60 ares ; 64.439 francs de
revenu cadastral ;

9. Warocqué (Morlanwelz). — Morlanwelz, Houdeng,
Bellecourt et la Hestre : 505 h. 75 ares ; 62.842 francs de
revenu cadastral ;

10. Prince Charles de Ligne (Suxy). — Antoing,
Maubray et Péronnes : 642 h. 40 ares ; 55.435 francs
de revenu cadastral ;

11. V. Crombez (Tournai). — Beclers et Maulde :
524 h. 4 ares ; 54.880 francs de revenu cadastral ;

12. Prince de Croy (Le Rœulx). — Havré : 645 h.
79 ares ; 51.861 francs de revenu cadastral ;

13. Vicomte Charlier de Buisseret (Seneffe). —
Seneffe et Feluy : 448 h. 22 ares ; 51.096 francs de
revenu cadastral.

Parmi les autres propriétés importantes, mais dont
le revenu cadastral est inférieur à 50.000 francs, on
peut citer encore les domaines du comte Fr. de Mérode,
à Loverval (472 h. 33 ares); du comte d'Oultremont, à

Presles (614 h. 64 ares); du prince de Caraman-Chimay, à Chimay (627 h. 61 ares); du prince de Croy (Paris), à Ghlin (714 h. 78 ares); de la duchesse d'Arenberg, à Braine-le-Comte (814 h. 63 ares); etc.

Somme toute, et pour l'ensemble de la province, notre enquête aboutit à ce résultat, passablement inattendu, que, malgré l'enrichissement de la bourgeoisie capitaliste et l'appauvrissement de la plupart des familles aristocratiques, le nombre des cotes foncières de 100 hectares et plus, appartenant à des nobles, n'a guère diminué depuis 1834 ; le déchet, au contraire, est considérable pour les cotes de 100 hectares et plus, appartenant à des bourgeois.

D'après les indications du cadastre de 1834, sur 205 cotes foncières de plus de 100 hectares, 108 se rapportaient à des nobles, 86 à des bourgeois, 10 à des personnes insuffisamment qualifiées pour qu'il soit possible de les classer dans l'une ou l'autre de ces catégories.

En 1898, sur 166 cotes foncières de plus de 100 hectares, 106 se rapportaient à des nobles, 53 à des bourgeois ; plus sept cas douteux.

Ainsi donc, morcellement de la propriété bourgeoise ; état stationnaire de la propriété noble.

L'explication de ce fait nous paraît être que, dans les familles bourgeoises, les partages successoraux ne tardent pas à diviser les grandes propriétés acquises ; dans l'aristocratie, au contraire, les traditions anciennes persistent ; on s'efforce de conserver intact le domaine familial, et quand, — ainsi qu'il arrive souvent, — une même famille possède plusieurs domaines, chaque héritier en prend un pour sa part. C'est ce qui est arrivé, notamment, pour les grandes possessions foncières des d'Arenberg, des Ligne ou des Croy.

De plus, il faut noter que la bourgeoisie achète souvent pour morceler. Quand la propriété féodale tombe entre ses mains, les « bouchers de terre » ont bientôt fait de la mettre en pièces et morceaux.

Toutefois, la tendance contraire commence à se manifester dans beaucoup de riches familles bourgeoises, qui tiennent à honneur de reprendre les traditions féodales et achètent ou reconstituent, à cet effet, de vastes domaines.

II. — L'origine des grandes propriétés

Parmi les grandes propriétés du Hainaut, il en est qui sont de formation moderne ; d'autres datent de l'époque révolutionnaire ; d'autres, assez nombreuses, sont restées aux mains des familles qui les possédaient à la fin de l'ancien régime.

§ 1. — Propriétés de formation moderne

Le type des grandes propriétés de formation moderne est incontestablement le vaste domaine de Mariemont, constitué, vers 1830, par la famille Warocqué[1].

A l'époque de la confection du cadastre, il était

---

1. Harou, *Notice sur quelques communes du Hainaut* (*Bulletin de la Société belge de Géographie*, 1887).

représenté par une seule cote foncière de 144 hectares, sous Morlanwelz.

Aujourd'hui, nous trouvons, au nom de M. Raoul Warocqué, quatre cotes sous Morlanwelz, Houdeng, Bellecourt et la Hestre, avec une contenance totale de 505 hectares.

Le parc du château, — 45 hectares environ, — enferme dans ses murs les ruines de l'ancien palais de Marie de Hongrie qui avaient été habitées, pendant longtemps, par des ménages de houilleurs. Plus loin, sur la route de Bascoup, les bâtiments de la ci-devant abbaye d'Olive ont été convertis en cité ouvrière. La grande industrie moderne, charbonnière ou métallurgique, a complètement supplanté les petites industries, semi-agricoles, qui florissaient au siècle dernier. Les produits du sol ont fait place aux produits du sous-sol : en 1811, le fondateur de la dynastie des Warocqué était médaillé, par le Gouvernement napoléonien, comme le principal planteur de betteraves à sucre de l'arrondissement de Charleroi. Aujourd'hui, ses descendants, principaux actionnaires des célèbres charbonnages de Mariemont et Bascoup, avec leurs 5.000 ouvriers, propriétaires du fond et de la surface, bourgmestres de père en fils depuis 1830, sont des représentants typiques de la féodalité bourgeoise dans ce pays si aristocratique jadis.

Nous avons décrit ailleurs[1] les institutions patronales qui ont été créées à Mariemont et Bascoup avec

---

1. Vandervelde, *les Institutions patronales en Belgique* (*Rapport à l'Exposition de Paris*. Bruxelles, Weissenbruch, 1889).

l'intelligente et active collaboration de MM. Guinotte et Weiler. Leur libéralisme contraste, et surtout contrastait jusqu'en ces derniers temps, avec l'esprit, durement autoritaire, qui caractérise l'administration de la plupart des charbonnages.

§ 2. — Propriétés d'origine révolutionnaire

De tous les monastères qui existaient dans le Hainaut à l'époque de la Révolution française, un seul a survécu : l'abbaye de Bonne-Espérance.

Les autres, et notamment les abbayes de Saint-Feuillen, de l'Olive, de Lobbes, d'Alne et de Cambron-Casteau, furent supprimées, pillées parfois et incendiées, vendues, avec leurs dépendances, comme biens nationaux.

Ce fut l'origine de plusieurs grandes propriétés : le domaine des comtes du Val de Beaulieu, à Cambon-Casteau, par exemple.

L'abbaye cistercienne de Cambron-Casteau [1], qui avait été fondée au xiie siècle, possédait, à la fin de l'ancien régime, un patrimoine foncier très considérable et, spécialement, dans la mairie de Cambron, les bois de Cambron, de la Provision et de la Motte, qui avaient une contenance totale de 700 hectares.

Les fermes et dépendances de l'abbaye furent vendues, en l'an VI, comme biens nationaux. L'abbaye devint, après quelques vicissitudes, la propriété du

---

1. Clément Monnier, *Histoire de l'abbaye de Cambron* (*Annales du Cercle archéologique de Mons*, vol. XVII).

baron Constant du Val de Beaulieu, qui y fut « reçu comme seigneur » en 1803 ou 1804. Les bois, au contraire, — sans doute, à cause de la facilité d'exploitation, ou des ressources qu'ils offraient, pour les arsenaux de terre et de mer, — restèrent réunis au domaine de l'État, jusqu'à l'exécution de la loi du 27 décembre 1822, sur les conditions de vente des domaines.

Ils passèrent ensuite à divers propriétaires, parmi lesquels la comtesse de Thiennes, de Lombise et les comtes du Val de Beaulieu. Ces derniers possédaient, en 1834, 151 h. 92, sous Cambron-Casteau. Leurs descendants ont encore, actuellement, 102 h. 17, sur lesquels se trouvent les ruines de l'abbaye.

On peut citer encore, parmi les propriétés d'origine révolutionnaire, les vastes étendues boisées (896 hectares) qui appartiennent à M. Roussille, sous Vellereille, Buvrinnes et Givry.

§ 3. — Propriétés d'origine féodale

La plupart des grandes propriétés du Hainaut appartiennent aux familles aristocratiques qui les possédaient sous l'ancien régime.

Les comtes de Thiennes occupent la seigneurie de Lombise depuis plus de cinq cents ans. Les Croy sont devenus propriétaires des domaines d'Havré et de Ghlin à la fin du xv° et au commencement du xvii° siècle. Le château de Beloeil appartient à la famille de Ligne depuis 1311[1]; Enghien à la famille d'Arenberg depuis 1607.

Le domaine du Rœulx fut donné à la maison de Croy, en 1431, par Philippe le Bon, « en reconnaissance des grands, notables et parfaits services rendus par messire de Croy ». Confisqué et mis sous séquestre pendant la révolution française, il fut restitué, sous le consulat, au prince de Solre (Anne-François de Croy[2]).

Quant aux domaines qui constituaient jadis la principauté de Chimay et le comté de Beaumont, il n'en reste que peu de chose, au regard de l'importance qu'ils avaient sous l'ancien régime.

Leur histoire, depuis un siècle, présente, au point de vue qui nous occupe, le plus vif intérêt[3].

Lorsque Thomas d'Alsace, comte de Beaumont et prince de Chimay, mourut en 1762, à l'âge de trois ans, ses oncles et tantes se partagèrent sa succession. Philippe d'Alsace devint prince de Chimay ; son frère, Charles, fut comte de Beaumont.

Ce dernier, arrêté comme conspirateur en 1794, fut condamné par le tribunal révolutionnaire et mis à mort. Ses terres furent confisquées, mais, plus tard, son frère et successeur, le prince de Chimay, parvint à en obtenir la restitution.

Abstraction faite des cantons de bois attribués aux

---

1. Petit, *les Communes du canton de Quevaucamps* (*Annales de la Société archéologique de Mons*, t. XVI, 2ᵉ partie, pp. 605 à 721).

2. Lejeune, *Recherches historiques sur le Rœulx* (*Annales de la Société archéologique de Mons*, t. XXIX).

3. Hagemans, *Histoire du pays de Chimay*. — Wauters, *les Bois communaux de Chimay*. Bruxelles, 1881. — Errera, *les Masuirs*. Bruxelles, 1891.

communes de l'ancienne principauté, le domaine du prince, libre de tous droits d'usage, comprenait environ 14.000 hectares de forêts situées dans le canton de Chimay et dans le canton de Beaumont.

Le prince mourut en 1804, et ses biens passèrent à ses neveux : François de Riquet, comte de Caraman, — qui épousa l'année suivante Mme Tallien, — eut la terre de Chimay, et Maurice de Riquet, comte de Caraman, son frère, la terre de Beaumont.

Le lot attribué au comte Maurice de Caraman comprenait 3.601 h. 30 ares, encore intacts en 1836 et représentés, notamment, par les cotes suivantes : Beaumont (159 h. 39 ares); Sivry (233 h. 38 ares); Thirimont (313 h. 26 ares); Rance (893 h. 15 ares); etc.

Presque tout ce massif a été morcellé, défriché, transformé en médiocres terrains de cultures. Ce qui n'a pu être défriché a été coupé à blanc. « Seule, — lisons-nous dans le *Bulletin de la Société centrale forestière* [1], — la forêt de Rance, avec 1.040 hectares, s'était conservée presque intacte jusqu'en ces dernières années ; elle semblait avoir été oubliée. Mais le morcellement est quand même venu l'atteindre ; l'œuvre de destruction est commencée, et ce dernier vestige de l'un des plus importants massifs boisés du pays ne tardera pas à disparaître ; une nouvelle vente de 23.000 arbres se fera à la fin du présent mois (mars 1899). »

En somme donc, dans le canton de Beaumont, les bois qui ont survécu sont des « bois sans arbres »,

1. *Un ancien domaine forestier du Hainaut.* Mars 1899, p. 184. Bruxelles, 1899.

réduits à l'état de broussailles et de taillis. La majeure partie de ceux qui subsistent appartiennent aux communes. Les grandes cotes foncières, se rapportant à des particuliers, se font de plus en plus rares, à mesure que la propriété boisée se réduit en quantité ou en qualité et que le morcellement des cultures entraîne le morcellement des propriétés[1].

Dans le pays de Chimay, le lot attribué au comte François de Caraman comprenait plus de 10.000 hectares à l'époque de la confection du cadastre; il était représenté notamment par les cotes suivantes : Chimay (7.417 h. 47; 1.697 h. 03), Villers-la-Tour (49 h. 57), Virelles (120 h. 18), Baileux (85 h. 42), Momignies (501 h. 92), Macquenoise (501 h. 92), etc.

Mais, par suite d'une erreur de l'administration, le cadastre renseignait comme appartenant aux princes les cantons de bois qui avaient été cédés, deux siècles auparavant, aux vingt et une communes de l'ancienne

---

1. M. E. F., banquier à Rance, nous écrit, pour l'ensemble des communes :

« Dans le canton de Beaumont, la grande propriété boisée appartient, en majeure partie, aux communes, et aucun changement ne se produit en ce qui les concerne.

« Les grandes exploitations agricoles de plus de 100 hectares ont toujours été clairsemées. Je n'en connais que cinq ou six (six, d'après le recensement agricole de 1895). Généralement les propriétaires de lots au-dessus de 100 hectares les divisent en plusieurs exploitations, afin de trouver plus facilement des locataires. La question du capital roulant, pour nos fermiers, est toujours, dans nos parages, la plus difficile à résoudre. Nous en trouvons qui ont de 5.000 à 20.000 francs, mais au-delà de ce chiffre, c'est « l'oiseau rare », et nous sommes obligés de diviser nos propriétés. Personnellement, j'ai 55 hectares de prairies, sur Rance et Chimay : je n'ai jamais trouvé locataire pour un lot de plus de 20 hectares; je divise donc, parce que je ne puis trouver preneur, sans fournir des bâtiments d'exploitation, pour le pâturage; mais, si je devais faire des constructions, je préférerais vendre les lots, sans bâtiments, c'est-à-dire diviser ma propriété. »

principauté (Arrêté de la Cour de Mons du 3 décembre 1622, confirmé par sentence du 27 juillet 1624).

En vertu de cette sentence, les communes se considéraient et se comportaient comme propriétaires de ces bois.

C'est dans ces dernières années seulement que les princes de Chimay, engagés dans un interminable procès avec ces communes, s'avisèrent de prétendre que celles-ci n'étaient qu'usagères, que l'acte de 1622 n'était pas un cantonnement, mais un simple aménagement; que, par conséquent, ils étaient restés propriétaires des bois dits communaux.

Ils introduisirent une action en cantonnement qui fut accueillie par le tribunal de Charleroi et par la cour de Bruxelles [1].

Nous ne referons pas, après tant d'autres, l'histoire de ce long procès.

Toujours est-il que les communes ont été dépouillées d'une grande partie de leurs bois, au profit des princes, malgré les efforts de leurs défenseurs et bien que l'on soit à peu près d'accord aujourd'hui pour reconnaître que la justice s'est trompée.

Nous renvoyons sur ce point, au remarquable chapitre de M. Paul Errera sur l'ancien cantonnement [2].

« Qu'on relise seulement, conclut-il, toutes les pièces publiées pendant le litige : elles suffisent, — quand on

---

1. Charleroi, 21 avril 1866, B. J., 1896, p. 884 ; 25 juillet 1878, *Pasicrisie*, 1879, III, 15, 57 et 83. — Bruxelles, 13 août 1869, B. J., 1869, p. 1301 ; 3 août 1881, *Pasicrisie*, 1882,   279.
2. *Les Masuirs*, pp. 385 et seq.

les replace dans le cadre des idées de leur temps, —
à montrer qu'au xviiᵉ siècle les bois de Chimay ont été
réellement *cantonnés*, c'est-à-dire que l'attribution par-
tielle qui en a été faite aux communes usagères, moyennant dégrèvement du surplus au profit des seigneurs,
fut une attribution de droits équivalents à l'actuelle
propriété, ou qui, du moins, lui ont été assimilés par
les lois de la Révolution. »

L'interprétation de ces titres, par les tribunaux modernes, a violé non point des textes de lois, mais la
notion ancienne de la propriété, telle que nous la
révèle l'histoire, telle que les décrets de la Révolution
l'ont déterminée, une dernière fois, pour l'abolir.

En somme, les décisions judiciaires que nous venons
de rappeler ont bouleversé, de fond en comble, le
régime de propriété, nettement féodal, qui existait
encore dans l'ancienne principauté de Chimay.

Les communes, à moitié ruinées, ne conservent que
les débris de leur domaine.

Quant aux biens de la famille de Caraman-Chimay,
ils ont subi, pour d'autres causes, des réductions considérables.

Dans le canton de Chimay, le prince de Caraman ne
possède plus que les coles suivantes :

Chimay......................	99 h. 19
Id.	195 h. 02
Seloignes	333 h. 39
	627 h. 60

Le reste a été morcelé et a passé dans d'autres mains.

L'étendue occupée par les cotes foncières de 100 hectares et plus, dans le canton, n'est plus que de 5.924 hectares

Ce recul de la grande propriété féodale doit être attribué, principalement, aux transformations économiques qui se sont opérées dans la région. Au siècle dernier, le pays de Chimay, couvert d'immenses forêts, rempli de minerai de fer, traversé par mille petits cours d'eau, fournissant une force motrice économique, était le centre de l'industrie métallurgique dans le Hainaut.

Dès la fin de l'ancien régime, cependant, cette situation favorable fut gravement compromise : « Le développement naturel de l'industrie, dans les contrées limitrophes, la qualité spéciale des minerais, qui ne produisaient que du fer tendre, l'épuisement des forêts, des mesures douanières malencontreuses, vinrent porter les premières atteintes à la prospérité de cette branche importante de l'industrie du pays : les neuf fourneaux et les treize forges du canton s'éteignirent peu à peu. Enfin le dernier coup fut porté à l'industrie du pays de Chimay par l'emploi de la houille, pour la fusion du minerai et la fabrication du fer. Les industriels cherchèrent le voisinage des houillères et la forgerie au bois cessa d'exister.

« Le pays de Chimay tomba, dès lors, dans un état d'atonie complète. Sans industrie, n'ayant qu'une agriculture restreinte, parsemé de grands bois qui en fermaient l'accès, sans routes praticables, il ne se mêla plus au mouvement industriel de ses voisins et il ne fut visité qu'à de rares intervalles par ceux que leurs intérêts amenaient forcément dans la contrée[1] ».

Mais, vers 1850, les besoins alimentaires d'une population industrielle grandissante nécessitent, en Belgique, une extension considérable du domaine cultivé. De vastes entreprises de défrichement s'organisent. Le prince de Chimay aliène, successivement, des fractions considérables de son patrimoine foncier.

Une société liégeoise acheta, notamment, près de 3.000 hectares de bois, y mit la cognée et, en fort peu de temps, déboisa cette vaste étendue. Puis, lorsque les scieries mécaniques eurent fait leur œuvre, le rôle de l'agriculture commença. La société créa quinze fermes et ouvrit plus de 20.000 mètres de route pour faciliter les travaux agricoles. D'autres propriétaires suivirent cet exemple et, parmi eux, les Trappistes de Forges, à qui le prince avait fait donation d'une centaine d'hectares et qui en possèdent, aujourd'hui, plus de 200. Bref, en 1866, près de 4.000 hectares avaient été aliénés et transformés en terres arables.

La plupart de ces entreprises d'ailleurs aboutirent à des mécomptes et à des ruines. Les défrichements, sauf quelques exceptions, n'ont produit que de médiocres terrains de culture. « Ces terrains, — dit M. Parisel[2], riches de l'humus que la présence des bois avait accumulé dans le sein de la terre, ont produit quelques bonnes récoltes successives; mais, bientôt ramenés en quelque sorte à l'état vierge, ils ont refusé de produire,

1. Hagemans, *Histoire du pays de Chimay*.
2. *Bulletin de la Société centrale forestière*, 1894.

si ce n'est à grands renforts d'engrais, qui mettent la culture en perte.

« Nombreux sont, en Belgique, les propriétaires désabusés par cette triste expérience et qui savent ce qu'il en coûte pour améliorer les terres ingrates.

« Débutant en agriculture avec plus de bonne volonté que de connaissances culturales et ignorant que, parmi les terrains boisés, il en est fort peu qui soient susceptibles de donner des terres arables, ils ont acheté des bois et les ont défrichés dans le but de créer des exploitations agricoles. L'expérience leur a bientôt appris que ces exploitations créées dans de mauvais sols, à force de travail et d'argent, n'étaient pas lucratives, et ils ont dû reconnaître que ces terrains défrichés devaient avoir le bois pour base de culture. Mais, découragés par leur insuccès, beaucoup d'entre eux n'ont pas cherché à les restaurer par un boisement rationnel, et c'est avec une véritable tristesse que nous voyons aujourd'hui, sur bien des points, de beaux bois disparus, remplacés par la bruyère et la stérilité. »

En résumé, le développement de l'agglomération industrielle, qui occupe aujourd'hui plus du tiers de la province de Hainaut, a produit, au point de vue de la répartition du sol, les conséquences suivantes :

1° Dans les bassins houillers, la densité croissante de la population, le développement prodigieux de l'industrie et, par conséquent, la hausse de la valeur des terres, ont entraîné le morcellement de la propriété foncière ;

2° Dans les régions agricoles qui touchent aux principales villes, les capitalistes enrichis par l'industrie ont acheté des terres et augmenté le nombre des grandes propriétés. D'autre part, les domaines princiers, les châteaux historiques des anciennes familles sont, presque tous, restés entre les mains de celles-ci ;

3° Dans les districts forestiers du sud de la province, le développement de l'industrie, en augmentant la demande de produits agricoles, a eu pour effet de substituer aux pâturages extensifs, aux *latifundia* boisés de l'ancien régime, des exploitations agricoles de moindre étendue. La propriété féodale s'est morcelée. Les communaux tendent à disparaître ou, tout au moins, à se restreindre.

Bref, à mesure que l'on s'éloigne de l'agglomération industrielle, la concentration de la propriété foncière fait place à la division des grandes propriétés; l'action des partages successoraux l'emporte sur celle de l'accumulation capitaliste.

2ᵉ Section. — LIÈGE

La Meuse et ses deux principaux affluents dans la province de Liège, l'Ourthe et la Vesdre, séparent quatre régions agricoles nettement distinctes : la Hesbaye, l'Ardenne, le Condroz et le pays de Herve.

La Hesbaye, avec ses vastes champs de blé, de betteraves, de trèfles et de pommes de terre, occupe toute la rive gauche de la Meuse ; elle fait partie de la région

LIÈGE

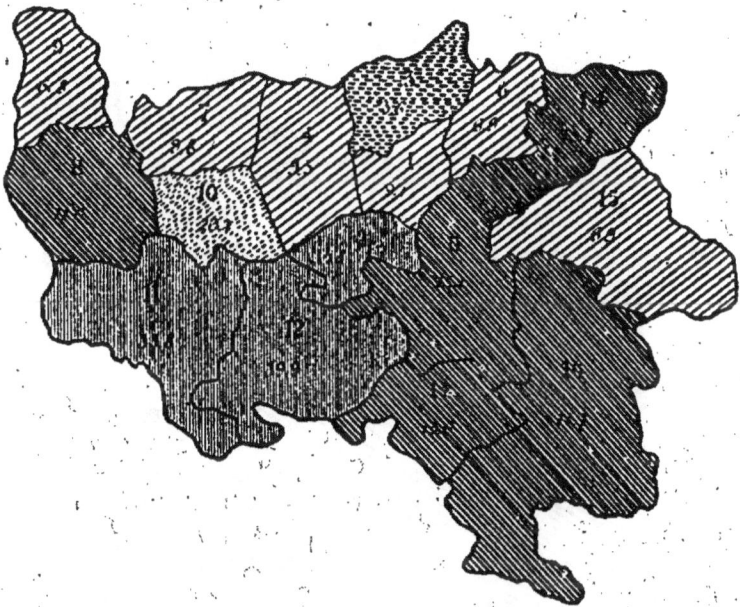

I. — Carte indiquant par district agricole l'étendue relative occupée par les cotes de 100 hectares et plus en 1834.

Districts

1. Liège.
2. Seraing.
3. Fexhe-les-Slins.
4. Hollogne-aux-Pierres.
5. Fléron, Louveigné.
6. Daelhem.
7. Waremme.
8. Avennes.

9. Landen.
10. Jehay, Bodegnée.
11. Héron, Huny.
12. Nandrin.
13. Ferrières.
14. Aubel, Herve.
15. Verviers, Dison, Limbourg.
16. Spa, Stavelot.

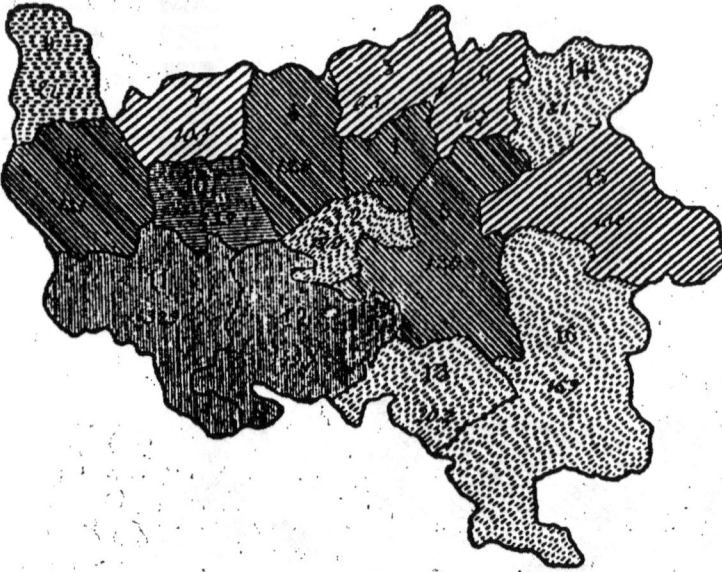

II. — Carte indiquant par district agricole l'étendue relative
des cotes foncières de 100 hectares et plus en 1898.

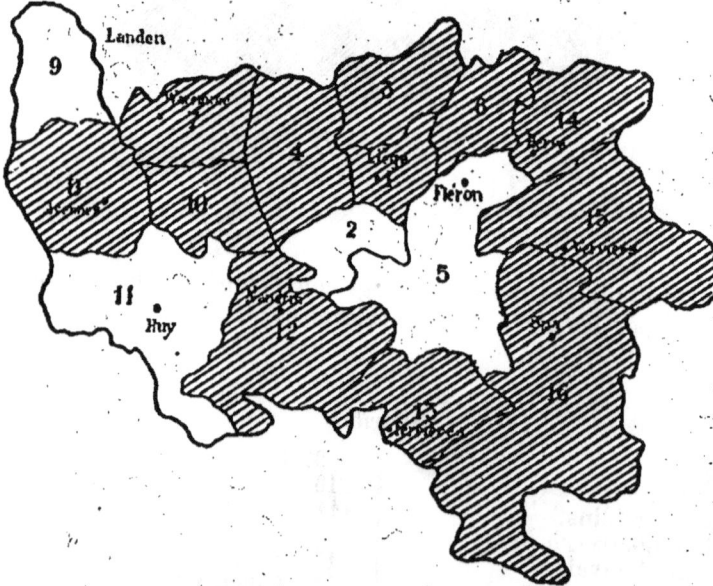

III. — Carte indiquant par district agricole la progression et la régression
des cotes de 100 hectares et plus de 1834 à 1898.

limoneuse, que nous avons déjà rencontrée dans le Limbourg, le Brabant, le Hainaut et les Flandres.

L'Ardenne, pays du seigle et de l'avoine, des forêts et des hautes fagnes, s'étend au sud-ouest, depuis l'Ourthe et la Vesdre jusqu'à la frontière prussienne et se prolonge dans presque toute la province du Luxembourg.

Le Condroz, aux fermes massives et aux châteaux nombreux, forme la transition entre les deux régions précédentes : « L'Ardenne est au Condroz comme le Condroz est à la Hesbaye[1] ». Cette région comprend les plateaux situés entre la Meuse et l'Ourthe; elle se continue, avec des caractères plus tranchés, dans la province de Namur.

Enfin le pays de Herve couvre de ses pâtures, d'herbe fine et drue, divisées en une multitude de petits clos, tout le nord-est de la province.

Au point de jonction de ces quatre zones, dans le magnifique bassin que forme le confluent des trois rivières, s'étale la ville de Liège, entourée de sa grande agglomération industrielle, dont les ramifications remontent la vallée de la Vesdre jusqu'à Verviers, la vallée de la Meuse jusqu'à Namur.

L'importance de cette agglomération a considérablement augmenté depuis un siècle.

En 1811, à l'époque où Thomassin décrivait, en un précieux mémoire, l'agriculture et l'industrie du département de l'Ourthe, Liège n'avait pas 50.000 habi-

---

1. Thomassin, *Mémoire statistique sur le département de l'Ourthe.* Liège, 1879, p. 4.

tants ; les houillères de la province n'employaient
que 7.000 ouvriers. Elles en occupent, aujourd'hui,
quatre fois plus (28.017 en 1890) ; les autres industries
ont pris le même essor ; les villages qui se trouvaient
autour du chef-lieu se sont rejoints et ne forment plus
avec lui qu'une seule ville.

On jugera des progrès de leur population par le
tableau suivant :

COMMUNES	1811	1896
Liège..	48.520	165.404
Angleur.....................................	944	7.658
Chênée......................................	1.319	8.198
Grivegnée...................................	2.176	10.358
Herstal.....................................	5.304	16.668
Jemeppe....................................	1.750	9.632
Ougrée......................................	1.053	11.670
Saint-Nicolas...............................	1.149	7.632
Seraing.....................................	1.955	36.873
Tilleur.....................................	518	6.570
TOTAUX..............	64.688	280.673

Ainsi donc, en tenant compte seulement des plus
importantes communes, la population de Liège et de
sa banlieue a plus que quadruplé depuis la révolution
industrielle. D'autre part, la population totale de la
province, qui était de 375.030 habitants en 1831, s'est
élevée à 817.473 habitants en 1896, soit une augmentation de 111,98 0/0.

Ce développement considérable des agglomérations
urbaines a exercé sur la répartition de la propriété la
même influence que dans les provinces d'Anvers et de
Brabant,

I. — La répartition de la propriété

L'étendue cadastrale de la province de Liège est de
289.486 hectares.

En 1834, les cotes foncières de 100 hectares et plus,
au nombre de 309, avaient une contenance globale de
88.356 hectares, soit 30,5 0/0 de l'étendue cadastrale.
En 1898, elles sont au nombre de 311, avec une contenance de 74.192 hectares, soit 25,6 0/0 de l'étendue
cadastrale ; mais cette réduction ne porte que sur les
propriétés publiques, et spécialement sur les communaux incultes de l'Ardenne. Les grandes propriétés
appartenant à des particuliers, au contraire, occupent
une étendue plus considérable qu'à l'époque de la confection du cadastre.

Il y avait, en 1834, au nom de l'État des communes
et d'autres personnes publiques, 58 cotes foncières de
100 hectares et plus :

11 cotes de plus de 1.000 hectares..				22.188 h. 93 a. 74
13	—	500 à	1.000	— ..	9.437 h. 91 a. 91
18	—	200 à	500	— ..	5.646 h. 66 a. 51
16	—	100 à	200	— ..	2.639 h. 70 a. 83
58 cotes de plus de		100 hectares..			39.905 h. 22 a. 99

La plus importante de ces cotes, celle de Membach (6.660 h. 82 ares), se rapportait à l'Hertogenwald
(12.000 hectares de forêt, dont la moitié sur le territoire prussien); nous ne retrouvons plus cette cote,
non imposable, au cadastre de 1898, bien que l'Herto-

genwald (5.413 hectares sous Membach) continue à faire partie du domaine de l'État. La réduction du domaine public n'est donc pas aussi considérable qu'on pourrait le croire, en se tenant strictement aux données du cadastre. Celui-ci ne mentionne plus, en effet, pour 1898, que 37 cotes foncières de 100 hectares et plus, se rapportant à des propriétés publiques :

5 cotes de plus de 1.000 hectares..				7.539 h. 34 a. 18
8	—	500 à	1.000	—	..	5.068 h. 45 a. 06
16	—	200 à	500	—	..	4.813 h. 58 a. 74
8	—	100 à	200	—	..	1.168 h. 36 a. 36
37 cotes de plus de		100 hectares..			18.589 h. 74 a. 34

Presque toutes ces cotes foncières représentent des communaux du Condroz et de l'Ardenne.

Pendant que le domaine public se réduisait, et, en partie, parce qu'il se réduisait, les cotes foncières de 100 hectares et plus, se rapportant à des particuliers, gagnaient en nombre et en contenance.

En 1834, il y avait, dans la province de Liège, 251 cotes foncières de 100 hectares et plus :

1 cote de plus de 1.000 hectares.				1.218 h. 95 a. 23
4	—	500 à	1.000	—	.	2.630 h. 61 a. 09
76	—	200 à	500	—	.	22.268 h. 65 a. 11
170	—	100 à	200	—	.	22.333 h. 17 a. 08
251 cotes de plus de		100 hectares.			48.451 h. 38 a. 51

Soit donc 16,7 0/0 de l'étendue cadastrale.

La cote de 1.218 hectares se rapportait au château de Vierset, résidence du comte de Mercy-Argenteau.

Ce vaste domaine fut morcelé il y a quelque vingt ans, et, si l'on fait abstraction des communaux, il ne reste plus, dans la province de Liège, une seule cote foncière de 1.000 hectares.

Les 274 cotes de 100 hectares et plus, qui se rapportaient en 1898 à des propriétés particulières, se décomposent comme suit :

10 cotes de plus de 1.000 hectares.		5.915 h. 82 a. 07
82 — 200 à 500 —	.	23.966 h. 74 a. 78
182 — 100 à 200 —	.	25.719 h. 89 a. 60
274 cotes de plus à 100 hectares.		46.602 h. 46 a. 45

Soit 19,2 0/0 de l'étendue cadastrale.

Au point de vue de la valeur vénale, les plus, importantes de ces cotes, celles qui représentent un revenu cadastral supérieur à 25.000 francs, sont les suivantes :

COMMUNES	PROPRIÉTAIRES	RÉSIDENCES	HECTARES	REVENU CADASTRAL
Avin	Moncheur.............	Andenne...	234	28.637
Ben-Ahin........	De Soer de Wittert......	Ben-Ahin..	459	29.485
Ambressin.......	--	Verviers ...	209	29.842
Horion-Hozémont.	De Blanchart..........	Horion-Hozémont...	547	57.187
—	—	—	191	26.046
Jehay-Bodegnée..	Van den Steen de Jehay.	Gand.......	290	25.363
Landenne.......	D'Aspremont-Lynden ...	Barvaux....	480	30.187
Neuville-en-Condroz..........	De Tornaco..........	Clavier.....	854	53.570
Pailhe..........	De Liedekerke..........	Pailhe......	415	26.857
Remersdael......	De Fürstenberg.........	Remersdael.	555	42.464
Saint-Georges....	D'Oultremont..........	Warfuzée...	581	50.968
Vaux-et-Borset...	Grandgagnage..........	Vaux.......	270	32.502
Vierset-Barse....	D'Overschie.	Vierzet.....	778	42.011
Vinalmont.......	Claes.............	Vinalmont..	347	40.161
Waremme.......	De Sélys-Lonchamps....	Waremme..	349	47.941
Warnant	A. d'Oultremont.	Warnant...	419	36.661

On voit que les propriétés appartenant à des nobles sont largement représentées sur cette liste : il y en a onze sur quinze.

En 1834, sur 261 cotes se rapportant à des propriétés particulières, il y en avait 104 appartenant à des gens titrés (41,4 0/0), 141 à des bourgeois (50,9 0/0), plus 10 cas douteux et 9 cotes au nom de sociétés (Société Générale, Syndicat d'amortissement, sociétés d'habitants).

En 1898, nous retrouvons à peu près les mêmes proportions : 122 cotes se rapportant à des nobles (44,5 0/0), 141 à des bourgeois (51,4 0/0), plus 11 cas douteux. Il convient de remarquer, au surplus, que, parmi les gens titrés ou à particule, il existe pas mal d'anoblis de fraîche date, qui n'ont rien de commun avec la vieille aristocratie de la province.

Cette dernière n'a plus qu'un petit nombre de représentants — les d'Oultremont, les Mercy d'Argenteau, les Fürstenberg, par exemple — et, malgré l'apparence contraire, l'on ne peut douter que ce soit, surtout, à l'accumulation des fortunes de banque et d'industrie qu'il faille attribuer l'augmentation du nombre et de la contenance des grandes cotes foncières depuis 1834 [1].

Le tableau suivant établit que cette augmentation

---

1. Les unes ont redoré d'anciens blasons ; d'autres, aux environs de Huy, par exemple, ont servi à acheter des propriétés anciennes ; d'autres, encore, à en constituer de nouvelles.

se manifeste dans presque tous les districts agricoles :

COTES FONCIÈRES DE 100 HECTARES ET PLUS SE RAPPORTANT
A DES PROPRIÉTÉS PARTICULIÈRES

DISTRICTS AGRICOLES		ÉTENDUE CADASTRALE	CONTENANCE DES COTES de 100 hectares et plus		PROPORTION 0/0 DE L'ÉTENDUE cadastrale	
			1834	1898	1834	1898
12e Nandrin.................	+	28.229	11.266	14.034	39,9	49,7
11e Héron-Huy.............	—	27.940	9.346	9.180	33,8	32,9
10e Jehay-Bodegnée........	+	10.673	2.141	2.544	20,1	23,9
13e Ferrières	+	9.004	1.351	1.820	15,0	20,2
2e Seraing	—	7.915	2.750	1.574	34,8	19,9
14e Aubel-Hervé	+	19.278	3.024	3.581	15,7	18,1
16e Spa-Stavelot	+	55.578	6.499	9.376	11,7	16,9
1er Liège.................	+	7.747	687	1.129	9,1	14,1
8e Avennes...............	+	15.557	1.717	2.037	11,0	13,9
4e Hollogne-aux-Pierres.....	+	14.563	1.375	1.877	9,5	12,0
5e Fléron-Louveigné	—	25.988	3.395	3.130	13,1	12,7
6e Dalhem...............	+	8.524	589	915	6,9	10,7
7e Waremme.............	+	11.682	1.142	1.243	9,8	10,2
15e Verviers-Limbourg-Dison .	+	24.872	1.709	2.544	6,9	10,2
3e Fexhe-les-Slins..........	+	12.056	671	760	5,6	6,1
9e Landen.................	—	10.080	686	214	6,8	2,9
La province......		289.186	48.660	55.758	16,7	19,2

Les seuls districts où la grande propriété soit en décroissance sont le canton flamand de Landen, à l'extrémité nord-ouest de la province, et les districts de Huy, Louveigné et Seraing, où le développement de l'agglomération industrielle a eu pour conséquence le morcellement d'un certain nombre de grosses cotes.

En revanche, tout autour de la zone industrielle, il y a concentration foncière, bien que la répartition des propriétés et des cultures présente des différences considérables, de région à région.

1. — *L'Ardenne*

Dans la région ardennaise, qui comprend tout le
16ᵉ district — Spa, Stavelot — et une notable fraction
des 5ᵉ, 13ᵉ et 15ᵉ districts, les bois et les fagnes (tourbières marécageuses) occupent la plus grande partie du
domaine agricole (30.383 hectares sur 48.833 dans
le 16ᵉ district, soit 60,2 0/0); le seigle et l'avoine sont
les céréales dominantes; les prairies, fauchées et
pâturées, se développent; en y comprenant les vergers,
elles occupaient, en 1895, dans les cantons de Spa et
de Stavelot, 12.200 hectares, soit 24,9 0/0. Restait donc
14,9 0/0 pour les cultures autres que les bois et les
pâturages.

C'est en Ardenne et, surtout, dans les hautes fagnes
qui s'élèvent vers la Baraque Michel (674 mètres d'altitude), que se trouvent la plupart des grosses cotes se
rapportant à des propriétés publiques, et notamment
à l'Hertogenwald et aux biens communaux de Jalhay
(1.270 hectares), La Reid (1.302 hectares), Sart
(1.778 hectares), Spa (1.914 hectares), etc.

Quant aux propriétés particulières de plus de 100 hectares, il en est fort peu dont le revenu cadastral
dépasse 10 francs à l'hectare. Ce sont, en général, des
bois, de mauvaises pâtures ou des bruyères marécageuses.

Tandis que, dans la plupart des autres districts, les
grandes exploitations (50 hectares et au dessus) sont
devenues plus nombreuses depuis 1880, c'est le phéno-

mène contraire qui s'est produit en Ardenne. On en jugera par le tableau suivant, qui se rapporte au 16ᵉ district de Spa-Stavelot :

RÉPARTITION DU NOMBRE DES EXPLOITATIONS D'APRÈS LEUR ÉTENDUE

	50 hectares et au dessous		De 51 ares à 3 hectares		De 3 à 10 hectares		De 10 à 50 hectares		De 50 hectares et au dessus	
	1880	1895	1880	1895	188?	1895	1880	1895	1880	1895
Faire valoir direct.	522	328	778	430	628	696	257	251	11	5
Location.........	395	558	308	328	192	262	67	102	6	5
TOTAUX...	917	886	1.086	758	820	958	324	353	17	10

Ainsi donc, il y a diminution du nombre des exploitations au-dessus de 50 hectares et des exploitations au-dessous de 3 hectares. Par contre, les exploitations de 3 à 10 et de 10 à 50 hectares sont en progrès. C'est vraisemblablement l'exode vers les centres industriels qui diminue le nombre des parcelles ouvrières [1] ; d'autre part, la grande culture intensive, avec des capitaux insuffisants, fait place à des exploitations plus petites, mais plus abondamment pourvues de capitaux.

Bref, la grande culture se morcelle au profit d'une culture plus intensive ; mais, par contre, la grande propriété s'est accrue aux dépens des terres communales.

---

1. M. de Bruyn, ministre de l'Agriculture, dans un discours récent (25 mai 1899), explique autrement la réduction du nombre des petites exploitations, qui semble ressortir de la comparaison des recensements de 1880 et de 1895 ; d'après lui, « le nombre des exploitations agricoles relevées en 1880 est notablement exagéré par le fait qu'on a considéré, à cette époque, comme exploitations distinctes, les étendues consignées dans les bulletins supplémentaires (!!!). »

Nous avons vu, en effet, que dans le district de Spa-Stavelot les cotes foncières de 100 hectares et plus, se rapportant à des particuliers, occupaient en 1834 11,7 0/0 de l'étendue cadastrale; elles occupent aujourd'hui 16,9 0/0 de la même étendue.

2. — *La Hesbaye*

La Hesbaye, qui comprend les districts 2, 3, 4, 7, 8, 9 et 10, présente des caractères diamétralement opposés à ceux de l'Ardenne.

C'est la région la plus fertile de la province, le pays du froment, de la betterave et des sucreries. Les bois et les terres incultes n'occupent qu'une très faible partie du territoire. Les communaux sont réduits à d'insignifiantes survivances. Les cotes foncières de plus de 100 hectares sont nombreuses, sauf du côté de Landen et de Fexhe-Slins.

Dans l'arrondissement de Waremme, — l'arrondissement hesbignon par excellence, — l'étendue totale exploitée en faire valoir direct est inférieure à la proportion des autres arrondissements; mais, si l'on tient compte seulement des cultures ordinaires, c'est le contraire qui est vrai.

Au surplus, la situation de ces propriétés paysannes est rien moins que brillante : « Ceux qui cultivent eux-mêmes leurs terres, — dit M. J.-W. dans une remarquable monographie du canton de Waremme[1], —

1. *Enquête agricole*, publiée sous les auspices du Parti Ouvrier Belge, par Vandervelde et Zéz, pp. 1 et suiv., Bruxelles, 35, rue des Sables, 1897.

s'ils n'ont pas au moins 15 ou 20 hectares, sont de misérables obstinés, lutteurs indomptables, soudés à la terre, qu'ils adorent plus que tout. Il y en a quatre ou cinq dans chaque commune. Certaines localités, Bergilers, Grandville, Berloz, Grand-Axhe, Oreye, sont très divisées; les parcelles sont très petites... L'hypothèque fleurit, comme partout. Il y a assez bien de petits usuriers, qui prêtent à 4,4 1/2, parfois 5. C'est le petit propriétaire qui emprunte surtout. Les prêts sont, en effet, de 1.200, 1.500, 2.000 francs seulement; rarement plus. »

Au point de vue de la culture, les rendements de ces petites exploitations ne sont pas aussi beaux, en moyenne, que ceux des grosses fermes : « Les machines ne sont pas très employées; le petit cultivateur emprunte, parfois, pour quelques jours, les machines de quelque gros fermier. Mais, en général, les plus petits, ceux qui sont vraiment soudés à leurs instruments de travail, les vrais *homesteaders*, sont des miséreux. Ils ont, à eux, quelques hectares, un ou deux milliers de francs en bétail et un matériel détestable. Leur vie est une vie de privations, de labeur incessant. La terre les a pris tout entiers et en fait des esclaves. Ils sont exploités par tous : le marchand de graines, d'engrais, de bétail, le fisc. Et combien parmi eux sont sous la coupe des usuriers.

« Les autres, ceux qui exploitent une plus grande culture, 20 ou 30 hectares, par exemple, en faire valoir direct, sont de petits capitalistes, employant des salariés. Parmi eux on en voit peu qui profitent de ce que leur bien rapporte ; ils ne vivent pas bien ; ils amassent.

« Quant aux grands fermiers, propriétaires ou locataires, ce sont, pour la plupart, des capitalistes, à l'affût de découvertes scientifiques qui réduisent la main-d'œuvre et augmentent la productivité[1] ; ils ont un banquier et il en est parmi eux qui fréquentent assidûment les foires et les marchés... »

Cette supériorité de la grande culture a eu pour résultat, dans ces dernières années, d'augmenter le nombre des grosses fermes et de diminuer celui des petites exploitations.

On en jugera par le tableau suivant, relatif au canton de Waremme :

RÉPARTITION DU NOMBRE DES EXPLOITATIONS AGRICOLES
D'APRÈS LEUR ÉTENDUE

	50 ares et au dessous		De 51 ares à 3 hectares		De 3 à 10 hectares		De 10 à 50 hectares		De 50 h. et au dessus	
	1880	1895	1880	1895	1880	1895	1880	1895	1880	1895
Faire valoir direct....	933	589	510	242	132	75	61	40	9	13
Location.............	1.195	1.436	1.010	551	340	258	132	167	20	37
TOTAUX.........	2.128	2.025	1.520	793	472	333	193	207	29	50

1. Il est à remarquer, cependant, que les progrès du machinisme ne se traduisent pas toujours par une réduction de la main-d'œuvre. S'il en est ainsi pour les machines à battre, le contraire est vrai pour la plupart des machines usitées et répandues dans les derniers temps. Leur but est de réaliser un travail, non pas plus rapide, mais plus parfait. C'est le cas, par exemple, pour le semoir à grains, le trieur à semences, les instruments qui servent à arroser les pommes

On voit que, dans la région hesbignonne, les progrès de l'agriculture produisent, au point de vue de l'étendue et du nombre des exploitations, des résultats très différents de ceux que nous avons constatés en Ardenne.

Là-bas, la grande culture *extensive* fait place à des exploitations plus petites ; ici, la grande culture *intensive* l'emporte sur les petites exploitations.

Dans l'un et l'autre cas, au surplus, la grande propriété a gagné du terrain.

Il suffit d'additionner les chiffres de notre tableau d'ensemble, pour constater que, dans les districts hesbayens (3, 4, 7, 8, 9, 10), les cotes foncières de 100 hectares et plus se rapportant à des propriétés particulières occupaient, en 1834, 7.732 hectares, soit 10,4 0/0 de l'étendue cadastrale ; en 1898, leur contenance globale s'était élevée 8.675 hectares, soit 11,6 0/0 de l'étendue cadastrale ; et comme dans cette région les propriétés publiques et les terres incultes sont quantité négligeable, il en résulte que cette concentration foncière a dû s'effectuer aux dépens de la petite ou de la moyenne propriété.

3. — *Le Condroz*

La partie du Condroz qui s'étend dans la province de Liège comprend le 11°, le 12° et une partie des 5° et 13° districts.

de terre, à l'aide de la solution cuprique, les charrues dites « Brabant » qui tentent plutôt à effectuer un labour plus profond qu'un labour plus rapide.

Dans ces derniers cas, il n'y a pas diminution *absolue* du capital variable, mais seulement diminution relative par rapport au capital constant.

Cette région, plus fertile que l'Ardenne, moins fertile que la Hesbaye, se compose d'une série de plateaux dont l'altitude varie entre 180 et 300 mètres, et qui sont séparés, les uns des autres, par des vallées encaissées.

Au fond de chacun de ces plis de terrain coule un ruisseau bordé de prairies. La vue s'étend sur des champs garnis de moissons en été, mais complètement dépouillés en automne. Les fermes, pareilles à des forteresses, et les châteaux, extrêmement nombreux, sont ordinairement cachés dans les fonds, où ils trouvent de l'eau et une protection contre les vents glacés qui tombent de l'Eiffel et de la haute Ardenne.

Le climat est froid, les gelées nocturnes fréquentes jusqu'à une époque avancée du printemps. Les procédés de culture sont plus arriérés que dans la région hesbignonne, les grandes propriétés plus nombreuses, les communaux mieux conservés.

La description du Condroz, par É. de Laveleye, dans son *Économie rurale de la Belgique*, reste, à peu de chose près, applicable au haut Condroz, à la région, presque entièrement agricole, qui s'étend entre Ciney et Durbuy ; mais, à mesure que l'on se rapproche de la Meuse, du pays des carrières et des fabriques, l'économie rurale subit des modifications profondes : les jachères ont disparu ; le froment s'est, à peu près entièrement, substitué à l'épeautre, qui était jadis la céréale dominante. La betterave sucrière, encore inconnue dans le haut Condroz, occupe, depuis cinq ou six ans, un certain nombre d'hectares. Les fermiers qui se livrent à cette culture emploient des ouvriers flamands du pays d'Alost ou du sud de la province d'Anvers.

Dans le 11ᵉ district (Huy, Héron), l'étendue exploitée se divise comme suit :

	ÉTENDUE TOTALE	BOIS		CÉRÉALES		BETTERAVES		PRAIRIES ET VERGERS		DIVERS	
1880	25.361	5.140	20.2	10.368	40.9	269	1.1	1.975	7.8	7.609	30.0
1895	24.916	5.631	22.2	8.949	35.9	797	3.2	2.593	10.4	7.016	28.3

Cette transformation d'une partie des terres à blé en bois et en pâturages a eu pour conséquence de faire disparaître un assez grand nombre de petites exploitations; voici les chiffres que nous fournissent, à cet égard, les recensements de 1880 et de 1895, pour le 11ᵉ et 12ᵉ districts :

RÉPARTITION DU NOMBRE DES EXPLOITATIONS D'APRÈS LEUR ÉTENDUE

	50 ares et au dessous		De 51 ares à 3 hectares		De 3 à 10 hectares		De 10 à 50 hectares		De 50 hect. et au dessus	
	1880	1895	1880	1895	1880	1895	1880	1895	1830	1895
Faire valoir direct	2.773	2.651	1.788	1.593	335	333	154	156	15	26
Location.........	5.293	5.577	2.693	2.632	471	419	270	252	198	191
TOTAUX.......	8.066	8.228	4.481	4.225	806	752	424	408	213	217

Ainsi donc, les cultures parcellaires et les grandes

fermes ont, seules, gagné du terrain. Depuis la crise, beaucoup de grands propriétaires ont pris le parti d'exploiter eux-mêmes : d'où les progrès du faire valoir direct pour les exploitations de plus de 50 hectares. D'autre part, les petites exploitations sont en décroissance, et les fermiers que nous avons eu l'occasion d'interroger attribuent cette décroissance à leur infériorité technique. Voici ce que nous disait, à cet égard, M. L...., d'Anthisnes, l'un des meilleurs, sinon le meilleur fermier de la région :

« La petite culture est la perte d'un pays : elle dégrade les parents et encore plus les enfants.

« Ici, comme dans tout le Condroz, les petits propriétaires, cultivant en faire valoir direct une dizaine d'hectares, se trouvent dans une situation de plus en plus pénible. Ils ont un cheval, quatre ou cinq bêtes à cornes et deux ou trois cochons ; ils travaillent avec leur femme et leurs enfants, sauf à recourir, s'il le faut, aux services gratuits d'un ouvrier, dont ils préparent les terres. Dans ces conditions, ils ont à suffisance le pain et le beurre, qu'ils produisent, mais quand il s'agit de trouver 5 francs, de payer leurs contributions, toujours plus fortes, il n'y a rien dans la bourse. La seule voie de salut pour ces cultivateurs, c'est la coopération, l'achat en commun des engrais, des machines, la réunion de leurs attelages, etc. S'ils s'obstinent à rester isolés, leur disparition est certaine : sur dix cultivateurs de ce genre, existant à Anthisnes, six ont déjà fait la culbute ; les autres branlent dans le manche. Ces gens-là mangent, vivent, s'habillent beaucoup moins bien, avec leurs 10 hectares, que ceux qui n'en cultivent que 2 ou 3. Ces derniers, en effet, qui ne veulent pas se mêler d'avoir un cheval, et qui cultivent avec leurs vaches, se trouvent dans de bonnes conditions. Ils vendent du beurre, des œufs, quelques sacs d'avoine, l'excédent de leurs pommes de terre et mangent le reste. Quand, dans un village, il y a un petit morceau de terre à vendre, ce sont eux qui l'achètent, pour s'arrondir. »

D'autre part, nous avons vu que, depuis 1834, les cotes foncières de plus de 100 hectares se rapportant à des propriétés particulières ont vu s'accroître également leur contenance.

Elles occupaient, à cette époque, dans les 11e et 12e districts, une étendue globale de 20.612 hectares, soit 37,2 0/0 de l'étendue cadastrale. Aujourd'hui, — malgré le recul provoqué dans les environs immédiats de Huy, par le développement de l'agglomération industrielle, — les grandes cotes foncières occupent, dans les mêmes districts, 23.214 hectares, soit 41,3 0/0 de l'étendue cadastrale.

4. — *Le pays de Herve*

Le 6e et 14e districts, comprenant les cantons de Dalhem, Aubel et Herve, forment un plateau arrondi, qui, bordé au sud par la vallée de la Vesdre, descend en pente douce vers Aix-la-Chapelle et les frontières de l'Allemagne. Au centre de ce plateau, se trouve la petite ville qui a donné son nom à la région qui l'entoure : le pays de Herve.

Au point de vue de la constitution géologique, le pays de Herve se rattache au Condroz. Les versants sont couverts de bois. Sur le plateau, les difficultés de la culture ont amené la transformation de la plus grande partie du sol en vergers, où le bétail paît nuit et jour. « L'aspect du pays, dit E. de Laveleye[1], est d'une douceur sans pareille. On voit, de toutes parts, une suite ininterrompue de petits mamelons, complètement revêtus d'une herbe fine, égale, d'un vert admirable et d'une teinte parfaitement uniforme. »

Dans le canton de Herve, — que nous prendrons pour type, — sur une étendue exploitée de 5.490 hectares, on trouve 2.396 hectares de prairies pâturées, 1.724 hectares de prairies fauchées, 1.043 hectares de vergers, et, en tout, 5.225 hectares de fourrages, soit 95,1 0/0 du domaine agricole.

La plupart des exploitations sont, ou bien des parcelles ouvrières, inférieures à 50 ares, ou bien de petites fermes, de 5 à 10 hectares, qui n'emploient guère de salariés.

Néanmoins, dans l'intervalle des deux derniers recensements agricoles, les fermes de plus de 10 hectares se sont multipliées, aux dépens des exploitations inférieures à 10 hectares.

On en jugera par le tableau comparatif suivant, que

1. *L'Économie rurale de la Belgique :* « Le Condroz et l'Ardenne ».

nous avons dressé d'après les données des recensements de 1880 et de 1895 :

RÉPARTITION DU NOMBRE DES EXPLOITATIONS D'APRÈS LEUR ÉTENDUE

	De 50 ares et au dessous		De 50 ares à 3 hectares		De 3 à 10 hectares		De 10 à 20 hectares		De 20 à 30 hectares		De 30 à 40 hectares	
	1880	1895	1880	1895	1880	1895	1880	1895	1880	1895	1880	1895
Faire valoir direct......	490	444	127	74	129	103	11	24	1	0	0	0
Location	663	661	168	112	326	323	123	134	10	16	3	1
TOTAUX....	1.153	1.105	295	186	455	426	134	158	11	16	3	1

Dans cette région pastorale, les grosses cotes foncières sont rares; il n'en existe qu'une seule dans le canton de Herve. Quant à celles que l'on trouve dans les cantons d'Aubel et de Dalhem, elles se rapportent toutes, ou presque toutes, à des localités situées en dehors de la zone des herbes.

Néanmoins, ici comme dans les autres régions de la province, la propriété foncière tend à se concentrer.

En 1834, les cotes foncières de plus de 100 hectares représentant des propriétés particulières occupaient, dans les 6ᵉ et 14ᵉ districts, 3.613 hectares, soit 12.9 0/0 de l'étendue cadastrale; leur contenance globale s'élève, en 1898, à 4.496 hectares, soit 16.2 0/0 de l'étendue cadastrale.

II. — L'origine des grandes propriétés

L'histoire des grandes propriétés de la province de Liège ressemble à celle des autres provinces.

Il en est, comme le Rond Chêne, à Esneux, qui ont été constituées, au cours de ce siècle, avec les débris d'anciens domaines, ou, — dans la région des hautes fagnes, — aux dépens des biens communaux.

D'autres, peu nombreux du reste, — les domaines d'Argenteau ou de Remersdael, par exemple, — appartiennent encore à la famille des anciens seigneurs. Quelques-uns, demeurés intacts, ont passé dans les mains d'industriels enrichis.

Ce fut le cas, notamment, pour le célèbre château de Modave.

Construit au xviie siècle, sur l'emplacement d'un château plus ancien, cédé au prince-évêque de Liège, par Ferdinand de Marchin, Modave passa successivement au cardinal de Furstemberg, à son neveu, le prince de Lamarche, et à son créancier Arnold de Ville. La fille de ce dernier épousa, à la fin du xviie siècle, le duc de Montmorency. Dès le début de la révolution, Anne-Léon de Montmorency s'y réfugia et y accueillit un grand nombre d'émigrés. « Un jour, la traque révolutionnaire chassa à Modave le comte d'Artois, frère du roi. Il y eut des chasses, des dîners, des réceptions fastueuses. On attendait le roi lui-même; et tout à coup le bruit de l'arrestation de Varennes tomba à travers le bruit des fêtes. Comme un coup de vent, la nouvelle dispersa cette petite cour, qui, le roi présent, fût devenue la vraie cour. Toutes les ailes se tendirent, on s'envola vers Coblentz, et Modave fut vendu comme bien d'émigré. Mais un receveur de Montmorency l'ayant racheté, le restitua, par la suite, au fils aîné du duc Anne. Signe des temps, cette grande habitation illustrée par toute une lignée de princes, de cardinaux et d'évêques est tombée en roture : ce sont des bourgeois à présent qui meurent sous les lambris qui ont vu naître les ducs[1] ».

En 1817, les Montmorency vendirent Modave à M. G. Lamarche; il appartient aujourd'hui à M. Braconnier-Lamarche, ancien sénateur de Liège.

Outre les biens d'émigrés, relativement peu nombreux, on sait que le gouvernement français fit mettre en vente les biens du clergé belge dans les neuf départements réunis. Les conditions d'achat furent réglées par plusieurs lois, spécialement par celles des 16 frimaire an V et 9 vendémiaire an VI, stipulant que l'acquéreur devait payer un dixième du prix de son adjudication en numéraire. Le restant pouvait être acquitté soit avec des ordonnances des ministres délivrées pour fournitures faites à la République, soit en bordereaux de la liquidation de la Dette publique ou de la Dette des émigrés, bons de réquisition, bons de loterie, ordonnances ou bons de restitution des biens des condamnés politiques ou d'indemnités des pertes occasion-

---

1. Lemonnier, *la Belgique*, dans *le Tour du Monde*, 1885, p. 203. Paris, Hachette, 1885.

nées par la guerre, etc., etc. Il ne faut donc pas s'étonner que certaines propriétés « nationales » aient atteint un prix nominal fort élevé : elles furent payées en assignats, qui perdaient, en 1795, les neuf dixièmes de leur valeur et en papiers publics plus dépréciés encore. En 1796, les assignats étaient tombés au 334ᵉ de leur valeur ; il fallait 8.600 livres pour obtenir un louis d'or !

Nous devons aux patientes recherches du P. Clerx la « liste générale des églises et des couvents de la province actuelle de Liège et de quelques biens qui en dépendaient, vendus comme propriétés nationales du 1ᵉʳ ventôse an V (22 février 1797) au 1ᵉʳ juillet 1808[1] ».

Indépendamment des églises, des couvents et des monastères situés dans les villes, cette liste, — qu'il

---

1. Les principales fermes dépendant de ces corporations et qui furent vendues comme bien nationaux furent les suivantes :

I. — *Corporations d'hommes :*

1° Abbaye de Beaufays (canton de Louveigné); avec 50 bonniers 11 verges de terre (adjugée pour 2.755.000 francs).
2° Abbaye de Beaurepart, à Liège : trois fermes, dont une à Hamoir (53 b. 14 v.) et deux à Milmort : la ferme d'Archis (84 b. 33 v. ; 217.000 francs) et la petite cense d'Archis (60 b. 48 v. ; 111.000 francs).
3° Abbaye de Flône (canton de Jehay ; Huy): les fermes de la Karité, à Flône (55 1/2 b.) ; de Rusmont, à Amay (60 b.); de Hottine, à Hermalle (111 b. 72 v. ; 68.000 francs) et, enfin, une ferme de 138 bonniers 34 verges située dans la commune de Geer (canton de Waremme) et qui fut adjugée, de même que celle de Hottine, « au citoyen Paquò, ex-abbé de Flône ».
4° Abbaye de Neumoustier-lez-Huy; la ferme dite Petit-Bois, située à Clavier (88 b. 9 v. ; 40.100 francs).
5° Abbaye de Saint-Laurent, à Liège; le bien de Kikempois, à Angleur (33 b. 9 v. ; 40.100 francs).
6° Abbaye du Val-Saint-Laurent : onze fermes, parmi lesquelles, pour ne citer que les principales : la ferme du Château, à Plainevaux

serait fort désirable de posséder pour tout le pays — nous fournit des renseignements assez complets sur les biens ruraux appartenant aux corporations d'hommes et de femmes dans la province de Liège.

Nous renvoyons, pour le détail des biens non mis en vente, au travail original du P. Clerx.

Parmi les fermes ainsi vendues, et dont le plus grand nombre, du reste, avaient une contenance inférieure à 100 hectares, quelques-unes ont été morcelées.

(79 b. 23 v. ; 106.000 francs) ; la ferme dite Champ de Bure, à Ivoz (120 b. ; 210.000 francs); la Costerie, à Ehein (120 b.; 91.600 francs).

Il faut citer encore une ferme située à Sény et appartenant à l'abbaye de Saint-Trond (Limbourg) (55 b. 15 v. ; 38.000 francs).

II. — Corporations de femmes :

1° Abbaye de la Paix Dieu (Jehay-Bodegnée) : ferme de 68 bonniers (13 v. ; 124.000 francs).

3° Abbaye de Robermont-lez-Liège : cinq fermes, dont la principale située à Hermée (72 b. 45 v. ; 200.000 francs).

3° Abbaye de Saint-Victor (Huy) ; une ferme (20 b. 32 v. ; 27.000 francs).

4° Abbaye de Sinnich (Verviers : avec 37 bonniers 37 verges de dépendances ; (960.900 francs).

5° Abbaye du Val-Benoît (Liège) ; trois fermes dont la principale dite Thiernesse, à Angleur (90 b. ; 83.885 francs).

6 Abbaye du Val-Notre-Dame (Antheit): château et ferme de Thiliesse, à Aubée (120 b. ; 151.000 francs) ; ferme à Walefle (120 b. ; 242.000 francs).

7° Abbaye de Vivegnies-lez-Liège : ferme du couvent (97 b. 16. v. ; 270.000 francs).

Outre ces abbayes, situées dans la province de Liège, l'abbaye de Florelle (arrondissement de Namur) possédait une ferme à Warnant (100 b. 23 v. ; 95.600 francs).

Enfin l'Ordre de Malte et l'Ordre teutonique avaient également des biens assez considérables, et notamment les fermes suivantes :

1° Ordre teutonique : la commanderie de Fouron-Saint-Pierre et Fouron-Saint-Martin (canton d'Aubel), se composant d'un château et d'une ferme (44 b. 51 v. ; 31.807 francs).

2° Ordre de Malte : la commanderie de Villers-le-Temple (148 b. 14 v. ; 1.941.000 francs), la ferme du Temple, à Visé (101 b. 17 v. ; 243.000 francs) ; la ferme du Temple, à Longprez (52 b. 39 v. ; 147.000 francs).

D'autres se trouvent enclavées dans les grandes propriétés actuelles : c'est le cas, par exemple, pour la ferme de l'abbaye de Flône, à Geer, ou de l'abbaye de la Paix de Dieu, à Jehay-Bodegnée ; on en pourrait trouver bien d'autres encore ; mais il faudrait, pour cela, procéder à des recherches sur place, dont la fastidieuse longueur ne serait guère compensée par l'intérêt des résultats obtenus.

En résumé, dans la province de Liège comme dans le Hainaut, le développement de l'agglomération industrielle a eu pour effet de morceler les grandes cotes foncières, dans les environs *immédiats* des principaux centres de population, et spécialement dans les districts de Seraing et de Huy.

Par contre, l'accumulation des fortunes a eu pour résultat de multiplier et d'étendre les cotes foncières de plus de 100 hectares, dans tous les districts agricoles qui touchent à la région industrielle et subissent son influence.

Enfin, dans le district de Landen, à l'extrémité occidentale de la province, nous trouvons la même situation que dans les districts adjacents de Tirlemont et de Jodoigne (Brabant) : les grandes cotes foncières sont peu nombreuses et tendent à se morceler. Presque toute cette région, habitée par des populations flamandes, reste en dehors de la sphère d'influence des centres industriels ; la petite culture y est plus répandue ; les familles souches assez nombreuses ; les grosses fermes très éclaircies.

Depuis quelques années, cependant, cette situation tend à se modifier, dans les villages qui longent les lignes de Landen-Ramillies et de Landen-Huy. Les industriels des grands centres commencent à entamer le canton. Plusieurs d'entre eux, M. B... à Petit-Hallet et M. S... à Wansin, par exemple, y ont acquis des fermes, et la propriété foncière tend à se concentrer.

Bref, nous retrouvons ici les mêmes tendances que dans les autres provinces : concentration, quand l'influence des villes se fait suffisamment sentir ; morcellement, dans le cas contraire.

CHAPITRE

LE CONDROZ. — NAMUR

La province de Namur se divise en trois régions agricoles, que nous avons déjà rencontrées dans d'autres provinces. Au nord de la Meuse et de la Sambre, la *région limoneuse* : le Brabant wallon se prolonge dans le 5ᵉ district (Gembloux); la Hesbaye vient finir dans le 2ᵉ (Eghezée). A l'autre extrémité du territoire, dans les bassins de la Houille, de la Semois et du Viroin, la *région ardennaise*, qui occupe une partie des districts 9 et 15, ainsi que la totalité du 10ᵉ district (Gedinne). Enfin, des deux côtés de la Meuse, dans la partie moyenne de la province, la *région condrusienne* : le Condroz proprement dit sur la rive droite (districts 3, 4, 7, 8, 11); l'Entre-Sambre-et-Meuse sur la rive gauche (districts 6, 12, 13, 14).

Quant au 1ᵉʳ district (Namur), il pourrait, suivant l'expression de Léon Dommartin, mettre sur son enseigne : « A la réunion des territoires. » Le Condroz s'arrondit dans la courbe du fleuve. Le pays d'Entre-Sambre-et-Meuse se termine, au confluent des deux cours d'eau, par la pointe escarpée du Champeau, coiffée de la forteresse de Namur. Les plaines grasses

NAMUR

I. — Carte indiquant l'étendue relative occupée
par les cotes de 100 hectares et plus en 1834.

Districts

1 et 3. Namur.	9. Beauraing.
2. Eghezée.	10. Gedinne.
4. Andenne.	11. Ciney.
5. Gembloux.	12. Philippeville.
6. Fosses.	13. Walcourt.
7. Dinant.	14. Florennes.
8. Rochefort.	15. Couvin.

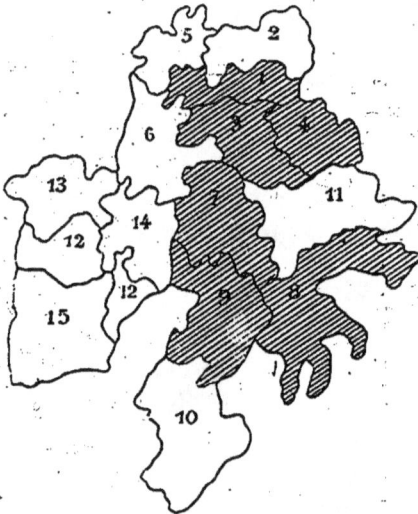

III. — Carte indiquant par district agricole la progression ou la régression des cotes foncières de 100 hectares et plus de 1834 à 1898.

II. — Carte indiquant par district agricole l'étendue relative occupée par les cotes de 100 hectares et plus en 1898.

du Brabant wallon s'abaissent en pentes douces et en collines, jusqu'aux rives de la Sambre. Celles de la Hesbaye tombent en falaises abruptes, dans la vallée de la Meuse.

Namur même n'a pas 35.000 habitants (32.203 au 31 décembre 1898). Les deux autres chefs-lieux d'arrondissement, Dinant et Philippeville en ont, respectivement, 7.690 et 3.000. Sauf dans la Basse-Sambre et le long de la Meuse, il n'y a guère d'industries importantes. Les plateaux du Condroz et de l'Ardenne sont des régions presque exclusivement agricoles et forestières, où l'influence des villes se réduit au minimum.

Nulle part peut-être, dans le reste de la Belgique, les traditions féodales ne se sont aussi bien conservées.

Ciney, par exemple, la « capitale » du Condroz, s'entoure d'une véritable ceinture de châteaux et les cotes foncières de plus de 100 hectares, se rapportant à des particuliers, occupent, dans ce district, plus de 40 0/0 de l'étendue cadastrale.

De l'autre côté de la Meuse, la partie agreste du canton de Fosses, couverte, il y a cinquante ans, par l'antique forêt de Marlagne, présente encore, à tous les points de vue, de multiples survivances de l'ancien régime. C'est le pays des *marches*, moitié pèlerinages, moitié mascarades militaires; le pays des *masuirs*, derniers débris des communautés d'habitants féodales[1].

« Les nids d'anciens hobereaux — dit Jean d'Ardenne — conservés dans des familles déchues ou passés à des rustres parvenus, s'y éparpillent, mi-fermes, mi-châteaux, où l'on trafique de la chasse et des fruits du

---

1. Etreta. *Les Masuirs.* Bruxelles, Weissenbruch, 1891.

domaine, où l'on vit en liardant, où le préjugé religieux, entretenu avec un soin jaloux, fournit à la caste sacerdotale l'appui dont elle a besoin.

« En outre, le pays, dans sa physionomie générale, garde le souvenir du temps où la sauvagerie des grands bois était son partage. Vous sentez que cette sauvagerie a été supprimée un peu brusquement par un effort de l'industrie humaine, qu'il a fallu autre chose que le travail gradué des siècles, l'action naturelle et ordinaire du progrès, pour substituer la plaine cultivée à l'antique Marlagne — *mar-lun*, l'*intricata sylva* — l'impénétrable forêt des vieux Lommaciens. »

Les défrichements à outrance, opérés par des spéculateurs sans scrupules, dans la Marlagne et dans d'autres parties de la province, ont eu, nécessairement, leur contre-coup sur la répartition de la propriété foncière.

Les cotes foncières de plus de 100 hectares, dans la province de Namur, restent nombreuses, plus nombreuses même que partout ailleurs en Belgique; mais, contrairement à ce que nous avons constaté dans les régions plus rapprochées des principales villes, les progrès de la grande propriété capitaliste ne compensent pas les pertes de la grande propriété féodale.

Par suite de partages successoraux, de pertes d'argent, d'extinction de famille, beaucoup de domaines ont été morcelés et les grosses cotes foncières occupent en 1898 une étendue moindre qu'à l'époque de la confection du cadastre[1].

---

1. Nous devons faire remarquer que les registres du cadastre dans la province de Namur ne sont pas tenus au courant des mutations

I. — La répartition de la propriété .

L'étendue cadastrale de la province de Namur est de 366.024 hectares.

En 1834, les cotes foncières de 100 hectares et plus occupaient 154.301 hectares, soit 42,1 0/0 de l'étendue cadastrale. Elles en occupent aujourd'hui 140.768 hectares, soit 38,5 0/0 de l'étendue cadastrale.

Cette réduction porte à la fois sur les propriétés publiques et privées.

En 1834, les cotes foncières de 100 hectares et plus se rapportant à des propriétés publiques occupaient 47.629 hectares, soit 13 0/0 de l'étendue cadastrale et se décomposaient comme suit :

8 cotes de plus de 1.000 hectares	.....	9.991 hectares.
22 —	500 à	1.000	—	.....	15.030 —
62 —	200	500	—	.....	14.424 —
56 —	100	200	—	.....	8.084 —
148 cotes de plus de	100 hectares	.....	47.629 hectares.

La plupart de ces cotes se rapportaient aux vastes communaux du Condroz et de l'Ardenne. Treize d'entre elles, avec une contenance globale de 7.759 h. 45 ares, se rapportaient aux forêts de Couvin et de la Marlagne,

récentes, avec toute la rigueur désirable ; c'est ainsi que les grandes côtes foncières de Beauraing et de Florennes, dont nous parlons plus loin, y figurent encore, bien que ces domaines aient été morcellés depuis trois ou quatre ans. La régression de la grande propriété dans la province de Namur semble donc plus marquée que les chiffres qui nous ont été fournis par l'administration ne l'indiquent.

cédées par le roi Guillaume à la Société Générale, dans les mêmes conditions que la forêt de Soignes. Tous ces biens domaniaux de l'Entre-Sambre-et-Meuse ont passé, depuis lors, entre les mains de particuliers.

En 1898, les propriétés des communes des établissements publics, représentées par des cotes de 100 hectares et plus, occupaient encore 40.492 hectares (11,1 0/0 de l'étendue cadastrale) :

6	cotes de plus de	1.000	hectares	.....	7.402	hectares.
19	—	500 à	1.000	—	.....	13.591	—
46	—	200	500	—	.....	15.354	—
25	—	100	200	—	.....	4.145	—
96	cotes de plus de	100	hectares	.....	40.492	hectares.

Quant aux cotes foncières se rapportant à des propriétés privées, celles qui avaient plus de 100 hectares occupaient, en 1834, 106.672 hectares (29,1 0/0 de l'étendue cadastrale) :

5	cotes de plus de	1.000	hectares	.....	7.195	hectares.
29	—	500 à	1.000	—	.....	15.807	—
155	—	200	500	—	.....	46.660	—
284	—	100	200	—	.....	37.010	—
473	cotes de plus de	100	hectares	.....	106.672	hectares.

En 1898, les cotes foncières de 100 hectares et plus, se rapportant à des propriétés particulières, occupent 100.276 hectares (27,4 0/0 de l'étendue cadastrale) :

5	cotes de plus de	1.000	hectares	.....	6.513	hectares.
28	—	500 à	1.000	—	.....	18.573	—
152	—	200	500	—	.....	45.303	—
220	—	100	200	—	.....	29.887	—
405	cotes de plus de	100	hectares	.....	100.276	hectares.

Le nombre des cotes a donc sensiblement diminué depuis l'époque de la confection du cadastre; l'étendue qu'elles occupent a diminué dans des proportions beaucoup moindres. Le bloc de la grande propriété reste à peu près intact. Il y a même progrès dans certains districts. C'est ce que montre le tableau suivant :

LA GRANDE PROPRIÉTÉ DANS LA PROVINCE DE NAMUR

DISTRICTS	ÉTENDUE CADASTRALE	CONTENANCE DES COTES de plus de 100 hectares		PROPORTION 0/0 de l'étendue CADASTRALE	
		1834	1898	1834	1898
	H.	H.	H.		
VII Dinant......... +	26.766	12.368	13.218	46,2	49,4
XI Ciney.......... —	35.560	15.510	15.222	43,7	42,9
IV Andenne....... +	17.884	6.206	6.400	34,7	35,8
II Eghezée........ —	21.671	8.814	6.893	40,7	31,8
VIII Rochefort...... +	33.444	9.010	10.333	26,9	30,9
I-III Namur......... +	30.087	8.383	8.414	27,8	27,9
XIV Florennes...... —	23.154	7.963	6.403	34,4	27,6
XV Couvin......... —	32.973	9.038	7.621	27,4	23,1
VI Fosses......... —	27.142	6.217	6.199	22,9	22,8
IX Beauraing...... +	28.302	5.998	6.514	21,2	22,6
XII Philippeville ... —	21.559	4.845	4.798	22,5	22,2
XIII Walcourt...... —	18.818	4.157	3.717	22,0	19,8
V Gembloux ..... —	15.659	3.950	3.066	25,2	19,6
X Gedinne .... —	33.007	4.213	1.478	12,7	4,5
La province.......	366.026	106.672	100.276	29,1	27,4

En somme donc, de 1834 à 1898, la contenance globale des grandes cotes foncières a augmenté dans les districts de Dinant, Andenne, Rochefort, Namur et Beauraing, c'est-à-dire dans tous les districts du Condroz, à l'exception de celui de Ciney, où l'on constate une très légère réduction.

Ces progrès de la grande propriété — qui occupe, dans les cantons condrusiens, une surface plus grande que partout ailleurs en Belgique — s'expliquent à la fois par la facilité des communications, l'étendue des cultures et le pittoresque des vallées de la Meuse, de la Lesse et d'autres cours d'eau qui descendent des plateaux du Condroz. Nulle terre sans seigneur. Nul village sans château. De grosses fermes partout, et, grâce aux chemins de fer du Luxembourg et de la Meuse (Nord Belge), l'action des grandes villes se faisant sentir presque aussi directement que dans leurs environs immédiats.

Il est bien loin d'en être de même dans les districts de l'Entre-Sambre-et-Meuse, à peine mieux partagés que l'Ardenne au point de vue des moyens de communication.

Dans le nord de cette région, les défrichements de la forêt de Marlagne, les transformations des bois en terres arables, ont eu pour conséquence de réduire sensiblement le nombre et l'importance des cotes foncières de plus de 100 hectares, dans les districts de Fosses, de Florennes, de Walcourt et de Philippeville. Dans le sud, c'est-à-dire dans la région ardennaise de la Fagne, le même recul se manifeste : d'ailleurs, en ce pays de démocratie rurale, les grands domaines n'ont jamais eu l'importance qu'ils conservent dans le Condroz. « Le sol est maigre, — dit M. Prins, — les fagnes imperméables ne sont point propices aux cultures ; aussi les populations ne connaissent-elles pas la richesse ; elles la devinent en automne, à travers le brouillard des bois dépouillés, quand les feuilles

tombent et que, petit à petit, apparaissent les châteaux,
que l'été cachait dans ses fonds verdoyants; mais elles
ne connaissent pas la pauvreté : grâce au revenu des
biens communaux, beaucoup de villages comme Olloy,
Vierves, Nîmes, Petigny, réalisent la communauté
idéale, où chaque foyer, loin de payer l'impôt, reçoit
son affouage et même son lopin de terre [1]. »

Ces communes sont plus nombreuses et plus considérables encore, de l'autre côté de la Meuse, dans le
district de Gedinne. Les grandes cotes foncières, se
rapportant à des particuliers, sont en décroissance et
ne représentent plus que 4,5 0/0 du territoire; en
revanche, les cotes de plus de 100 hectares, se rapportant à des propriétés communales, occupent encore
10.349 h. 40 ares, soit 31,3 0/0 de l'étendue cadastrale.
Dans beaucoup de villages du canton de Gedinne, la
plupart des habitants mâles travaillent dans les ardoisières et les établissements métallurgiques situés sur
le territoire français. Outre leur part dans les communaux, ils possèdent presque tous une petite propriété,
qu'ils cultivent à leurs moments perdus, ou qu'ils font
cultiver par leur femme. Ils ne connaissent donc pas
plus la domination du propriétaire foncier qu'ils ne
subissent l'influence de leur patron qui habite de l'autre
côté de la frontière. Aussi, n'est-il pas étonnant que ces
populations mi-agricoles, mi-industrielles, comptent
parmi les plus avancées du pays; mais il en va tout
autrement, à quelques kilomètres de là dans les

---

1. Prins, *Belgique illustrée*, II, p. 140.

villages qui restent en dehors de la sphère d'attraction des établissements industriels.

C'est — brusquement — l'Ardenne, primitive et sauvage. Les bois et les terres incultes couvrent, à peu près, les deux tiers du territoire. Les plantes industrielles sont inconnues. Les céréales et les farineux — représentés surtout par le seigle et l'avoine — occupent un dixième à peine, les pâturages, deux dixièmes du domaine exploité. Le faire valoir direct règne presque sans partage. Les formes archaïques de la propriété restent intactes.

Bref, contraste complet avec les plaines fertiles du nord de la province. Dans les districts de Gembloux et d'Eghezée, les propriétés boisées sont rares, les communaux réduits à l'état de vestiges ; la propriété capitaliste a complètement supplanté la propriété paysanne.

Néanmoins, ici encore, mais pour d'autres motifs — que nous avons indiqués dans notre monographie sur le Brabant, — les grandes cotes foncières sont en décroissance. Les tendances au morcellement l'emportent sur les tendances à la concentration foncière.

II. — L'origine des grandes propriétés

Ce serait tomber dans des redites fastidieuses que de refaire, pour la province de Namur, le tableau des origines de la grande propriété, que nous avons déjà fait pour d'autres provinces : communaux expropriés, plus ou moins légalement, forêts de l'État aliénées à vil prix, *biens noirs* vendus, sous la Révolution, pour une poignée d'assignats, propriétés féodales immobilisées, depuis l'ancien régime, entre les mains des mêmes familles, mises en valeur de terres incultes, de genêts et de bruyères, tels sont, ici comme ailleurs, les modes les plus usuels de formation des grands domaines.

Aussi nous bornerons-nous, pour éviter des énumérations interminables, à parler de trois faits caractéristiques : la création du domaine royal d'Ardenne; le défrichement de la forêt de Marlagne, la conservation des propriétés féodales dans le Condroz et dans les environs de Namur.

§ 1. — LE CHATEAU D'ARDENNE

Le roi Léopold II possède actuellement, sur les bords de la Lesse, un vaste domaine—le plus grand qui soit en Belgique — représenté notamment par les cotes foncières suivantes : Ciergnon (592 h. 83 ares + 599 h. 52 ares, en communauté indivise avec l'ex-impératrice du Mexique), Custinne (660 h. 60 ares), Hour (403 h. 81 ares), Houyet (551 h. 49 ares), Mont-Gauthier (1.160 h. 62 ares), Mesnil-l'Eglise (496 h. 52 ares), Villers-sur-Lesse (1.546 h. 69 ares), Wiesme (260 h. 82 ares), soit donc, en ajoutant les cotes inférieures à 100 hectares, 6.489 h. 14 ares, avec un revenu cadastral de plus de 200.000 francs.

Ce domaine fut formé par Léopold Ier et agrandi par Léopold II.

Lorsque Léopold Ier fit l'acquisition du château d'Ardenne, ancienne dépendance du château de Rochefort, il n'y avait aux alentours que cinq ou six fermes, dont les terres, envahies par les genêts, ne donnaient que de maigres récoltes.

Quelques années plus tard, en 1857, le domaine royal comptait 4.500 hectares, dont 2.000 en forêts et le reste cultivé en fermes de 75 hectares. « Là où s'étendaient jadis des plateaux stériles, des côtes rocheuses tapissées de genêts, s'élèvent aujourd'hui — écrivait V. Joly, dans son livre sur les Ardennes — des métairies, des pépinières, des prairies artificielles, des vergers magnifiques. »

Aux environs du château d'Ardenne et ne formant qu'un seul bloc avec lui, se trouvent Ciergnon, domaine créé par la reine Louise-Marie d'Orléans ; Villers-sur-Lesse, ancienne propriété des comtes de Cunchy ; Custinne, seigneurie du comté de Rochefort, qui passa des Custinne aux Moitrey, aux Surlet de Liedekerke et enfin à Léopold Ier.

On sait que, récemment, Ardenne a été pris en location par une Société qui en a fait un luxueux hôtel, relié aux grandes lignes par des trains rapides [1].

---

1. Le 9 avril 1900, à l'occasion du 65e anniversaire de sa naissance, le roi Léopold II a soumis aux Chambres belges un acte de donation de diverses propriétés qu'il possède en Belgique, à charge de conserver à ces propriétés, dans un but d'esthétique, leur destination, leur aspect et leur cachet actuels.

Ces propriétés, dont le roi conserverait l'usufruit jusqu'à sa mort, sont notamment des terrains situés à Lacken et à Ostende, le bois et la ferme de Ravenstein, sous Tervueren, et les domaines de Ciergnon et d'Ardenne.

Seulement, pour ce qui concerne ces domaines, l'État belge devrait

§ 2. — LE DÉFRICHEMENT DE LA MARLAGNE

Sous l'ancien régime, la forêt de Marlagne, qui, suivant l'expression de Guichardin, « commençait au château de Namur et prenait son étendue vers le sud-ouest, tirant à Philippeville », appartenait, pour la plus grande partie, à des communautés religieuses.

Voici ce que nous lisons, à cet égard, dans le *Bulletin de la Société Archéologique* de Namur (1848) :

« L'abbaye de Floreffe, qui occupait un bout de la Marlagne, y reçut (au XVIIIe siècle) meilleure part. L'abbaye de Villers n'y manqua pas non plus, elle qui n'était même pas placée sur la forêt; ce qui ne l'empêcha pas d'y bâtir un village en lui donnant son nom : c'est le bois de Villers. Les abbayes de Saint-Gérard, de Moulins, du Jardinet, de Waulsort, de Salzinnes, de Malonne, d'Alne même et d'Oignies, toutes situées dans le cœur ou sur la lisière de ces vastes bois, n'y allèrent pas de main morte et sanctifièrent de grands et nombreux triages. Mais, ô fatale destinée, la sanctification ne les sauva pas des mains de la République française, qui s'empara de tout et en gratifia le domaine public. »

La forêt de Marlagne avait, au XVIe siècle, vingt

payer aux héritiers du roi une rente perpétuelle, à fixer par trois experts, désignés par le président de la Cour d'appel.

Le projet de loi portant acceptation de cette « donation », déposé le 11 avril 1900 (Doc. parl., Chambre des représentants, n° 137), est venu à tomber, par suite de la dissolution des Chambres. Il sera, sans doute, présenté de nouveau, au cours de la prochaine session.

lieues carrées. Depuis elle s'était en allée par morceaux, mais le grand coup fut donné sous le régime
hollandais, quand le roi Guillaume livra les plus belles
forêts du royaume à la Société Générale pour favoriser
l'industrie. « L'industrie qui fut favorisée à cette occasion, — dit M. Dommartin, — c'est l'exploitation à
outrance pour l'enrichissement rapide des exploitants.
On morcela, on vendit les terrains aux particuliers, et
chacun tira le meilleur parti de son lopin. »

Nous avons vu qu'en 1834, les cotes foncières de
plus de 100 hectares, se rapportant aux forêts de Couvin et de la Marlagne, avaient une contenance globale
de 7.759 hectares. C'est de là que proviennent, notamment, les cotes suivantes :

Ermeton-sur-Biert..............	316	h. 03	ares
Falaen......................	282	89	—
Flavion.....................	321	24	—
Floreffe....................	415	55	—
Wépion	467	40	—
Cul-des-Sarts...............	864	18	—
id.	336	31	—

Ces deux dernières propriétés, qui appartiennent à
des banquiers de Bruxelles, font partie de la forêt de
Couvin et occupent, avec le domaine de la famille
d'Andigné de Croix, l'immense plateau qui s'étend, sur
une étendue de plus d'une lieue, le long de la frontière française.

§ 3. — LES PROPRIÉTÉS D'ORIGINE FÉODALE

Parmi les innombrables châteaux du Condroz et des environs de Namur, il en est beaucoup qui survivent à l'ancien régime et, souvent, sont restés dans les mêmes familles.

Ne pouvant les énumérer tous, nous nous bornerons à citer les plus caractéristiques.

Dans le pays de Gembloux, tout d'abord, le vieux manoir de Sombreffe; Mielmont, propriété des Beauffort-Marnix (130 hectares et 64 hectares sous Onoz et Le Mazy); Corroy-le-Château, le domaine des marquis de Trazegnies (489 hectares en 1834; 206 hectares aujourd'hui).

Aux environs d'Eghezée, le château de Franc-Waret, au comte d'Andigné de Croix (404 h. 31 ares sous Franc-Waret, 125 h. 2 ares sous Gelbressée) : « Souvenir du XVIIIe siècle, jeté dans la plaine hesbignonne; quelque chose d'imprévu; un coin de Versailles ou de Trianon. On y verrait, au crépuscule, sur les gazons des boulingrins, les personnages des fêtes galantes, que ce spectacle n'étonnerait pas. » (Jean Ardenne.)

Dans l'Entre-Sambre-et-Meuse, nous trouvons, à côté des domaines vendus par la Société Générale, le château de Florennes, qui appartient depuis l'ancien régime à la famille de Beauffort. Son propriétaire actuel est le duc de Beauffort-de-Ligne (Bohême). Il est représenté sous Florennes, par une cote foncière de

1.173 h. 63 ares, avec 52.945 francs de revenu cadastral [1].

Quant aux châteaux du Condroz, parmi les plus anciens et les plus importants, il faut citer ceux de Beauraing et de Celles.

1° Le château de Beauraing, qui appartenait au siècle dernière au duc de Beauffort-Spontin, fut incendié pendant les troubles révolutionnaires de 1792. Il fut relevé de ses ruines par le duc d'Ossuna, descendant par sa mère des anciens seigneurs (547 hectares sous Beauraing) mais, depuis trois ou quatre ans, ses dépendances ont été aliénées et morcelées;

2° Le château de Celles, à 9 kilomètres de Dinant, sur le plateau qui domine la Lesse.

Pépin de Herstal, dit-on, bâtit une villa en ce lieu; la villa fit place au xiiie siècle, au donjon des sires de Celles, de la maison de Beauffort. Ce donjon, à son tour, fut ruiné par les Dinantais et rebâti au xve siècle. Il a passé, depuis le xviiie, par alliance de famille, à la maison de Liedekerke. Le comte de Liedekerke-Beauffort, sous le régime hollandais, quitta le vieux manoir pour habiter Noisy, domaine contigu.

En 1834, le domaine de Celles était représenté par une cote foncière de 1.354 h. 46 ares; il l'est aujourd'hui par deux cotes sous Chevetogne (204 h. 11 ares) et Celles (1.471 h. 82 ares), avec un revenu cadastral de 62.025 francs.

En résumé, ce qui caractérise la province de Namur

---

1. Ce vaste domaine, qui figure encore au cadastre, sous le nom de M. de Beauffort de Ligne, a été morcelé récemment.

au point de vue de la répartition de la propriété foncière, c'est :

1° La prédominance de la grande propriété, surtout
dans le Condroz;

2° La conservation, plus ou moins complète, des
communaux et autres formes archaïques de la propriété, spécialement dans la région ardennaise ;

3° La concentration des cotes foncières dans les
régions les plus pittoresques et les plus facilement en
communication avec les villes; le morcellement, au
contraire, dans les autres régions, moins favorisées
au point de vue des transports, ainsi que dans les
districts hesbayens de Gembloux et d'Eghezée.

CHAPITRE VI

L'ARDENNE. — LE LUXEMBOURG

A l'exception de deux étroites bandes de terre, la Famenne, aux environs de Marche, et le bas Luxembourg dans le sud de la province, le Luxembourg belge appartient tout entier à la *région ardennaise*.

L'élévation moyenne du sol, au-dessus du niveau de la mer, est de 400 mètres.

La plus grande partie du territoire se compose de collines et de plateaux, tantôt arides et nus, tantôt couverts de magnifiques forêts. Des vallées profondes, aux rivières sinueuses, creusent de nombreux sillons dans ces parties élevées. Aux environs de Virton, le sol s'abaisse insensiblement : c'est le bas Luxembourg, la Lorraine belge.

Dans cette région, luxembourgeoise ou *jurassique*, qui borde la frontière française et s'étend d'Autelbas vers Torgny, le climat est assez doux, les terres incultes rares, la propriété très morcelée ; c'est le pays des fruits et la seule partie de la province où les cultivateurs plantent du froment.

En Ardenne, au contraire, et dans la région famennoise, qui forme la transition entre le Condroz et

16

LE LUXEMBOURG

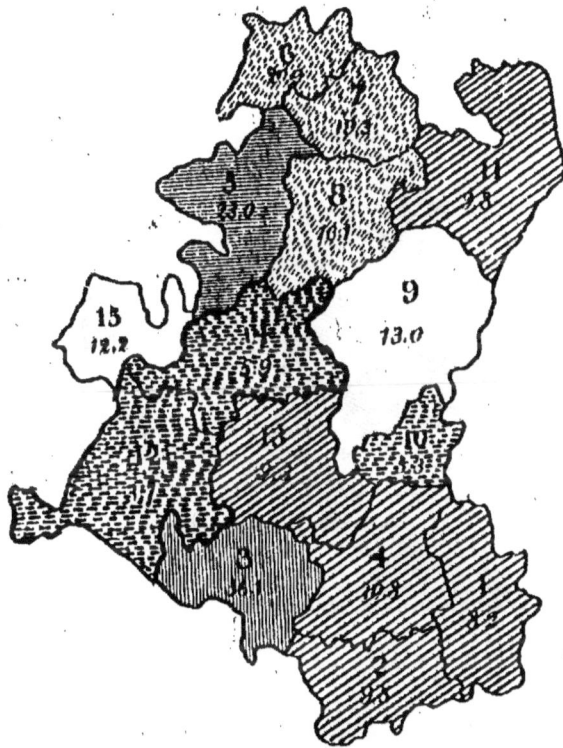

Légende :
- Zéro
- De 1 à 5 %
- De 6 à 10 %
- de 11 à 15 %
- de 16 à 20 %
- de 21 à 25 %
- plus de 25 %

I. — Carte indiquant par district agricole l'étendue
relative occupée par les cotes foncières de
100 hectares et plus en 1846.

Districts

1. Arlon-Messancry.
2. Virton.
3. Florenville.
4. Etable.
5. Marche-Nassogne.
6. Durbuy.
7. Erezée.
8. Laroche.
9. Bastogne-Sibret.
10. Fauvillers.
11. Houffalize-Vielsalm.
12. Bouillon-Paliseul.
13. Neufchâteau.
14. Saint-Hubert.
15. Wellin.

II. — Carte indiquant par district agricole la
progression et la régression des cotes foncières de 100 hectares et plus de 1845 à 1898.

II. — Carte indiquant par district agricole
l'étendue relative occupée par les cotes foncières de 100 hectares et plus en 1898.

l'Ardenne, on cultive surtout le seigle, l'avoine et la pomme de terre. Les propriétés boisées et les terres incultes occupent plus de la moitié du territoire. Sur les plateaux, qui dépassent, vers la Baraque de Fraiture, l'altitude de 600 mètres, l'argile imperméable, résultant de l'altération des schistes, retient l'eau et détermine la formation de tourbières ; ce sont les Hautes Fagnes : la végétation y est rabougrie, pauvre, bornée aux mousses, aux fougères, aux genêts et à l'éternelle bruyère. Les roches quartzo-schisteuses des pentes, peu désagrégeables, sont boisées. Les pentes schisteuses des terrains inférieurs, en se désagrégeant et en se mêlant aux alluvions des versants, forment une couche de terre végétale propre aux prairies et susceptibles, quand elle n'est pas trop humide, d'être livrée à la culture.

Bref, le village typique de l'Ardenne se présente sous l'aspect suivant : dans les fonds des prairies ; plus haut, sur les côtes, autour des maisons couvertes d'ardoises, des champs d'avoine, de seigle et de pommes de terre ; plus haut encore, les bruyères et les bois, que les fumées de l'écobuage, au mois de juillet, font ressembler aux abords des centres industriels.

En somme, le domaine exploité se divise, au point de vue cultural, en quatre zones :

1° Les prairies, dans les vallées ;

2° Les bois, dont l'étendue s'accroît, depuis quelques années surtout, par la plantation ou le semis des terres incultes ;

3° Les *terres à champs*, c'est-à-dire les terres soumises

à une exploitation régulière. Elles sont, en général, exploitées d'après le système de culture celtique ; c'est-à-dire que l'on obtient, pendant quelques années continues, des produits annuels, et qu'ensuite les terres sont laissées en pâture et en prairies. Les champs du cultivateur sont ses prairies et ses prairies sont ses champs ;

4° Les terres en friche, bruyères, *pâtures sarts* et *pâtures prés*, situées sur les hauteurs ou loin des habitations. Elles sont soumises, tous les quinze ou vingt ans, à l'essartage ou à l'écobuage et donnent deux ou trois récoltes de seigle et d'avoine. Entre deux essartages, le sol est abandonné à la dépaissance du bétail.

Depuis une dizaine d'années, d'ailleurs, ces anciennes pratiques tendent à se modifier ou à disparaître. Deux modifications essentielles se sont introduites dans l'économie rurale de l'Ardenne : l'emploi des engrais artificiels, « les engrais », comme disent les gens du pays ; les laiteries coopératives, grâce auxquelles les mauvais beurres de jadis, consommés sur place, ont été remplacés par des beurres que l'on vend au dehors. Les fermiers s'en félicitent ; les ouvriers agricoles, réduits à mettre du mauvais sirop sur leurs tartines, sont moins satisfaits.

Ces progrès de l'industrie laitière ont eu pour résultat l'extension des pâturages, facilitée par l'emploi de plus en plus répandu des scories de déphosphoration (phosphate basique). Aussi les bruyères incultes, communales ou autres, sont-elles, la plupart du temps, abandonnées au pâturage des bêtes à laine, que possèdent encore quelques cultivateurs, généralement les plus aisés de la localité ; on y conduit de plus en plus rarement les bêtes à cornes, qui n'y trouvent d'ailleurs qu'une nourriture insuffisante : « Pas assez pour vivre et trop pour crever[1]. »

En dehors de ce maigre pâturage, ces terres ne rapportent qu'un peu de litière de faible valeur et le produit de l'essartage, de plus en plus déprécié, depuis l'introduction des « engrais. »

Quant à l'écobuage, qui est, en somme, l'essartage dans les bois, on continue à le pratiquer de la manière suivante : les propriétaires de bois — notamment dans le district de Bastogne — mettent en adjudication publique la location, pour un an, de *journaux* (36 ares) de bois ; l'adjudicataire procède à l'écorçage des chênes qui s'y trouvent à la coupe des bois, qu'il met en vente à l'écobuage, suivi d'engrais artificiels.

Outre ces parts, qu'ils prennent en location, les petits cultivateurs ardennais possèdent, en général, ou bien louent, un, deux ou trois *quarts* (le quart = 9 ares), qu'ils plantent de pommes de terre ; la grande majorité d'entre eux possèdent, en plus, deux ou trois vaches, des cochons à l'engrais, la maison qu'ils habitent et leur part indivise dans les biens communaux.

La majeure partie des terres arables — environ les deux tiers — est exploitée en faire valoir direct.

Quant à la propriété des forêts, des fagnes et des

---

1. *Bulletin de la Société centrale forestière.* Septembre 1896, p. 662.

terres incultes, elle se partage entre l'État, les communes et les particuliers.

L'État possède, dans la province du Luxembourg, une étendue de 11.000 hectares environ (11.277 hectares en 1895), dont la plus grande partie se trouve contenue dans la forêt de Saint-Hubert et les forêts domaniales d'Anlier et de Rulles.

Les communes, en 1895, étaient propriétaires de 75.875 hectares de bois, plus 190 hectares appartenant à d'autres personnes publiques; les habitants ont, en outre, dans beaucoup de localités, des droits d'usage dans les forêts, particulières ou domaniales.

Enfin les bois des particuliers avaient, en 1895, une étendue totale de 76.382 hectares. Ainsi donc, contrairement à ce que l'on constate dans les autres provinces, les bois domaniaux et communaux — malgré des aliénations déplorables — sont aux bois des particuliers, comme 1.14: 1. L'État belge cherche d'ailleurs, depuis quelques années, à accroître son domaine forestier.

D'autre part, les administrations de beaucoup de communes commencent à se préoccuper de la mise en valeur, du boisement de leurs terres incultes, avec l'aide pécuniaire du département de l'agriculture. A Bertrix, par exemple, le domaine communal — plus de 2.000 hectares — est, aujourd'hui, divisé en trois zones: terres à champs, près du village; vaines pâtures, aux alentours, et, dans la zone la plus éloignée, boisements récents, sur une étendue de 300 hectares.

Depuis une dizaine d'années, le Gouvernement se montre très hostile à toute demande d'aliénation de terres communales, et il est probable que celles-ci ne subiront plus, dans l'avenir, de nouvelles réductions.

Bref, malgré les grands changements qui se sont opérés dans ces derniers temps, l'Ardenne conserve les caractères fondamentaux qui la distinguent des autres régions agricoles : prédominance des bois et des pâtis ; coexistence de la propriété paysanne et des grands domaines de l'État, des communes et des particuliers ; rareté et cherté de la main-d'œuvre, à raison de la diffusion de la propriété et de la faible valeur vénale des terres [1].

Il y a bien des communes encore où l'on peut dire que la terre est libre.

A Marche, par exemple, l'occupation était, jusqu'en ces derniers temps, le mode réel d'acquisition des terres vaines. On laissait aux habitants le droit de déroder ces *aisances* — tel est le nom qu'ils leur donnent — et de conserver la perpétuelle jouissance du sol par eux livré à la culture. Plus tard, pour donner à la propriété des aisances une base plus solide, on la consolida par des contrats de vente à des prix infimes.

A Gembes, petite commune de l'arrondissement de Neufchâteau, chaque habitant a sa maison ou sa maisonnette. Une vieille coutume, toujours en usage, donne au pauvre le droit de bâtir, sur les communaux, pourvu que sa maisonnette se trouve debout au lever du soleil. Celui qui projette de bâtir, prépare, à l'avance, les pièces de bois et autres matériaux nécessaires et, la nuit, aidé de ses voisins et de

---

1. Voir, pour plus de détails, la Monographie agricole de la région de l'Ardenne, publiée par le ministère de l'Agriculture, Bruxelles, 1899.

ses amis, il les met en œuvre ; la propriété de l'emplacement lui est acquise, si, à l'aube, les autorités communales constatent qu'il y a du feu à son foyer. Il est bon d'ajouter que la plupart du temps, cela se fait au su de l'administration locale, qui détermine elle-même l'emplacement.

Quantité de coutumes analogues se retrouvent, un peu partout, en Ardenne, et l'on comprend que, dans ces conditions, il est bien peu de familles qui n'aient leur part dans la propriété du sol.

De toutes les provinces du pays, le Luxembourg est celle dont la population relative est la plus faible et qui compte le plus grand nombre de cotes foncières par 100 habitants (46 0/0 en 1897).

On n'y trouve pas une seule ville de 10.000 habitants.

Arlon, le chef-lieu, n'en a que 7.943 (au 31 décembre 1898) ; les autres chefs-lieux d'arrondissement n'arrivent pas à 5.000. Aussi n'est-ce pas à leur influence, mais à celle de Bruxelles, d'Anvers, et surtout de Liège, qu'il faut attribuer l'accroissement des grandes cotes foncières, depuis 1845.

I. — La répartition de la propriété

L'étendue cadastrale de la province du Luxembourg est de 441.833 hectares.

En 1845 — époque de l'achèvement du cadastre dans cette partie du pays — on y comptait 544 cotes de 100 hectares et plus, occupant 178.526 hectares, soit 40,4 0/0 de l'étendue cadastrale.

En 1898, le nombre total des cotes s'élève à 557, mais leur contenance se réduit à 168.244 hectares, soit 38,1 0/0.

Seulement, ainsi qu'on va le voir, cette réduction n'a porté que sur les propriétés publiques; les grandes cotes se rapportant à des propriétés privées représentent, au contraire, une étendue plus grande que par le passé.

En ce qui concerne, tout d'abord, les propriétés publiques, les cotes foncières de 100 hectares et plus, qui s'y rapportaient, en 1845, étaient au nombre de 321, avec une contenance globale de 122.614 hectares. Il en reste, aujourd'hui, 288 avec une étendue réduite 101.931 hectares.

On voit que le domaine public s'est, en somme, mieux conservé que dans la Campine.

Il comprend, notamment, 11 cotes de plus de 1.000 hectares : celle de Rulles (1.408 hectares), d'Habay-la-Neuve (1.896 hectares) et d'Anlier (3.606 hectares) se rapportent au domaine forestier de l'État. Les autres représentent les communaux de Transinnes (1.039 hectares), de Sugny (1.652 hectares), de Saint-Hubert (1.832 hectares), d'Ochamps (1.479 hectares), de Nassogne (1.506 hectares), de Buzenol et Etalle (1.327 hectares), de Bouillon (2.759 hectares) et de Bertrix (2.386 hectares).

Quant aux grandes cotes foncières appartenant à des particuliers, elles étaient, en 1845, au nombre de 220,

avec une contenance globale de 55.911 hectares, soit
12,7 0/0 de l'étendue cadastrale :

6 cotes de plus de 1.000 hectares..			9.315 h.	91 a.	45
15	—	500 à 1.000 — ..	10.341	85	33
63	—	200 à 500 — ..	10.101	82	47
136	—	100 à 200 — ..	17.062	21	70
220 cotes de plus de 100 hectares..			55.911 h.	70 a.	95

Aujourd'hui, l'on compte 269 cotes de 100 hectares
et plus, se rapportant à des particuliers. Leur contenance globale est de 66.313 hectares, soit 15 0/0 de
l'étendue cadastrale :

5 cotes de plus de 1.000 hectares..			6.725 h.	17 a.	78
12	—	500 à 1.000 — ..	8.195	10	91
97	—	200 à 500 — ..	29.636	08	59
155	—	100 à 200 — ..	21.246	87	75
269 cotes de plus de 100 hectares..			66.313 h.	34 a.	08

Sur ces 269 cotes, il y en a 166 — 62 0/0 — qui
appartiennent à des propriétaires résidant en dehors
de la province, et notamment à Anvers (5), à Liège
(23), à Bruxelles (36) ou à l'étranger (30).

C'est donc principalement au profit des grandes
villes, au moyen des fortunes accumulées dans les
principaux centres de population, que s'est effectuée la
concentration foncière dans la province du Luxembourg.

Ce progrès des grandes cotes foncières n'est d'ailleurs pas un phénomène général : elles sont en regrès,
au contraire, dans certains districts.

On en jugera par le tableau suivant :

DISTRICTS	ÉTENDUE CADASTRALE	CONTENANCE DES COTES FONCIÈRES de plus de 100 hectares		PROPORTION 0/0 de l'étendue CADASTRALE	
		1845	1898	1845	1898
	H.	H. A.	H. A.		
1. Arlon-Messancy........ —	27.998	2.290 42	1.301 12	8,2	4,7
2. Virton...... —	23.072	2.199 88	1.855 48	9,5	8,0
3. Florenville.. —	26.408	9.541 41	7.606.87	36,1	28,8
4. Etalle ...... —	34.473	3.718 70	1.912 45	10,8	5,6
5. Marche-Nassogne........ +	28.613	6.594 40	6.919 44	23,0	24,2
6. Durbuy..... +	16.741	3.512 63	4.497 82	20,9	26,9
7. Erezée...... —	20.942	4.043 38	3.163 84	19,3	15,1
8. Laroche.... +	29.565	4.751 86	4.815 50	16,1	16,3
9. Bastogne-Sibret .... +	51.405	6.696 37	10.783 98	13,0	20,9
10. Fauvilliers.. +	11.669	617 35	1.601 08	5,3	13,7
11. Houffalize-Vielsalm......... +	44.347	4.332 94	6.873 82	9,8	15,4
12. Bouillon-Paliseul......... +	41.853	1.562 23	2.109 59	3,7	5,0
13. Neufchâteau +	34.654	3.233 42	4.284 63	9,3	12,4
14. Saint-Hubert +	31.754	1.802 78	5.525 01	5,9	17,4
15. Wellin ..... +	18.342	2.232 04	2.395 64	12,2	13,1
La province....	441.836	55.911 79	66.313 34	12,7	15,0

On voit qu'à l'exception du district d'Erezée la propriété foncière s'est concentrée, depuis un demi-siècle, dans tous les districts de la région ardennaise.

Par contre, il y a eu morcellement dans le sud de la province et spécialement dans les arrondissements d'Arlon et de Virton, qui comprennent toute la région jurassique.

Ce recul de la grande propriété s'explique par les

défrichements qui ont été opérés postérieurement à la confection du cadastre.

De 1850 à 1860, plusieurs centaines d'hectares de bois ont été défrichés dans ces districts et transformés en terres arables ; pendant les premières années, les hauts prix auxquels se vendaient les céréales ont pu faire croire que cette opération était avantageuse ; mais, depuis la crise agricole, il en a fallu rabattre, et l'on a vu reboiser de vastes fermes, défrichées depuis trente ou quarante ans.

Tandis que, dans l'Ardenne proprement dite, où les voies de communication sont peu nombreuses et la production de valeurs d'usage encore très développée, l'influence de la crise a été fort atténuée, dans la région jurassique, au contraire, — plus favorisée sous le rapport des communications, — ses conséquences ont été très pénibles.

Sauf dans les localités voisines des stations de chemins de fer et des établissements métallurgiques, où les petites parcelles, cultivées par les ouvriers, continuent à se vendre et à se louer assez cher, les fermages et la valeur des terres ont considérablement diminué.

De plus, dans une intéressante notice sur l'agriculture dans le Luxembourg[1], M. Charles signale deux autres conséquences de l'état de gêne dans lequel se trouvent les cultivateurs en général :

« La première — dit-il — c'est que le père de famille ne pouvant faire les économies nécessaires pour

1. E. Tandel, *les Communes luxembourgeoises*, p. 289. Arlon, 1889.

assurer à plusieurs de ses enfants une part d'héritage convenable en dehors de sa propriété foncière, lorsque sa succession vient à être ouverte, le bien rural se trouve forcément partagé entre ses héritiers, d'où résulte un morcellement de plus en plus grand des terres. La seconde, c'est que le cultivateur, voyant que l'exploitation du sol ne laisse que des bénéfices insuffisants, cherche à pousser ses enfants soit vers les professions libérales, soit vers les fonctions publiques; il en résulte à la fois une dépopulation des campagnes, qui se voient délaissées par la partie la plus intelligente et la plus instruite de leurs habitants, un encombrement des professions libérales et une quantité exagérée de demandes pour toutes les fonctions publiques, si modique soit le traitement y affecté. »

L'Ardenne est en effet, par excellence, le pays des curés, des instituteurs et des fonctionnaires de l'État.

II. — L'origine des grandes propriétés

La plupart des grandes propriétés du Luxembourg sont de formation moderne.

Quelques-unes ont été constituées, à l'époque de la Révolution, par la vente des bois dépendant des abbayes d'Orval, de Saint-Hubert, etc.

Les autres, beaucoup plus nombreuses, proviennent de l'aliénation, dans le cours de ce siècle, des forêts domaniales et des biens communaux.

§ 1. — LES FORÊTS DOMANIALES

Le volume I de l'ouvrage de M. E. Tandel, sur les communes luxembourgeoises, nous fournit la liste, tristement instructive, des bois et forêts qui ont été vendus, de 1814 à 1830, par le Syndicat d'amortissement, de 1830 à 1880, par le Gouvernement belge.

Le Syndicat aliéna 96 bois et forêts, d'une étendue totale de 22.282 h. 61 ares, pour la somme de 8.113.571 francs ; soit, en moyenne, 364 francs l'hectare.

C'est de là que proviennent presque tous les grands domaines de la province et notamment :

Les bois de Samré, qui dépendent actuellement du château de Saint-Jean, sous Samré, à M. de Limburg-Stirum ;

La forêt de Muno, sous Muno, qui se rattache au domaine des Amerois, ancienne propriété communale de la ville de Bouillon, vendue par le marquis d'Assche au comte de Flandre, en 1869 ;

La forêt de Neufchâteau, qui appartient à la famille d'Arenberg et fait partie de la grande forêt comprenant, en outre, le bois communal de Mellier et les forêts domaniales d'Anlier et de Rulles ;

Les deux parties de la forêt de Chiny, — ancien domaine des comtes de Chiny, — sous Lacuisine et Suxy, dont les propriétaires respectifs sont MM. Dejardin, d'Harmegnies et le prince de Ligne.

Citons encore Huombois, sous Sainte-Marie, à la

comtesse de Mercy d'Argenteau ; le bois et la forêt
d'Orval, à MM. Wauters, de Liège, et Brugman, de
Bruxelles ; le bois de Laquet, sous Ethe, à Mme la comtesse de Briey.

Enfin, le Fays de Lucie et le bois de Sainte-Gertrude,
sous Tenneville, incorporés aujourd'hui dans le vaste
domaine de Saint-Ode, propriété d'origine féodale, qui
forme, avec la forêt de Freyr et la forêt domaniale de
Saint-Hubert, un massif boisé de plus de 16.000 hectares.

Saint-Ode, domaine de la famille Orban, compte
actuellement 3.000 hectares, dont un certain nombre
proviennent d'acquisitions postérieures à 1830.

Il convient de remarquer, néanmoins, que sous le
Gouvernement belge les aliénations des domaines ont
été moins importantes que sous le régime hollandais
et — à l'exception de la forêt de Freyr, dont nous
allons parler — moins désastreuses.

De 1830 à 1857, on aliéna seulement 3.252 hectares
de bois, moyennant un prix global de 3.980.650 francs,
soit 1.224 francs l'hectare.

Depuis 1857, la seule aliénation de quelque importance fut, en 1880, celle d'une partie de la forêt de
Freyr, au profit du roi Léopold II.

La forêt de Freyr, située entre Saint-Hubert et
Laroche, sur le territoire des communes de Lavacherie
(arrondissement de Neufchâteau) et de Tenneville
(arrondissement de Marche), formait jadis le centre de
la forêt des Ardennes, qui s'étendait du Rhin à la Sambre.

La forêt de Freyr (en tout 3.623 h. 30 ares) était la

propriété des comtes de Laroche, dans le Luxembourg;
elle a subi toutes les vicissitudes politiques du comté
et a passé successivement sous la domination bour-
guignonne, espagnole, autrichienne, française et hol-
landaise, pour faire partie, depuis 1830, du domaine
national belge. Cette forêt était grevée de droits
d'usages, au profit de quatorze communes de l'ancien
comté de Laroche[1].

L'acte de cantonnement intervint le 13 janvier 1858
et attribua à l'État la partie située au midi, contenant
1.175 h. 1 are, et aux communes le restant de la forêt,
soit 2.448 h. 37 ares.

Les communes, autrefois usagères, devinrent donc
co-propriétaires des deux tiers de la forêt. En 1875,
deux d'entre elles assignèrent les autres en partage, et
Freyr communal fut partagé en quinze lots, dont un
pour chacune des quatorze communes propriétaires[2]
et le 15e destiné à être vendu pour couvrir les frais du
procès et du partage. Ce 15e lot, d'une contenance de
108 h. 81 ares, fut acheté pour la somme de 170.000 fr.
par l'État belge.

Quant à l'autre fraction de la forêt, l'État belge en
céda une partie, à la suite d'échanges, à la famille
Orban de Saint-Ode, et le restant (958 h. 53 ares) au
roi des Belges.

---

1. La forêt communal de Freyr, *Bulletin de la Société centrale forestière de Belgique,* Mai, 1899.
2. Ambreloup (236 h. 36); Lavacherie (135 h. 95); Sainte-Marie
(56 h. 92); Remagne (55 h. 22); Sibret (95 h. 98); Longchamps (239 h. 11);
Tillet (229 h. 23); Flamerge (330 h. 27); Bastogne (263 h. 17); Hives
(91 h. 29); Ortho (315 h. 69); Tenneville (191 h. 92); Erneuville (55 h.);
Lompré (37 h. 64).

L'histoire de cette dernière opération mérite d'être racontée avec quelque détail.

En 1876, le Gouvernement prit la résolution d'agrandir le *parc privé* du château royal de Laeken, près de Bruxelles.

Une convention conclue à cet effet le 1er avril 1876, entre la liste civile et M. Malou, ministre des Finances, détermine les propriétés particulières du roi, ou des héritiers de Léopold 1er, déjà incorporées dans le parc, ou destinées à y être incorporées ; elle déclare que ces propriétés seront échangées contre des immeubles domaniaux et stipule que cet échange se fera d'après la valeur vénale fixée par une expertise contradictoire[1].

Les immeubles du roi déjà incorporés dans les limites du parc — dont Léopold II et ses successeurs ont, bien entendu, la jouissance — avaient une contenance globale de 9 h.75 ares. Ils furent évalués par les experts à 1.307.388 francs.

En échange de ces immeubles, le Gouvernement proposa, par un projet de loi du 20 avril 1880, de céder au roi : 1° le domaine de Ravenstein, situé à Tervueren, — parc, château, ferme et bois, — d'une contenance totale de 69 h. 77 ares ; 2° la forêt domaniale de Freyr, qui fut évaluée par les experts à 99.216.746 francs.

Ce projet de loi fut approuvé par la section centrale de la Chambre, et le rapporteur, M. L. de Wael, exposa

---

1. Nous n'avons pas à nous occuper ici d'une autre convention conclue en même temps et relative à la création du *parc public* de Laeken.

dans les termes suivants, d'une concision vraiment lapidaire, les motifs de cette approbation :

« La section centrale, après avoir consacré deux séances à la discussion du projet de loi, l'a adopté par 4 voix contre une[1]. »

A la Chambre même, quatre membres de la gauche seulement — parmi lesquels MM. Janson et Demeur — protestèrent contre le projet, qui fut adopté par 67 oui, 4 non et 6 abstentions[2].

Leroi obtint donc, grâce à cette opération avantageuse, mille hectares de forêts domaniales en pleine propriété, et donna en échange à peu près 10 hectares de terrains! Et, comme ces terrains furent incorporés dans son parc privé, — dont il a la jouissance perpétuelle, — il n'y eut qu'une chose de changée en ce qui les concerne : c'est que Léopold II, possédant comme roi, et non plus comme propriétaire privé, ne doit plus payer de contributions.

Faut-il s'étonner, dans ces conditions, que M. Léon Dommartin, dans son livre sur l'Ardenne, apprécie, en ces termes, ce prétendu échange : « Opération malheureuse, comme toutes celles qui livrent aux hasards de la fortune privée des choses dont la conservation, hautement désirable, se trouvait garantie par le fait qu'elles appartenaient au domaine public. En pareille occurrence, c'est le contraire qui est rationnel. Mais la courtisanerie a pénétré jusqu'au fond des forêts. »

---

1. *Documents parlementaires.* Session de 1879-1880, pp. 206 et 235.
2. *Annales parlementaires.* 1879-1880, pp. 1052 à 1054.

§ 2. — Les biens communaux

Parmi les propriétés particulières qui doivent leur formation à la vente des biens communaux, depuis l'époque de la confection du cadastre, on peut citer, à titre exemplatif — outre le domaine des Amerois — les cotes suivantes :

Amberloup (220 h. 97); Anloy (179 h. 64); Beho (225 h. 75); Ebly (209 h. 87); Freux (446 h. 17; 326 h. 24); Hautfays (138 h. 25); Saint-Hubert (115 h. 27); Tœrnich (227 h. 62); etc.

A côté de ces aliénations par blocs, les communes ont procédé fréquemment au partage d'une partie de leurs biens entre les habitants, ou bien à la vente des terrains subdivisés en petites parcelles et destinés au boisement ou à la culture.

Dans la plupart des cas, ces partages et ces ventes ont eu des résultats déplorables, tant pour les communes que pour les habitants.

Voici ce qu'on peut lire, à cet égard, dans le *Bulletin de la Société centrale forestière de Belgique* (février 1896):

« A méditer ce passage d'un article de Luxembourgeois, relatif à la trop grande extension donnée à la culture sur des terres pauvres et qui ont été ainsi soustraitées au reboisement. . . . .

— Souvent, très souvent, trop souvent en tous cas, nos cultivateurs acquièrent des champs qu'ils ne peuvent faire valoir comme il conviendrait, parce qu'ils n'ont pas le matériel et le personnel pour cela.

Dans ces conditions, leurs acquisitions leur rapportent 2 0/0, 3 0/0 peut-être, presque jamais plus, alors que la dette créée par ces achats se grossit chaque année de 5 0/0 d'intérêt. Et, au taux composé de 5 0/0, cet intérêt devient le cancer qui ronge l'avoir du paysan et le dévore lentement, mais sûrement. La ruine est fatale.

Comme ces lignes dépeignent bien ce qui se passe dans une partie de nos campagnes. Et que dire des administrations qui favorisent ses malheureuses tendances, en aliénant, à bas prix cependant, le domaine inculte des communes entre tous les habitants.

Ceux-ci s'efforcent de les mettre en valeur, et ils le font, en effet, avec peines et dépenses, pendant quelques années. Mais bientôt, épuisés par les efforts trop grands pour leurs moyens et insuffisants encore pour fertiliser de maigres terrains, ils les laissent retourner à l'état inculte, ou ils les aliènent à quelques favorisés de la fortune qui, eux, mieux inspirés, en feront d'excellentes plantations.

Les communes ont perdu leurs domaines et les habitants se sont partiellement ruinés. »

Au lieu de procéder à ces aliénations, ou à ces partages, également désastreux, les communes devraient imiter les particuliers et transformer leurs bruyères en terres labourables, en bois, ou en pâtures.

Elles augmenteraient ainsi les ressources communes, et pourraient mettre à la disposition des cultivateurs, gratuitement ou non, les terres et les pâtures qu'ils auraient créées.

Nous avons vu qu'un certain nombre d'administrations sont entrées dans cette voie.

Si leur exemple n'a pas été généralement suivi, jusqu'à présent, c'est — d'après l'auteur de la monographie agricole de l'Ardenne [1] — parce que les administrateurs communaux sont presque seuls propriétaires des troupeaux qui pâturent dans les « aisances », et parce que la plupart des communes sont trop pauvres et ne pourraient entreprendre ces transformations sans être aidées efficacement par les pouvoirs publics.

En résumé, par suite de l'aliénation du domaine de l'État et surtout des communes, les grandes cotes foncières, se rapportant à des particuliers, ont augmenté, en nombre et en contenance, depuis 1845.

Dans toute la région ardennaise, de riches particuliers, habitant pour la plupart à l'étranger ou dans les grandes villes, Anvers, Bruxelles, Liège, ont acheté ou arrondi des domaines considérables. La plupart de ces acquisitions ont eu lieu pendant les vingt années qui suivirent la mise à exécution de la loi du 25 mars 1847, sur l'aliénation des biens communaux.

Mais, dans ces derniers temps, ces aliénations du domaine public ont pris fin. « Il y a dix ans, — disait, en 1898, M. Visart [2] — beaucoup de communes ardennaises auraient aliéné au hasard et à vil prix ; aujourd'hui, il est difficile de trouver encore des communes qui désirent vendre leurs biens. »

---

1. *Loc. cit.* p. 98.
2 *Bulletin de la Société centrale forestière.* Juin 1898, p. 513.

L'État, de son côté, s'efforce de reconstituer et d'agrandir son domaine forestier. Conformément aux conclusions adoptées le 16 janvier 1895 par le Conseil supérieur des forêts, le gouvernement, depuis 1897, inscrit chaque année, au budget extraordinaire, un crédit de 300.000 francs « pour l'acquisition d'immeubles destinés à agrandir le domaine forestier et à régulariser les limites des propriétés de l'État, notamment des dunes domaniales ».

Au moyen de ces crédits, et en ce qui concerne spécialement la province du Luxembourg, le Gouvernement a acheté, en 1897 et 1898, une propriété boisée de 80 h. 30 ares sur le territoire de la commune de Petit-Thier, le « Grand Bois » (443 hectares) sur le territoire de Vielsalm, Petit-Thier et Beho, et, dans les environs d'Herbeumont, la forêt de Conques (224 h. 80 ares).

En somme, et pour l'ensemble du pays, les propriétés boisées acquises par l'État, depuis 1897, ont une contenance totale de 1.032 h. 83 ares.

On commence à comprendre que le seul moyen de conserver les grands massifs boisés, qui ne tardent pas, entre les mains des particuliers, à disparaître par suite de la division des héritages, de l'extinction des familles, des pertes d'argent, etc., c'est de les incorporer au domaine public.

TROISIÈME PARTIE

LA PROPRIÉTÉ FONCIÈRE

EN BELGIQUE

DE 1834 A 1899

Le régime foncier, dans les Pays-Bas, au xviiie siècle, était à peu près le même que dans le reste de l'Europe Occidentale[1].

Les domaines du souverain, ceux du clergé, d'innombrables seigneuries, se partageaient la plus grande partie du territoire.

Les manants étaient personnellement libres; ils avaient, en général, un droit héréditaire sur leur tenure; mais ils étaient, du chef de ces tenures, ou même à titre personnel, soumis à des corvées, assujettis à des prestations, soit en argent, soit en nature.

D'autre part, dans un grand nombre de cas, les droits des paysans avaient encore pour corollaires, certains droits d'usage dans la forêt, ou la bruyère seigneuriale, et notamment le droit d'y prendre le chauf-

---

1. Von Philippowich, *Grundriss der politischen Œkonomie*, p. 22 et s. Freiburg i. B., 1899.

fage, le bois de construction, la glandée et la paisson, la litière, l'herbe sèche, la tourbe, etc.

Ces aisements et ses redevances contribuaient à maintenir entre la propriété seigneuriale et la propriété paysanne une interdépendance, consolidée, le plus souvent, par la communauté de l'assolement et la rotation des cultures. Parfois, l'existence de biens communs, à la jouissance desquels les seigneurs participaient avec les habitants, perpétuaient certaines formes foncières du moyen âge, dont notre siècle a vu survivre encore bien des traces.

Nous avons constaté, cependant, les modifications considérables que cet état de choses a subi depuis la révolution française.

Les propriétés féodales, sauf de rares exceptions, restent dans les familles nobles, ou leur sont restituées sous l'Empire, mais dépouillées, naturellement, de leurs droits seigneuriaux.

Les biens du clergé, avec leurs « fermes innombrables », passent, au contraire, pour la plupart, dans le domaine des particuliers.

Sous le régime Hollandais, et surtout au lendemain de la révolution de 1830, la grosse bourgeoisie capitaliste s'empare des plus belles forêts domaniales.

Enfin l'expropriation forcée des communaux, la transformation des assolements, la suppression des droits d'usage, de vaine pâture, de parcours, viennent altérer profondément les conditions primitives d'existence de la propriété paysanne.

Plus tard, la décadence des industries rurales à

domicile, l'accroissements des charges fiscales, la crise
agricole, se joignant à l'action des partages successoraux,
lui portent de nouveaux coups.

D'aucuns prétendent, néanmoins, que, depuis l'époque
de la confection du cadastre, la petite propriété rurale
a gagné du terrain et l'on se fonde, pour l'établir, sur
l'augmentation du nombre des cotisations foncières.

De 1834 à 1897, en effet, ce nombre s'est élevé de
945.659 à 1.193.087.

D'où l'on conclut, généralement, que le nombre des
propriétaires augmente, que la propriété se morcelle,
que, dans un avenir plus ou moins rapproché, les
grands domaines auront fait place à de modestes lopins
de terre et que, par conséquent, les assertions socialistes, relatives à la concentration foncière, sont manifestement controuvées.

Au point où nous en sommes, plus n'est besoin de
dire que ces conclusions reposent sur de pures apparences.

Sans parler des charges hypothécaires, sur l'étendue
desquelles nous sommes, faute de statistiques récentes,
imparfaitement renseignés, il n'est pas douteux que,
de plus en plus, le nombre des propriétaires fonciers
reste fort au-dessous du nombre des cotisations.

En second lieu, il résulte de la comparaison des
recensements agricoles que la propriété paysanne,
exploitée en faire valoir direct, recule, devant la propriété capitaliste, exploitée en location.

Enfin le fait caractéristique qui se dégage de notre
enquête, c'est que, contrairement à l'opinion courante,

et malgré l'acroissement de la population, la hausse de
la valeur du sol — jusqu'à la crise agricole — le morcellement des cultures, l'action des lois successorales,
l'augmentation du nombre total des cotes foncières, les
cotes de 100 hectares et plus, se *rapportant à des particuliers*, occupent encore une étendue plus grande qu'à
l'époque de la confection du cadastre.

§ 1. — Le cumul des cotes foncières

On sait qu'un propriétaire réunit autant de cotes
qu'il possède de propriétés dans des communes différentes.

Quelques-unes de nos administrations hospitalières,
par exemple, qui ont conservé, depuis l'ancien régime,
de vastes propriétés, sont représentées au cadastre
par un grand nombre de cotes[1].

		Contenance globale hectares	Nombre de cotes
Diest :	Bureau de bienfaisance.	498	26
—	Hospices	691	30
Nivelles :	Hospices	1.145	29
Tournay :	Bureau de bienfaisance.	1.414	76
—	Hospices	1.822	79
Bruges :	Bureau de bienfaisance.	302	52
—	Hospices	3.625	76
Bruxelles :	Hospices	2.304	129
Gand :	Hospices	3.893	129

Il ne faudrait, d'ailleurs, pas s'exagérer le nombre et
l'importance des propriétés de ce genre existant en

---

1. Renseignements fournis par MM. les secrétaires de ces administrations.

Belgique. D'après le dernier relevé officiel qui en ait été
fait, au 31 décembre 1864, la propriété des bureaux de
bienfaisance n'occupaient que 1,36, celle des hospices, 1,25 0/0 de la superficie totale du territoire,
contre 82,16 0/0 aux particuliers et le surplus à l'État
ou à d'autres personnes publiques.

Mais il est beaucoup d'autres propriétaires, surtout
dans les régions où domine la petite culture, qui réunissent également un nombre considérable de cotes
foncières.

Dans la seule province de Brabant, nous avons vu
que la famille d'Arenberg possède plus de 6.000 hectares, avec 31 cotes.

En pays flamand, il n'est pas rare qu'un seul propriétaire soit représenté au cadastre par 30, 40, voire
même 50 cotes foncières.

Antérieurement à la revision constitutionnelle de
1894, la liste des éligibles au Sénat, dans quelques
provinces, énumérait toutes les cotés dont le revenu
servait à déterminer, pour chaque éligible, le cens
sénatorial.

Or, d'après la liste de 1893, pour la Flandre occidentale, les 112 éligibles réunissaient 1.730 cotes, soit une
moyenne de 14 cotes par éligible. Beaucoup d'entre
eux avaient des propriétés dans plus de vingt communes,
et les n°s 1, 27, 38, 48 et 49 de la liste étaient représentés, respectivement, par 44, 43, 47, 58 et 41 cotes.

En 1897, *De Landbouwer* (Le Laboureur), journal
agricole des socialistes Gantois, a publié une liste nomi-
native de quelques grands propriétaires de Gand, avec

le relevé des cotisations foncières qu'ils réunissaient dans les différentes communes du pays :

« M. de P... possède, dans 44 communes belges et en Hollande, 1.195 h. 67 ares. Sur ces 44 cotes foncières, 28 se rapportent à des parcelles de moins de 5 hectares ; 5 seulement dépassent 50 hectares.

M. de G... réunit 58 cotes foncières, formant un ensemble de 1.130 h. 99 ares. »

Bref, il n'est pas douteux que, par suite du cumul des cotes foncières, le nombre des propriétaires soit sensiblement inférieur à celui des cotisations. En 1848, — d'après le seul relevé qui ait jamais été fait — la proposition était de 7 : 9 ; mais depuis lors, à raison du morcellement des cultures, de la facilité croissante des communications, de la dispersion toujours plus grande des relations d'affaires, les gens se sont habitués à acheter des terres dans tous les coins du pays, et, par conséquent, la proportion ne doit plus être ce qu'elle était il y a cinquante ans.

Dans les environs des grandes villes, où le développement des moyens de transport, spécialement des chemins de fer vicinaux, semble devoir transformer, tôt ou tard, les propriétés rurales en terrains à bâtir, certaines familles, — il nous serait facile de citer des noms — achètent toutes les parcelles disponibles, dans un but de spéculation ou de placement. Ces achats de terre se sont multipliés depuis la conversion, ou, plutôt, les conversions successives des emprunts de l'État ou des villes, de ces dernières années. Étant donné le taux d'intérêts des fonds publics beaucoup de personnes

qui en achetaient jadis préfèrent maintenant acheter des
terres, surtout dans les régions où ils peuvent escomp-
ter une plus-value dans l'avenir. Or, dans les cantons
où les grands domaines sont rares, où les spéculateurs
doivent acheter des terrains éparpillés dans de nombreuses communes, il doit nécessairement arriver que
l'écart augmente entre le nombre des cotes et celui des
propriétaires fonciers.

On peut conclure de ces faits que l'augmentation,
d'ailleurs réelle, du nombre des propriétaires, n'est pas
aussi forte que l'accroissement des cotes foncières pourrait le faire supposer.

D'autre part, cet accroissement tend à se ralentir
depuis quelque vingt ans. Pendant toute la durée de
la crise agricole, le nombre absolu des cotes a même
diminué dans le Limbourg, le Luxembourg et la
Flandre Orientale. Ailleurs il a augmenté, et il augmente encore, beaucoup moins vite que le chiffre de la
population.

Tandis qu'en 1834 il y avait 23 cotes par 100 habitants, il n'y en a plus que 18 en 1897.

Par conséquent, *le nombre de ceux qui n'ont aucune
part dans la propriété du sol*, qui ne possèdent même
pas l'emplacement de la maison qu'ils habitent, *s'est
considérablement accru pendant la seconde moitié de
ce siècle.*

§ 2. — Les progrès de la propriété capitaliste

Au sens étroit du mot, le mode de production *capi-taliste*, en agriculture, implique l'existence de trois classes nettement distinctes : les ouvriers salariés, qui sont les véritables cultivateurs du sol ; le fermier capitaliste, qui dirige l'entreprise et en tire les profits; le propriétaire foncier, qui autorise le fermier à appliquer ses capitaux à la terre, moyennant une redevance périodique fixée par contrat.

Cet état de choses ne se touve guère réalisé que dans la grande ou la moyenne culture.

Mais, élargissant la signification du terme, nous avons appelé *capitaliste* — en l'opposant à la propriété *paysanne* — toute propriété qui n'appartient pas à celui ou à ceux qui la cultivent.

Au point de vue des conséquences sociales, la prédominance de l'exploitation par locataires, sur le faire valoir direct, est un fait plus important que la prédominance de la grande propriété sur la petite.

Du moment où le cultivateur doit payer la rente, il lui importe relativement peu que les terres de son village, exploitées en location, appartiennent à un seul ou à plusieurs propriétaires.

L'exemple de la Sicile, de l'Irlande ou des Flandres démontre même que, dans le second cas, l'exploitation du fermier peut être plus dure, la dépendance des populations rurales plus rigoureuse.

Bien plus, on peut dire que les fermiers parcellaires du pays Flamand, qui ne sont pas plus des capitalistes que l'ouvrier en chambre, livré au *sweating system*, sont plus fortement exploités que beaucoup d'ouvriers agricoles de la Hesbaye ou du Condroz.

Quand donc on établirait que la propriété foncière se morcelle, cela ne prouverait nullement qu'elle se démocratise : le contraire serait vrai si le faire valoir indirect gagnait en même temps du terrain sur le faire valoir direct.

Or, c'est incontestablement le phénomène qui se produit dans toutes les régions où le développement de la culture intensive exige des capitaux plus considérables et supprime les conditions d'existence de la propriété paysanne [1].

Certes, le faire valoir direct occupe encore, en Belgique, une notable fraction, près de la moitié du domaine agricole — 53 0/0 en 1880, 49 0/0 en 1895 [2] — mais nous savons que la statistique officielle range dans cette catégorie, les bois et les bruyères, broussailles, terrains vagues ou incultes, pâtures-sarts, terrains essartés ou écobués périodiquement, mais non cultivés régulièrement, soit qu'ils appartiennent à des particuliers, soit à l'État, à la commune ou à des établissements publics.

Si l'on tient compte seulement des cultures ordi-

---

1. Voir à ce sujet notre rapport au Congrès agricole de Waremme, 31 décembre 1897, dans *Desirée et Vandervelde, le Socialisme en Belgique*. Paris, 1898, chez Giard et Brière. Cf. de la Vallée Poussin, *La propriété paysanne en Belgique, Revue sociale catholique*, 1er février 1898,

2. Recensements agricoles de 1888 et 1895,

naires, du domaine cultivé proprement dit, y compris les jachères, les proportions sont bien différentes :

ÉTENDUE ET RÉPARTITION DU DOMAINE CULTIVÉ

	1880				1895			
	LOCATION		FAIRE VALOIR DIRECT		LOCATION		FAIRE VALOIR DIRECT	
	hectares	0/0	hectares	0/0	hectares	0/0	hectares	0/0
Luxembourg ...	61.238	34,4	110.924	65,6	62.170	32,1	130.762	67,9
Limbourg......	56.042	41,8	78.109	58,2	78.795	59,2	54.438	40,8
Namur.........	139.450	61,2	88.543	38,8	139.605	63,7	79.707	36,3
Liège.........	113.296	60,1	75.376	39,9	128.780	68,8	57.934	31,2
Hainaut.......	190.867	65,9	102.374	34,9	195.479	69,1	87.664	30,9
Brabant.......	192.912	71,1	78.336	28,9	187.377	72,1	72.697	27,9
Anvers........	93.107	59,5	63.408	40,5	107.207	73,0	39.736	27,0
Fl. orientale....	186.233	74,0	65.646	26,0	180.614	77,8	51.620	22,1
Fl. occidentale .	237.298	85,3	44.343	14,7	240.328	88,4	31.723	11,6
Le royaume..	1.270.512	65,1	713.059	35,9	1.320.358	68,9	596.331	31,1

Ainsi donc, pour l'ensemble du pays, sur 100 hectares de cultures ordinaires il y en a près de 69 qui paient la dîme capitaliste.

Le faire valoir direct ne l'emporte plus sur l'exploitation par locataires que dans l'Ardenne, dans les bruyères de la Campine, ou dans les cantons boisés de l'Entre-Sambre-et-Meuse.

Par contre, dans les plaines de la Flandre Occidentale sur 100 hectares cultivés en 1895, 11 seulement l'étaient par leur propriétaire.

Dans le canton d'Ostende, si l'on fait abstraction des terres incultes : les dunes de mer, le faire valoir direct a complètement disparu.

Bref, à mesure que l'un descend des hautes fanges vers les régions de culture intensive, la propriété capitaliste, au sens large du terme, représente une fraction plus considérable du domaine cultivé. D'une manière générale, on peut dire que *son développement est en raison directe de la valeur vénale du sol.*

Et cependant, par une contradiction apparente, c'est surtout aux époques de crise, de dépréciation de la valeur foncière, que la propriété capitaliste gagne du terrain. C'est alors, en effet, que les paysans se trouvent dans l'impossibilité de faire face aux engagements trop onéreux que, dans leur passion de la terre, ils contractent pendant les bonnes années; les profits diminuent, les dettes s'accumulent; les charges hypothécaires deviennent plus lourdes, les ventes immobilières sur expropriation forcée se multiplient : « Par les soins du ministère de la Justice, une statistique comparative a été dressée du nombre de ces ventes, pendant deux périodes de trois années, séparées par un intervalle de vingt ans, 1871 à 1873, d'une part, 1891 à 1893, d'autre part. Il ressort des renseignements recueillis que, dans toutes les parties du pays, sauf en Ardenne, les expropriations ont été beaucoup plus nombreuses pendant la seconde période triennale que pendant la première. Presque partout le nombre des ventes a au moins doublé; il a triplé dans le Limbourg, quadruplé dans les arrondissements de Malines et de Louvain, sextuplé dans celui de Tournay[1]. »

1. De la Vallée Poussin, *Revue sociale catholique*, 1ᵉʳ avril 1898, p. 168. Bruxelles, 1898.

Il va sans dire que ces ventes forcées ne représentent qu'une minime partie des aliénations de la propriété paysanne qui ont été la conséquence de la crise agricole.

De 36 pour 100 hectares de cultures ordinaires, en 1880, le faire valoir direct est tombé à 31 0/0, en 1895.

Sauf dans le Luxembourg, où les cultures ordinaires soit en location, soit en faire valoir direct, ont pris de l'extension, aux dépens des terrains incultes, la terre échappe, de plus en plus, à ceux qui la cultivent.

Le nombre des propriétaires, cultivant leurs propres terres, pour la totalité, ou pour plus de la moitié, était en 1895 de 231.319, diminution depuis 1888 : 62.205, soit 21 0/0.

Le nombre des locataires, pour toute l'étendue de leurs cultures, ou pour plus de la moitié, était, en 1895, de 598.306, diminution depuis 1880 : 18.566, soit 3 0/0.

On comptait en 1880, sur l'ensemble des exploitations agricoles, 68 0/0 de locataires et 32 0/0 de propriétaires. En 1895, la proposition est de 72 0/0 pour les locataires et de 28 0/0 pour les propriétaires.

Mais, pour apprécier sainement la portée de cette régression du faire valoir direct, il faut étudier séparément l'évolution des diverses catégories d'exploitations agricoles, depuis la propriété parcellaire jusqu'à la grande propriété.

Nous adopterons, à cet effet, la classification généralement adoptée, du moins en Allemagne[1].

1. V. Souchon, *la Propriété paysanne*. Paris, Larose, 1899, p. 1 à 11.

Pour déterminer l'importance d'une exploitation agricole, il faut — suivant l'expression de M. von Philippowich [1] — se placer au point de vue économique et non pas géométrique :

« Appelons grande, dit W. Roscher, toute propriété qui l'est assez pour occuper pleinement un homme entendu de la classe supérieure, lorsqu'il se charge d'en diriger l'exploitation. La propriété moyenne est celle dont la direction n'occupe pas suffisamment l'entrepreneur, mais lui laisse encore du temps pour coopérer aux travaux de gestion plus simples et moins relevés, coopération que, dans ce cas, sa condition sociale et son éducation ne doivent pas lui faire dédaigner. Cependant la majeure partie des travaux d'exécution matérielle y sont effectués par des manœuvres salariés. La plupart des biens des paysans riches rentrent dans cette classe. Les petites propriétés sont celles qui ne sont ordinairement cultivées que par le tenancier seul, à l'aide de sa famille, mais réclament le travail de tous les bras dont elles disposent. Lorsqu'enfin l'exploitation rurale est trop exiguë pour occuper toute une famille, il ne peut être question de biens, mais seulement de parcelles. »

En somme donc, on peut considérer comme grandes exploitations celles qui sont assez étendues pour que l'exploitant ne participe pas au travail agricole proprement dit et se borne à diriger l'entreprise.

Dans les exploitations moyennes, au contraire, il

1. *Grundriss der politischen Œkonomie*, I, p. 33. Freiburg i. B., 1899.

dirige l'entreprise, mais il travaille également avec les ouvriers.

On range parmi les petites exploitations celles où le cultivateur travaille avec les membres de sa famille, sans employer, d'une manière permanente, des travailleurs auxiliaires.

Enfin l'on entend par exploitations parcellaires, celles dont la grandeur ne suffit pas à occuper, exclusivement, le cultivateur et sa famille.

A peine est-il besoin de dire que l'étendue de ces diverses catégories diffère considérablement, d'une région à l'autre, d'après la nature du terrain, le climat, le genre d'exploitation et toute la série des facteurs qui influent sur la productivité du sol.

Dans le petit Brabant, par exemple, où dominent les cultures industrielles et maraîchères, les agronomes de l'État adoptent la classification suivante :

	Hectares
Grandes exploitations...............	15 à 25
Exploitations moyennes............	5 à 14
Petites exploitations...............	1 à 5

« Abstraction faite de toute situation spéciale — ajoutent-ils [1] — une famille normale, composée du père, de la mère, d'un fils et d'une fille adultes, et de deux ou trois enfants moins âgés, trouvera de l'occupation, toute l'année, sur une ferme de 3 à 4 hectares. En exploitant une telle ferme, cette famille pourra pourvoir à sa subsistance, mais elle ne saurait guère

1. Monographie de la région agricole de la Campine, p. 44. Bruxelles, 1899.

prospérer. Avec l'aide de deux ou trois étrangers pendant la moisson, elle pourra exploiter 6 à 8 hectares. »

Sur les hauts plateaux de l'Ardenne, au contraire, où la culture est encore très extensive, les agronomes déterminent comme suit l'étendue respective de la petite, de la moyenne et de la grande culture :

	Hectares
Petite culture..............	3 à 30
Moyenne culture............	30 à 60
Grande culture	60 et au delà.

« Pour qu'une famille normale de paysans, se composant du père, de la mère, de trois ou quatre enfants en âge de travail et d'un enfant en-dessous de douze ans, puisse, sans ouvriers, trouver son occupation et sa subsistance, il faut une culture d'une étendue minimum d'une vingtaine d'hectares. Avec l'aide de deux ou trois étrangers, pendant la moisson, c'est-à-dire au moment de la récolte des foins, seigles, avoines et pommes de terre, cette famille pourrait cultiver de 40 à 50 hectares. »

Étant données ces variations, d'un extrême à l'autre, les moyennes générales, applicables à tout le pays, ne peuvent avoir qu'une valeur très relative.

C'est donc sous les plus expresses réserves que l'on peut proposer, pour l'ensemble de la Belgique, la classification suivante :

	Hectares
Grandes exploitations........	50 et au delà.
Moyennes exploitations.......	10 à 50
Petites exploitations.........	2 à 10
Exploitations parcellaires.....	0 à 2

Depuis le premier recensement agricole, le nombre des exploitations en faire valoir direct, pour ces diverses catégories, a subi les fluctuations suivantes :

	1846	1866	1880	1895
Propriété parcellaire.	127.112	229.929	218.144	164.867
Petite propriété......	57.169	68.598	60.598	51.298
Moyenne propriété...	16.587	19.329	13.767	14.237
Grande propriété	1.359	2.823	1.015	917
	201.226	320.971	293.524	231.319

Il y a donc régression, à partir de 1866, pour toutes les catégories de faire valoir direct, sauf un léger relèvement (+ 470) du nombre des moyennes exploitations, pendant la période 1880-1895 ; mais ces chiffres ne prennent toute leur signification que si on les met en rapport avec les catégories correspondantes du faire valoir indirect.

I. Exploitations parcellaires :

L'une des caractéristiques essentielles de l'agriculture belge, c'est l'extraordinaire multiplicité des exploitations parcellaires. D'après le recensement de 1895, sur un total de 829.625 exploitations, il y en a 634.353 dont l'étendue est inférieure à 2 hectares :

En faire valoir direct.............	164.867
En location.....................	469.486
TOTAL.........	634.353

Sauf dans quelques régions de culture maraîchère, l'immense majorité de ces exploitations ne fournit que des ressources accessoires à ceux qui les occupent.

Il en est qui appartiennent, ou sont louées, à des artisans de village, des petits commerçants — cabaretiers, marchands de vaches, poulaillers, etc., — des bourgeois disposant d'autres revenus (capitaux mobiliers, pensions, métiers accessoires, autres que celui de salariés agricoles et industriels).

Les autres, de beaucoup les plus nombreuses, sont occupées, en faire valoir direct ou indirect, par les différentes catégories d'ouvriers qui habitent les campagnes, et notamment :

1° Les ouvriers agricoles (domestiques à gages et journaliers permanents), au nombre de 128.277 (hommes), d'après le recensement de 1895 ;

2° Les ouvriers nomades (aoûterons, betteraviers, etc.), particulièrement nombreux dans le sud de la province d'Anvers et le *Hageland* (Brabant), ainsi que dans la partie des Flandres où dominait, jadis, l'industrie linière à domicile. On peut évaluer leur nombre à 45 ou 50.000. Absents pendant la moitié de l'année, ils abandonnent à leur femme, et à d'autres membres de la famille, la plupart des soins de leur petite culture.

3° Les ouvriers mi-agricoles, mi-industriels, travaillant par exemple dans les sucreries ou dans les mines, en hiver, et dans les champs, à l'époque de la moisson, quand la demande de travail augmente temporairement ;

4° Les ouvriers des industries rurales à domicile : chapeliers en paille de la vallée du Geer, armuriers des environs de Liège, sabotiers du pays de Waas ou de l'Entre-Sambre-et-Meuse, couteliers du pays de Gembloux, tisserands des alentours de Renaix ou de Braine-l'Alleud, etc.;

5° Enfin, les ouvriers qui vont, tous les jours, ou pendant toute la semaine, ou pendant des laps de temps plus considérables, travailler dans les villes ou dans les centres industriels.

Tels sont, par exemple, les ouvriers des chemins de fer, les paveurs, les maçons et les plafonneurs du Brabant wallon, les carriers du Condroz, les ardoisiers de la Semoys, les ouvriers de hauts fourneaux du Luxembourg, les tisserands des régions voisines de Roubaix et de Tourcoing, les terrassiers de la région des polders, et, dans toute la Belgique moyenne, les métallurgistes, les houilleurs, les lamineurs et autres ouvriers de fabrique, employés dans les bassins de Liège, de Mons et de Charleroy.

Il n'est pas douteux — et nous l'avons montré dans nos monographies locales[1] — qu'au point de vue de ces diverses catégories d'ouvriers la culture parcellaire, produisant à peu près toutes les valeurs d'usage qu'ils consomment, présente d'incontestables avantages.

Mais, au point de vue agronomique, les résultats sont détestables. Il en est de même, au point de vue de la condition sociale des femmes, transformées, trop souvent, en animaux de labour, ainsi que de l'éducation des enfants, empêchés de suivre l'école.

Aussi croyons-nous que c'est un bien qu'avec les

---

1. La Hulpe-Rixensart, Genval.

progrès de l'industrialisation, l'étendue des parcelles tende à se réduire, au point que ces exploitations minuscules se transforment en simples jardins.

Quant à leur nombre, il est, naturellement, en rapport avec l'effectif des diverses catégories de personnes qui les occupent.

Cet effectif ayant considérablement augmenté, pour toutes les catégories — sauf celle des ouvriers ruraux à domicile — pendant la période d'expansion industrielle et culturale qui se prolonge jusqu'en 1874, cette augmentation se reflète dans les recensements agricoles de 1846, 1866 et 1880 :

NOMBRE DES EXPLOITATIONS INFÉRIEURES A 2 HECTARES

	Faire valoir direct	Location	Total
1846	127.112	273.402	400.514
1866	229.929	297.986	527.915
1880	219.144	499.419	710.563

Ainsi donc, tandis que le nombre des parcelles en faire valoir direct, après avoir presque doublé, de 1846 à 1866, diminue à partir de cette époque, le nombre des parcelles en location, au contraire, n'augmente que faiblement, jusqu'en 1866, tandis que, pendant les quinze années suivantes, l'expansion du régime capitaliste se traduit par un accroissement de deux cent mille parcelles ouvrières.

Lors du recensement de 1880, sur un total de 910.396 exploitations, 710.563 (78 0/0) sont inférieures à 2 hectares. La Belgique devient la terre classique du morcellement poussé à l'extrême.

Mais, à partir de 1880, un mouvement en sens

inverse semble se dessiner. Le nombre des exploitations parcellaires, — d'après le recensement de 1895,
— tombe à 634.353, soit une diminution de 76.210.

Pour apprécier cette diminution, il ne faut pas oublier
que, d'après les déclarations du ministre de l'Agriculture, « le nombre des exploitations agricoles relevées
en 1880 est notablement exagéré par le fait qu'on a
considéré, à cette époque, comme exploitation distinctes, les étendues consignées dans les Bulletins supplémentaires. »

En dépit de cette déclaration, qui ne laisse pas d'être
inquiétante, au point de vue de la créance que méritent
les données du recensement de 1880, il est possible
que le nombre des parcelles ait réellement diminué
dans certaines régions.

Tandis que le recensement constate une augmentation sensible, dans les provinces industrielles
de Liège et de Hainaut, ainsi que dans la province
d'Anvers, où l'industrie se développe rapidement, il
y a diminution, dans les provinces agricoles ou
mixtes.

Cette diminution serait en rapport, d'une part, avec
l'exode rural, dans les parties du pays où le faible
développement des moyens de transport empêche les
ouvriers de travailler en ville, tout en continuant à
habiter la campagne; d'autre part, avec le reboisement, l'économie de la main-d'œuvre, depuis la crise
agricole, et la transformation en pâturages, suivant le
mode anglais, d'une grande quantité de terres arables;
d'où la diminution sensible du nombre des ouvriers

agricoles permanents, constatée par le dernier recensement :

	Hommes	Femmes	Total
1880	141.762	75.433	217.195
1895	128.277	58.829	187.106

Ce qui semble confirmer l'hypothèse d'une certaine réduction du nombre des parcelles ouvrières, depuis la crise agricole, c'est que le même phénomène s'est produit en France : alors, en effet, qu'en 1882 il y avait 1.374.646 possesseurs de parcelles, obligés de demander au salariat, ou à la location des terres, le complément de leurs moyens d'existence, cette catégorie se trouve réduite, en 1892, à 1.118.025.

En Allemagne, au contraire, — sans doute par suite de la formidable expansion de l'industrie, — le nombre des parcelles inférieures à 1 hectare s'est élevé de 2.323.316, en 1882, à 2.529.132, en 1895, soit une augmentation de 8,8 0/0.

Et d'une manière générale, — malgré les reculs, apparents ou réels, qui ont pu se produire pendant la crise agricole, — il n'est pas douteux que le développement d'un régime capitaliste, en industrie et en agriculture, tende à multiplier le nombre des exploitations parcellaires, aux dépens d'une ou plusieurs autres catégories d'exploitations.

D'autre part, il n'est pas douteux, spécialement en Belgique, que la proportion des « parcelles » en faire valoir direct diminue, au profit des parcelles en location[1]. Cela s'explique probablement pour ce fait que

1. Cf. Souchon, *la Propriété paysanne*, p. 58.

les très petits propriétaires sont particulièrement attirés par les villes : ils ont l'espoir d'y réussir, plus
aisément, grâce au maigre capital qu'ils peuvent tirer
de la vente de leur terre.

II. *Petites exploitations :*

Les exploitations de 2 à 10 hectares, dont le plus
grand nombre sont cultivées par le paysan et sa famille,
sans le concours permanent de salariés, présentent, de
1846 à 1895, le mouvement suivant :

	Faire valoir direct	Location	Total
1846	57.109	69.961	126.120
1866	68.598	94.713	163.503
1880	60.298	97.663	158.261
1895	51.298	99.288	150,586

Ainsi donc le nombre des petites cultures par locataires, qui pullulent surtout dans les Flandres, a toujours été en augmentant.

La petite propriété paysanne, au contraire, a sensiblement décru depuis le recensement de 1866.

Ceux-là mêmes, d'ailleurs, qui considèrent la moyenne
propriété paysanne comme susceptible de se maintenir
vis-à-vis de la culture capitaliste, voire même de se
développer à ses dépens, reconnaissent l'habituelle
infériorité des petites exploitations en faire valoir direct,
qui, sans être des parcelles ouvrières, sont trop peu
étendues, pour subvenir convenablement à l'entretien
d'une famille.

M. Souchon, par exemple, dans son étude récente
sur la propriété paysanne, décrit, en ces termes, les
inconvénients de la trop petite propriété :

« Il est très rare que le cultivateur qui a pour tout
bien immobilier une chaumière et un champ insuffi-
sant pour le nourrir soit en même temps détenteur de
quelques capitaux. Il les emploierait, sans doute, à
l'agrandissement immédiat de son domaine. Dès lors,
une loi qu'on a pu proclamer comme la règle essentielle en matière de division du sol, celle qui exige une
certaine proportionnalité entre la fortune meuble et
immeuble des possesseurs de la terre, se trouve toujours en échec, quand on est en présence de la propriété parcellaire (c'est-à-dire d'après M. Souchon, dont
la terminologie diffère de la nôtre, toute propriété
inférieure à 5 hectares); et c'est là une situation qui se
traduit par des malaises très graves. Elle est cause,
notamment, que ces propriétaires sont des victimes
désignées à tous les maux de l'usure. Elle peut aussi,
par manque de moyens d'exploitation suffisants (usten-
siles aratoires ou bestiaux), les réduire à une vie bien
plus dure que celle des simples journaliers, en faisant
d'eux les esclaves impuissants de ce sol dont ils se
flattent d'être les maîtres[1]. »

Ces observations visent les propriétés inférieures à
5 hectares, mais il va sans dire qu'elles s'appliquent
également aux exploitations paysannes, d'une étendue
géométrique plus considérable, mais d'une faible productivité, que nous avons rencontrée dans le Condroz.

III. *Moyennes exploitations :*

Tandis que la petite culture et la culture parcellaire

---

1. Souchon, *la Propriété paysanne,* p. 56.

ont perdu du terrain, depuis 1880, les exploitations moyennes, au contraire, tendent à se multiplier :

	Faire valoir direct	Location	Total
1846	16.587	24.997	41.683
1866	19.329	27.733	47.062
1880	13.767	24.402	38.169
1895	14.237	26.865	41.102

On constate, d'ailleurs, le même phénomène en Allemagne, où, de 1882 à 1895, ce sont les exploitations de 5 à 20 hectares, qui présentent la plus forte augmentation numérique[1].

Néanmoins ce serait une erreur d'en conclure que la moyenne propriété paysanne, ou la moyenne culture, soit en progrès dans toutes les régions.

Partout, au contraire, où l'industrie se développe, elle semble plutôt en recul, par suite du renchérissement de la main-d'œuvre.

Nous lisons, par exemple, dans l'*Ingénieur agricole de Gembloux*[2] relatant une excursion dans le Pas-de-Calais :

« Le prix élevé de la main-d'œuvre augmente tellement les frais de culture que beaucoup de terres restent en friche, et il en est qui, louées il y a peu d'années encore 40 francs, ne trouvent plus actuellement preneurs pour 25.

Par suite de ces conditions, la moyenne culture dis-

1. *Karl Kautsky Die Agrarfrage*, p. 132, Stuttgart, 1899.
2. *L'Ingénieur agricole de Gembloux*, 1er Janvier 1899, p. 329.

paraît. En effet, c'est surtout elle qui est sous la dépendance de la main-d'œuvre, ses capitaux et la faible
étendue de ses opérations ne lui permettant pas l'achat
de machines ; cependant elle ne peut pas tout faire par
elle-même. »

La difficulté croissante de trouver des ouvriers agricoles est également une des causes de la régression,
très marquée, du faire valoir direct, dans les provinces
d'Anvers et de Limbourg.

En 1878, déjà, dans une notice sur le canton d'Hoogstraeten (Campine anversoise), M. Rolin Jacquemyns
signalait cette influence du renchérissement de la main-
d'œuvre, par suite de l'attraction du port d'Anvers,
« phénomène — disait-il — qui, à la longue, doit
produire de bons effets, mais qui, en attendant force
le fermier propriétaire à chercher les moyens d'exploiter avec un plus grand capital. Généralement, le moyen
qu'il emploie, ou auquel il est entraîné, après avoir
commencé par s'endetter (ce qui est rare), est de vendre
sa ferme et d'y rester ensuite comme locataire. Ainsi,
la classe, autrefois très nombreuse, des cultivateurs
propriétaires, tend à diminuer[1]. »

Cet état de choses n'a fait que s'aggraver pendant
les années qui suivirent et si, depuis quelque temps,
la situation des petits cultivateurs est, jusqu'à nouvel
ordre, moins précaire, le drainage des ouvriers,
dans la direction d'Anvers, et l'absorption par l'industrie des travailleurs les plus intelligents, les plus actifs,

---

1. De Laveleye. *L'Agriculture belge*. Annexes, p. 172.

les plus robustes, continuent à favoriser le morcellement des grandes ou des moyennes exploitations.
« Comme les établissements industriels, et en particulier les briqueteries — écrivait en 1899 M. de Beuke-
laer — se multiplient en Campine, d'une année à
l'autre, la rareté des travailleurs des champs devient
aussi plus grande, d'année en année. Le cultivateur
est forcé d'accomplir presque toute sa besogne avec
ses fils et ses filles, et celui qui ne peut le faire, avec
le personnel de sa famille, se trouve réduit à chercher
quelque petite métairie, où il puisse encore gagner sa
vie convenablement[1].

On voit que les progrès du capitalisme n'entraînent
pas, nécessairement, la concentration de la culture; il
arrive assez fréquemment, au contraire, que les mêmes
causes qui tendent à réduire le faire valoir direct
provoquent en même temps, la division des grands
domaines, le développement des cultures maraîchères et
industrielles, la multiplication des parcelles ouvrières,
louées plus cher que les grosses fermes.

Pour qu'il en soit autrement, il faut que la grande
culture intensive acquière une supériorité décisive sur
la culture morcelée.

C'est d'ailleurs ce qui tend à se produire, dans une
notable partie de la Belgique, depuis une vingtaine
d'années.

IV. *Grandes exploitations:*

Après avoir diminué en nombre, jusqu'à la crise

1. Projet d'institution d'une école professionnelle d'agriculture et
d'horticulture, p. 12. Anvers, 1899.

agricole, les grandes exploitations (50 hectares et au
delà) sont redevenues plus nombreuses, depuis le
recensement de 1880 :

	Faire valoir direct	Location	Total
1846	1.359	2.874	4.333
1866	2.823	2.705	5.627
1880	1.015	2.388	3.403
1895	917	2.667	3.584

Le faire valoir direct continue donc à décroître ; mais
la grande culture capitaliste se développe aux dépens des
petites exploitations.

L'*Annuaire* de statistique, publié par le ministère de
l'Intérieur, commente, en ces termes, cette transformation :

« Ce sont, exclusivement, les exploitations de moins
de 5 hectares, et notamment celles de moins de 2 hectares, dont le nombre a diminué. Au contraire, les
exploitations au-delà de 10 hectares ont augmenté de
3.789. *La concentration de la propriété foncière, qui correspond au développement de la grande culture et de
l'élevage, s'accuse ici d'une façon très nette.* Il s'est
produit, depuis 1880, un mouvement en sens inverse
de celui qui avait été constaté de 1866 à 1880, où le
nombre des petites exploitations s'était considérablement accru, tandis que celui des grandes exploitations
avait beaucoup diminué. *Actuellement, c'est la petite
propriété rurale qui s'efface devant la grande culture*[1].

Ces progrès de la grande culture apparaîtraient bien
plus considérables, s'ils n'étaient en partie masqués par

---

1. *Annuaire* pour 1899, p. 44. Bruxelles, 1900.

les mouvements en sens contraire, qui persistent dans certaines régions.

Nous venons de voir que, pour la Campine, la période de morcellement n'est pas close.

De même dans le Luxembourg, il y a diminution du nombre des exploitations de plus de 50 et moins de 3 hectares; par contre, les exploitations de 3 à 10 et de 10 à 50 hectares, sont en progrès : ainsi donc, recul des grandes exploitations et des exploitations parcellaires, au profit de la catégorie intermédiaire.

« Le nombre des ouvriers à la journée diminue d'année en année, alors que celui des domestiques à gage ne varie guère [1]. »

Par suite de cette diminution, le nombre des parcelles ouvrières se réduit.

D'autre part, les grandes exploitations, faute de capitaux et de main-d'œuvre, se morcellent et font place à des reboisements, des pâtures ou des exploitations de moindre étendue, cultivées par les membres de la famille et qui peuvent se passer, presque complètement, d'auxiliaires salariés.

Mais, si nous passons maintenant, de l'autre côté de la Meuse, sur les plateaux fertiles de la Belgique moyenne, c'est exactement le phénomène contraire qui se produit : d'une part, augmentation du nombre des exploitations parcellaires, parce que la facilité des communications permet aux ouvriers qui travaillent en ville de rentrer chez eux tous les soirs; d'autre part, accroissement des exploitations de plus de 50 hectares,

1. *Monographie agricole de l'Ardenne*, p. 36.

parce que la grande culture, lorsqu'elle dispose de capitaux suffisants, manifeste sa supériorité technique sur
la petite ou la moyenne culture.

En résumé, la grande culture capitaliste se développe dans les terres à blé de la région limoneuse. Le
morcellement continue à faire des progrès, en Ardenne.
La petite culture, industrielle ou maraîchère, reste
dominante dans les Flandres et la Campine; mais,
dans l'immense majorité des districts agricoles — que
les exploitations se concentrent ou se divisent, s'arron-
disent ou se morcellent — le faire valoir direct perd du
terrain.

« Une conséquence nécessaire de la propriété privée
du sol, en régime capitaliste, c'est la séparation du
cultivateur-propriétaire en deux personnes : le propriétaire et l'entrepreneur » (Marx).

Ce qui provoque ce divorce, ce qui tue la propriété
paysanne, c'est bien moins telle ou telle cause, spécialement déterminée — lois successorales, infériorité
technique, matériel défectueux — que le développement tout entier de la société bourgeoise, du mode de
production capitaliste.

Partage égal et forcé, aggravation des charges fiscales et militaires, destruction des industries accessoires du travail agricole, expropriation des communaux et des forêts domaniales, suppression des droits
d'usage, intensification des cultures, nécessitée par les
besoins d'une population industrielle, ou, plus exactement, non agricole, toujours plus nombreuse, déloca-

lisation des marchés, invasion des céréales et autres produits d'outremer, provoquée par les mêmes besoins et rendue possible par l'extension de l'industrie des transports, accroissement de la valeur du sol, surtout aux alentours des agglomérations urbaines, sont autant de conséquences du règne social de la bourgeoisie, et autant de facteurs de la décadence des formes anciennes de la propriété rurale.

Mutilée par la disparition des communaux, dépouillée des petites industries qui fournissaient au ménage un supplément de ressources, réduite à n'être plus, exclusivement, qu'une exploitation agricole, produisant, en majeure partie, des valeurs d'échange, la propriété paysanne n'offre plus qu'une faible résistance aux causes d'expropriation qui la menacent.

Et ce que l'évolution économique prépare se trouve facilité par les lois et les coutumes successorales.

C'est ce que M. Schaetzen, député conservateur de Tongres, constatait en ces termes, le 5 juin 1885 :

« Le partage continu de la propriété foncière a fini par accumuler sur elle des charges énormes par l'effet des droits de succession, des soultes et des droits de vente forcée pour sortir d'indivision. Le capital a été ainsi nécessairement entamé ; la dette hypothécaire a pris des proportions souvent effrayantes, et, dans des conditions si onéreuses, qu'elle a formé un premier et sérieux obstacle à tout progrès. La pulvérisation du sol a fatalement empêché des améliorations que, du reste, les ressources amoindries du propriétaire ont, trop souvent, rendu impossibles, et il a fallu donner au

fisc ce qui eût pu servir à des transformations
fécondes[1]. »

On s'efforce, il est vrai, de porter remède à cette
situation, par des modifications aux lois successorales,
par l'allègement des charges fiscales, par l'organisation
du crédit agricole.

On objecte, en outre, à ceux qui prédisent la chute,
plus ou moins prochaine, de la propriété paysanne,
que le capitalisme guérit les plaies qu'il a faites, en
remplaçant les anciennes industries rurales à domicile
par des industries plus puissantes : la sucrerie, la dis-
tillerie, la laiterie, les fabriques de toutes espèces, qui
se multiplient dans les campagnes.

On nous montre, enfin, la riche floraison des coopératives et des ligues rurales, fournissant aux paysans
les engrais, les semences, les machines agricoles, tous
les moyens, en un mot, qui leur permettent de lutter
contre la culture capitaliste.

Nous ne songeons nullement à méconnaître que
l'action de ces divers facteurs puisse retarder, voire
même, dans certains cas, enrayer l'évolution régressive
de la propriété paysanne.

Seulement il ne faut pas oublier qu'une tentative de
refonte des lois successorales viendrait se briser contre
les coutumes égalitaires de nos populations ; que l'allègement des charges fiscales — à moins de constituer
un privilège difficilement justifiable — devrait s'appliquer à tous les cultivateurs ; qu'une organisation

1. Chambre des Représentants, 1894-1895. *Doc.* n° 164, p. 63.

sérieuse du crédit agricole n'avantagerait pas seulement les cultivateurs-propriétaires.

D'autre part, s'il est vrai que la grande industrie se répand dans les campagnes, ou bien occupe dans les villes un nombre croissant de travailleurs ruraux, ce nouvel état de choses, bien loin de consolider la propriété paysanne, tend au contraire à la dissoudre en la pulvérisant : le paysan-propriétaire, fournissant un travail industriel accessoire, est remplacé par le travailleur industriel, cultivant, à ses moments perdus, une parcelle de terre, dont il est propriétaire quelquefois, locataire le plus souvent.

Nous lisons, par exemple, dans une notice sur le Limbourg, publiée par M. Van Neuss :

« Le petit paysan, qui trouve l'aisance dans des contrées moins favorisées, ne peut pas résister ici (environs de Saint-Trond) à l'envahissement de l'industrie ; par la surélévation des fermages, les bonnes terres lui échappent; il vend sa charrue et il devient journalier ou ouvrier dans la fabrique voisine [1]. »

Mais doit-il, fatalement, en être ainsi, partout où l'industrie se développe ? L'association rédemptrice ne peut-elle pas conjurer le sort de la propriété paysanne?

Nous nous sommes expliqués ailleurs, et n'y reviendrons pas, sur les probabilités et les chances de succès d'une transformation coopérative de la petite propriété rurale [2].

---

1. Hasselt, Saint-Trond, Tongres, *Belgique illustrée*, II, XXIV, p. 445.
2. *Le Socialisme en Belgique.* — Rapport au Congrès de Waremme sur *la Petite Propriété rurale*, pp. 359 et s. Paris, Giard et Brière, 1898.

On peut discuter, avec Kautsky, la question de savoir si la coopérative agricole constitue une transition vers le socialisme, ou bien — comme pour tant d'autres coopératives de production — vers le capitalisme [1], et, soit dit en passant, on fera bien de se garder, en cette matière, d'affirmations trop absolues et de généralisations trop hâtives ; mais en tous cas, ce qui reste certain, c'est que, *depuis la révolution industrielle, le divorce de la propriété foncière et du travail agricole a toujours été en s'accentuant.*

§ 3. — LA CONCENTRATION DES COTES FONCIÈRES

L'étendue cadastrale de la Belgique est de 2.945.557 hectares. Défalcation faite du Hainaut (372.167 hect.), sur lequel nos renseignements ne sont pas complets, il reste, pour les huit autres provinces, 2.573.390 hectares.

En 1834-1845, il y avait, dans ces provinces, 2.288 cotes de 100 hectares et plus, occupant une étendue totale de 659.448 hectares, soit 25,6 0/0 de l'étendue cadastrale. En 1898-1899, elles sont au nombre de 2.145, avec une contenance de 579.888 hectares, soit 22,5 0/0 de l'étendue cadastrale.

Nous avons résumé, dans le tableau suivant — pour toutes les provinces, sauf le Hainaut — la situation foncière, en 1834-1845 et en 1898-1899, mise en rapport avec le chiffre de la population par kilomètre

1. Kautsky, *Die Agrarfrage*, pp. 116 et s.

carré, la valeur moyenne des terres labourables et l'importance proportionnelle du faire valoir direct, y *compris* les bois et les terres incultes.

PROVINCES	POPULATION PAR KILOMÈTRES CARRÉS	VALEUR VÉNALE des TERRES LABOURABLES	NOMBRE DES COTES de 100 hectares et plus		CONTENANCE GLOBALE DES COTES de 100 hectares et plus				PROPORTION 0/0 du FAIRE VALOIR DIRECT
			1834-45	1898-99	1834-45		1898-99		
		francs			hectares	0/0	hectares	0/0	
Namur.........	95	1.973	621	501	154.301	42, 1	140.768	38, 5	58, 5
Luxembourg...	49	1.074	541	557	178.526	40, 4	168.244	38, 1	84, 6
Liège.........	286	3.075	309	311	88.356	30, 5	74.192	25, 6	50, 1
Limbourg......	98	2.080	154	107	78.537	32, 6	49.485	20, 7	63, 3
Anvers	281	2.413	192	184	67.634	23, 9	52.677	18, 6	54, 5
Brabant........	378	4.431	231	216	46.485	14, 2	45.499	13, 9	35, 5
Fl. occidentale..	245	3.447	136	156	26.639	8, 2	27.768	8, 6	17, 2
Fl. orientale....	338	3.839	104	113	18.970	6, 3	21.255	7, 1	27, 5
TOTAL....	224	2.838	2.288	2.145	659.448	25, 6	579.888	22, 5	50, 6

On voit — malgré l'apparente exception de la province de Liège, où la plupart des grandes propriétés se trouvent sur les plateaux du Condroz ou dans les hautes fagnes — que les grosses cotes foncières sont particulièrement nombreuses dans les provinces où la population est clairsemée, la valeur vénale des terres faibles, le faire valoir direct étendu.

Les *maxima* se rapportent aux provinces de Namur et de Luxembourg, qui sont à la fois les moins peuplées et celles où la valeur du sol est la moindre.

Les *minima* se trouvent, au contraire, dans les deux Flandres, qui tiennent la tête au point de vue de la valeur vénale des terres labourables et qui ont, bien certainement, la population rurale la plus dense.

Conformément donc à l'opinion courante, le nombre et la contenance des grandes cotes foncières ont une tendance à décroître en raison directe du développement de la population et de la valeur des terres.

Aussi, de 1834-1845 à 1898-1899, l'étendue totale occupée par les cotes de plus de 100 hectares est tombée de 659.448 hectares (25,6 0/0 de l'étendue cadastrale) à 579.888 hectares (22,5 0/0 de l'étendue cadastrale).

Mais cette décroissance provient exclusivement — et c'est le fait important à noter — de l'aliénation ou du partage d'un grand nombre de propriétés publiques.

Si l'on tient compte seulement des propriétés privées, des cotes foncières se rapportant à des particuliers — abstraction faite des biens domaniaux et communaux — les cotes foncières de 100 hectares et plus ont une contenance globale plus considérable que par le passé.

En 1834-1845, il y avait en Belgique — abstraction faite des propriétés publiques — 1.787 cotes foncières de 100 hectares et plus, avec une contenance de 392.353 hectares, soit 13,3 0/0 de l'étendue cadastrale

17 cotes de plus de 1.000 hectares..			34.111 hectares	
85	—	500 à	1.000	—	.. 52.820 —
489	—	200 à	500	—	.. 144.686 —
1.196	—	100 à	200'	—	.. 160.736 . —
1.787 cotes de plus de		100	—		.. 392.253 hectares

En 1898-1899, nous retrouvons 1.749 cotes seulement, mais leur contenance s'élève à 397.130 hectares, soit 13,5 0/0 de l'étendue cadastrale :

17 cotes	de plus de	1.000 hectares..	23.856 hectares
85 —	500 à	1.000 — ..	58.342 —
540 —	200 à	500 — ..	160.893 —
1.103 —	100 à	200 — ..	154.039 —
1.749 cotes	de plus de	100 — ..	397.130 hectares

Ainsi donc, pour l'ensemble du pays, et en dépit de tous les facteurs qui agissent dans le sens du morcellement, la grande propriété privée est plutôt en progrès qu'en recul.

Progrès peu considérable, dira-t-on sans doute — à peine 5.000 hectares — mais il ne faut pas oublier que, la valeur du sol ayant augmenté et le surplus du domaine foncier s'étant fractionné de plus en plus, l'importance relative de la grande propriété foncière s'est, incontestablement, accrue depuis l'époque de la confection du cadastre.

COTES FONCIÈRES DE 100 HECTARES ET PLUS

	1834-1845			1898-1899		
	NOMBRE de COTES	CONTENANCE	PROPORTION 0/0 de l'étendue CADASTRALE	NOMBRE de COTES	CONTENANCE	PROPORTION 0/0 de l'étendue CADASTRALE
Namur.........	473	196.672	29,1	405	100.276	27,4
Liège	251	48.660	16,7	274	55.758	19,2
Luxembourg ..	220	55.911	12,7	269	66.313	15,0
Anvers........	141	34.184	12,7	152	39.485	14,7
Brabant.......	212	38.963	11,8	197	41.545	12,6
Hainaut.......	204	55.258	14,8	166	39.186	10,5
Fl. occidentale.	115	22.574	6,9	132	23.288	7,2
Fl. orientale...	86	14.039	4,9	98	187.57	6,3
Limbourg	85	15.298	6,3	56	12.522	5,2
Le royaume.	1.787	392.353	13,3	1.749	397.130	13,5

Cet accroissement, au surplus, n'a pas été général.

Dans trois provinces — Namur, Hainaut, Limbourg — et dans plusieurs districts des autres provinces, nous constatons une régression marquée des grandes cotes foncières.

D'une manière générale, on peut dire qu'il en est ainsi : 1° dans les environs *immédiats* des agglomérations industrielles et urbaines ; 2° dans les régions où le morcellement des cultures a provoqué le morcellement des propriétés, et 3° dans celles où l'on a déboisé, défriché, livré à la hache, d'anciennes forêts seigneuriales.

1. *Développement de la propriété urbaine :*

Étant donné l'énorme accroissement des villes et des centres industriels, depuis l'époque de la confection du cadastre, l'étendue occupée par la propriété rurale a nécessairement diminué : de 1880 à 1895, on constate une réduction du domaine agricole de 97.443 hectares, soit 3 0/0 ; ce qui représente une diminution annuelle moyenne de 6.946 hectares. L'étendue territoriale non utilisée par l'exploitation agricole était, en 1880, de 270.758 hectares, soit 8,17 0/0 ; en 1895, de 338.075 hectares, soit 11,47 0/0 de la superficie totale du pays.

L'extension de cette zone, occupée en majeure partie par des maisons et des établissements industriels, a naturellement eu pour effet d'entraîner la disparition de la plupart des grosses cotes, dans la banlieue des grandes villes et dans les districts industriels des provinces de Hainaut et de Liège (Mons, Charleroy, Huy, Seraing, etc.).

Mais il va sans dire que ce serait une absurdité criante d'interpréter cette réduction des surfaces de la propriété foncière, comme le signe d'une plus égale répartition. L'étendue des grandes cotes se réduit, avec les progrès de la population, mais leur importance s'accroît par suite de l'augmentation de leur revenu cadastral.

L'exemple du principal faubourg de Bruxelles, Schaerbeek, qui n'était qu'un village en 1834, et qui est aujourd'hui la cinquième commune du royaume, est caractéristique à cette égard : le nombre des cotes a presque décuplé, depuis la confection du cadastre (568-5290); la contenance globale des vingt plus grandes cotes foncières, qui était de 258 hectares, avec 24.873 francs de revenu (non bâti) en 1834, tombe à 209 hectares en 1898, mais avec un revenu (non bâti) de 40.624 francs. Inutile d'ajouter que la comparaison des revenus, pour la propriété bâtie, donnerait un écart bien plus considérable encore.

L'influence immédiate des villes réduit donc l'étendue des grandes propriétés, mais, souvent, augmente leur importance.

II. *Morcellement des cultures :*

Il est assez rare que, dans les régions où la petite culture domine et où, par conséquent, aucun obstacle technique n'entrave le morcellement des héritages, la grande propriété — sous le régime du Code Napoléon — parvienne à se maintenir.

Rien n'est plus facile, en effet, que le partage successoral d'un domaine, lorsqu'il est divisé déjà en plusieurs exploitations. Rien ne serait plus difficile, au contraire, et plus inutile en même temps, que la constitution ou la reconstitution d'une grande propriété dans les régions dépourvues de bois et de terres incultes, où la culture — jusqu'en ces dernières années, tout au moins — s'est morcelée de plus en plus.

Aussi voyons-nous que les cotes foncières de plus de 100 hectares sont en recul dans les parties fertiles du bas Luxembourg, dans beaucoup de districts de la région limoneuse et dans tous les cantons de la région poldérienne, à l'exception de ceux où de nouveaux *polders* ont été gagnés sur la mer.

III. *Défrichement des forêts :*

On rencontre encore dans l'Ardenne, le Condroz ou l'Entre-Sambre-et-Meuse de vastes étendues, boisées ou incultes, qui constituent la majeure partie des grands domaines de ces régions.

Mais, depuis l'époque de la confection du cadastre, et surtout pendant la période des défrichements à outrance des cinquième et sixième décades, le nombre de ces domaines a sensiblement diminué.

La régression des grandes cotes foncières, spécialement dans le pays de Philippeville et l'ancienne principauté de Chimay, correspond donc à la mise au pillage, par des spéculateurs avides, de la ci-devant propriété féodale.

C'est ce que le *Bulletin de la Société centrale forestière* (juillet 1896) déplore en ces termes :

« L'aliénation et la destruction des forêts particulières se poursuivent lentement mais sûrement.

« Après la forêt de Rance (plus d'un millier d'hectares), nous avons vu le domaine de Beauraing, le bois de Gérenne et d'autres encore, mis en vente, pour être bientôt morcellés, exploités et devenir des bois sans arbres, ou des terres sans valeur. Tour à tour, les grands massifs qui se trouvent dans les mains des particuliers disparaissent, par suite de la division des héritages, d'extinction de familles, de pertes d'argent, etc.

« Il ne peut en être autrement pour les forêts particulières. Tôt ou tard, elles risquent d'être détruites, ou de ne plus jouer le rôle qui leur incombe, au point de vue de l'intérêt général. »

En somme donc, le développement de la production capitaliste fait agir quantité de facteurs, dans le sens du morcellement de la grande propriété foncière. Elle ne s'attaque pas seulement à la propriété paysanne pour l'asservir, mais à la propriété féodale pour la dépecer.

Et, à mesure que se développent la culture intensive, la propriété urbaine, l'exploitation dévoratrice des massifs boisés, à mesure que la valeur des terres dépend plutôt de leur situation que de leur surface, que, dans les régions populeuses, un seul hectare cultivé en arrive à valoir des centaines d'hectares de bruyères ou de marécages, il est inévitable que la grande propriété ait des tendances à se réduire.

Si, malgré tout, elle a pu résister, voire même gagner

du terrain, depuis trois quarts de siècle, si la concentration l'emporte en dernière analyse, sur le morcellement, c'est surtout aux dépens du domaine public.

La concession des polders, l'aliénation forcée ou volontaire des communaux, la vente des forêts domaniales, les terrains incultes appartenant à l'État ou à des communautés d'habitants, ont été les facteurs essentiels de la concentration foncière, au profit des particuliers.

Ce sont ces propriétés, de formation récente, achetées, le plus souvent, à vil prix, qui compensent les pertes subies en d'autres régions.

A mesure que les agglomérations, industrielles ou urbaines, se développent, les grosses cotes se déplacent ; à mesure que les moyens de communication se perfectionnent, elles se multiplient dans les contrées où il existe encore beaucoup de terres incultes. De sorte que parmi les régions où les cotes de 100 hectares et plus, se rapportant à des particuliers, sont peu nombreuses, il importe de faire une distinction essentielle : dans les unes, les grands domaines *n'existent plus;* dans les autres, ils *n'existent pas encore.*

Les premières sont trop rapprochées des centres de population pour que la grande propriété puisse s'y maintenir ; les autres en sont trop éloignées pour qu'il vaille la peine de les faire naître.

On ne trouve pas de grosses cotes, dans la banlieue de villes, parce que le sol arable vaut trop cher ; on n'en trouve guère, et les formes communautaires de la propriété se maintiennent, dans les landes désertes de la Campine limbourgeoise, parce que le sol arable ne vaut pas assez et que, d'autre part, les habitants tiennent à leurs droits d'usage sur les *communaux*.

C'est dans la zone intermédiaire — le Condroz, la Hesbaye, la Campine anversoise, que les cotes de 100 hectares et plus se rapportant à des particuliers sont les plus nombreuses ; c'est dans les sables du *Meetjesland*, aux environs de Gand, du *Buscampveld*, aux environs de Bruges ; dans les bruyères de Brecht et de Santhoven, aux environs d'Anvers ; dans les *sarts* du Brabant-Wallon, aux environs de Bruxelles ; dans les hautes fanges de l'Ardenne, aux environs de Liège : que depuis cinquante ou soixante ans — et presque toujours aux dépens des *communaux* ou des forêts domaniales — la grande propriété a fait des progrès.

Depuis la crise agricole, cependant, d'autres facteurs sont entrés en ligne de compte :

« Dans ces dernières années — nous écrivait, en 1898, M. B..., notaire à Wavre — la grande propriété s'est accrue, dans le pays de Nivelles, par suite du manque de ressources chez les cultivateurs, qui n'achètent plus. »

Nous avons vu, d'autre part, que le nombre des grosses cotes foncières dépend, dans une large mesure, de l'étendue des pâturages et des régions boisées.

Pendant la période des défrichements, il y a eu morcellement de la grande propriété : maintenant que l'on reboise, que l'on transforme des milliers de terres arables en pâturages, il est tout naturel que la tendance contraire se manifeste.

En revanche, l'ère des aliénations du domaine collectif — qui ont si largement contribué à la formation de grandes propriétés particulières, semble définitivement close.

Certes il serait manifestement contraire à l'intérêt général de vouloir conserver les formes de la propriété communautaire, mais nous allons voir que l'on commence à tomber d'accord sur la nécessité de les convertir en *propriétés patrimoniales* de l'Etat ou des communes, exploitées dans l'intérêt de tous plutôt qu'en *propriétés particulières*, exploitées dans l'intérêt de quelques-uns.

§ 4. — LA CONSERVATION ET L'EXTENSION DU DOMAINE COLLECTIF

Nous avons montré, dans nos monographies régionales, comment des milliers d'hectares ont passé, depuis la fin du siècle dernier, du domaine de l'État, de l'Église ou des communes, dans celui des particuliers.

Les lois des 15 fructidor an IV et 5 frimaire an VI leur ont livré les biens du clergé; le Gouvernement Hollandais, par l'intermédiaire de la Société générale, les plus belles forêts du domaine; la loi du 25 mars 1847, une grande partie des communaux; sans parler des décisions judiciaires, confondant la propriété de droit civil moderne avec la propriété féodale, comme dans l'affaire des biens de Chimay.

Bref on peut appliquer à la Belgique, aussi bien qu'à l'Angleterre, et à d'autres pays, ce passage célèbre du Marx :

« La spoliation des biens d'Église, l'aliénation frauduleuse des domaines de l'État, le pillage des terrains
communaux, la transformation usurpatrice et terroriste
de la propriété féodale, ou même patriarcale, en propriété moderne privée, la guerre aux chaumières, voilà
les procédés idylliques de l'accumulation primitive. Ils
ont conquis la terre à l'agriculture capitaliste, incorporé le sol au capital et livré à l'industrie des villes,
les bras dociles d'un prolétariat sans feu ni lieu [1]. »

Aujourd'hui cependant, que l'on se plaint, non plus
du manque de bras, dans les villes, mais de l'insuffisance de la main-d'œuvre, dans les campagnes, une
réaction se manifeste ; des divers côtés, on propose de
reconstituer les communaux. Une loi récente dispense
des droits d'enregistrement, les administrations publiques qui achètent des terres pour les boiser. Le gouvernement, lui-même, renonçant à la conception bourgeoise, individualiste qui prédominait jadis, reconnaît
la nécessité de conserver et d'agrandir le domaine de
l'État et celui des communes.

I. *Le domaine forestier de l'État :*

En 1895, l'étendue des propriétés boisées en Belgique était de 521.494 hectares se répartissant comme
suit :

État	25.260 hectares
Communes..............	158.157 —
Établissements publics	5.213 —
Particuliers	332.864 —
	521.944 hectares

------

1. *Le Capital*, vol. I, chap. xxviii. L'expropriation de la population
campagnarde.

Ainsi donc, les bois appartenant à des particuliers représentent à peu près les deux tiers (63,8 0/0) de l'ensemble : c'est à eux que se rapportent la plupart des cotes foncières de plus de 100 hectares.

Quant aux forêts domaniales, leur étendue, déjà si restreinte (4,5 0/0), sera prochainement réduite, d'un sixième environ, par suite du cantonnement des droits d'usage de certaines communes ; elles occupaient, en 1814, plus de 53.000 hectares.

Le rapport du Conseil supérieur des forêts, sur la conservation et l'agrandissement du domaine de l'État (1814), nous fournit le détail des aliénations successives qui ont eu lieu, de 1814 à 1830, et postérieurement à 1830 :

« Pendant la première période, les aliénations ont porté sur 37.756 h. 45 a. 21 centiares. Ils ont été vendus pour 28.061.617 fr. 75, ce qui donne une moyenne de 743 francs par hectare, pour fonds et superficie.

Pendant la deuxième période, la vente de 15.488 h. 72 a. 68 centiares a produit la somme de 25.118.340 fr. 07 ou 1.621 francs l'hectare.

L'ensemble des fonds domaniales aliénés pendant les deux périodes est de 53.245 h. 17 a. 89 centiares et de ce chiffre 20.205 h. 23 a. 26 centiares ont été défrichés.

Le restant ou 33.039 h. 94 a. 63 centiares comprend encore de belles futaies, mais malheureusement peu nombreuses. La plupart des acquéreurs de ces forêts étant des spéculateurs avides, excités par l'intérêt, à

réaliser immédiatement les produits exploitables, ils
ont agi sans aucun souci de l'avenir, et actuellement
beaucoup de ces bois sont réduits à l'état de taillis
médiocres, clairières, où le bois de service fait pour
ainsi dire défaut ».

Quant aux 20.205 hectares défrichés, à part quelques
exceptions dans les provinces de Brabant, de Hainaut,
de Limbourg, de Liège et de Namur, ils n'ont produit
que de très mauvaises terres agricoles, dont beaucoup
maintenant sont en friche. « Ces terrains, riches de
l'humus que la présence des bois avait accumulé dans
le sein de la terre, ont produit quelques bonnes récoltes
successives; mais, bientôt, ramenés en quelque sorte à
l'état vierge, ils ont refusé de produire, si ce n'est à
grand renfort d'engrais, qui mettent la culture en perte.

Nombreux sont, en Belgique, les propriétaires désabusés par cette triste expérience, et qui savent ce qu'il
en coûte pour améliorer des terres ingrates. »

En somme donc, des aliénations du domaine forestier
de l'Etat ont eu, le plus souvent, des conséquences
désastreuses.

Les terrains défrichés ne donnent, en général, que
des produits misérables; beaucoup restent incultes;
d'autres sont actuellement reboisés. C'est le cas, par
exemple, aux alentours de la forêt de Soignes et dans
beaucoup des régions de l'Ardenne.

Quant au restant, non défriché, presque tout le monde
se trouve d'accord pour admettre que l'appropriation
des bois, par les particuliers, présente les inconvénients
les plus graves; sur ce point, le Conseil des forêts tient

exactement le même langage que des socialistes comme
Marx[1] ou Karl Kautsky[2].

Nous lisons, par exemple, dans le *Bulletin de la
Société centrale forestière*, de juillet 1896[3] :

« Le propriétaire privé ne se soucie nullement de
l'influence que l'exploitation de sa forêt peut avoir sur
le climat, le régime des eaux ou l'industrie locale. Il
ne voit que son intérêt propre. Seul l'État a pour
mission de veiller sur les choses qui intéressent les
citoyens en général ; il doit se substituer à l'individu,
quand celui-ci est impuissant ; c'est là sa raison d'être
pour les forêts. »

Telle est également l'opinion du ministre ou plutôt
du ministère de l'Agriculture. Dans sa circulaire du
12 juillet 1897, M. Léon de Bruyn, après avoir constaté
la faible importance du domaine forestier de l'État,
« l'appréhension légitime que fait naître la perspective
de l'avenir, en présence de la consommation actuelle
et des exploitations abusives qui en sont la conséquence », déclare que le boisement des hauts plateaux
et des landes présente un intérêt général, qui requiert,
impérieusement, l'intervention des pouvoirs publics :

« Boiser la lande, où qu'elle soit, c'est créer une
richesse nationale nouvelle, c'est alimenter et régulariser, dans l'avenir, le travail local et l'industrie du
pays.

« Boiser les hauts plateaux, c'est, en outre, faire une

---

1. Marx, *das Kapital*, II. S. 226.
2. Kautsky, *Die Agrarfrage*, S. 329. Stuttgart, 1899.
3. P. 507.

dépense productive : c'est supprimer le torrent, les
ruines qu'il cause, les frais énormes des travaux d'art,
improductifs par eux-mêmes et souvent inefficaces.

« Or l'État seul peut assumer cette mission, et
surtout assurer, d'une façon durable, les résultats que
l'appropriation privée rend trop éphémères. »

A la suite de cette circulaire, nous avons vu que le
Gouvernement inscrit, chaque année, au budget extraordinaire, un crédit de 300.000 francs pour l'agrandissement du domaine forestier. Un autre crédit de
100.000 francs est affecté au boisement des terrains
incultes domaniaux.

C'est quelque chose évidemment, mais il faut avouer
que c'est bien peu de chose : en procédant de la sorte,
il faudra plus de 100 ans avant que le domaine forestier de l'État récupère l'étendue qu'il avait en 1814!

Si l'État bourgeois, en reconstituant le domaine
forestier, fait, en quelque sorte, du collectivisme,
partiel, c'est — on voudra bien le reconnaître — du
collectivisme homéopathique.

Plus de 63 0/0 des propriétées boisées restent, dans
le domaine des particuliers, livrées au bon plaisir de
ceux qui les exploitent. Les bois soumis au régime
forestier, c'est-à-dire les bois de l'État, des communes
et des établissements publics, ne représentent que
188.630 hectares. Encore la plupart des bois communaux sont-ils — malgré des efforts des agents forestiers — soumis à des pratiques dévastatrices, qui com-
promettent gravement les intérêts des générations à
venir,

Aussi importe-t-il qu'une politique forestière énergique se substitue aux temporisations du présent, aux
criminelles erreurs du passé.

Même en régime bourgeois, l'appropriation collec-
tive s'impose, dans une sphère où tout le monde
reconnaît que l'appropriation capitaliste a fait banque-
route.

II. *Les biens communaux :*

En 1846, les « communaux » occupaient encore
162.896 hectares, dont 80.055 en Campine et 80.864 en
Ardenne.

Il n'en reste pas 100.000 aujourd'hui.

De 1847 à 1860, plus de 33.000 hectares furent
aliénés, soit par blocs de plusieurs centaines d'hectares
soit par petites parcelles, vendues ou partagées entre les
habitants.

Dans la plupart des cas, ces aliénations ont eu des
conséquences tels que le gouvernement — malgré les
préférences qu'il affiche, à tout propos, pour la propriété individuelle — a fini par s'en émouvoir.

Au cours de l'année 1898, en effet M. De Bruyn,
alors ministre de l'agriculture, posa en ces termes, au
Conseil supérieur des forêts, la question de l'inaliénabilité du domaine communal :

« Dans certaines parties du pays, le domaine communal, non soumis au régime forestier, est fréquemment l'objet de partage entre les habitants, ou de vente
par petites parcelles. Le patrimoine commun a ainsi entièrement disparu dans bien des localités, ou est en train
de disparaître. Beaucoup de lopins de terre, peu aptes

à la culture agricole, et se trouvant entre les mains
d'habitants sans ressources, sont laissés à l'état inculte,
ou acquis, à vil prix, par les plus grands propriétaires.

*N'y aurait-il pas lieu de s'opposer à la réalisation des
capitaux immobiliers des communes et au partage ou à
la vente des parcelles de la manière prémentionnée?*

*La location ou le boisement ne devaient-ils pas consti-
tuer une règle à peu près générale*[1] *?*

En réponse à ces questions, deux membres du Conseil supérieur des forêts, MM. Fraters et de Carital-
Perruzzi, présentèrent, à cette assemblée, deux rapports, le premier relatif à l'Ardenne, le second à la
Campine, concluant l'un et l'autre dans le sens de
l'inaliénabilité[2].

« Dans les provinces de Namur, de Liège et de
Limbourg — lisons-nous dans le rapport de M. Fraters,
— on a fréquemment eu recours au partage successif
des biens communaux, ou à la vente, entre les habitants, de terrains subdivisés en petites parcelles, de
telle sorte que, dans ces provinces nombreuses, sont
les communes qui ne possèdent plus guère de terres
communales, tout en n'ayant pas créé de nouvelles
ressources.

« Dans la plupart des cas, ces modes d'aliénation du
patrimoine commun n'ont pas profité à la généralité
des habitants et ont très peu aidé à la mise en valeur
des terres incultes. En effet, le morcellement généralement exagéré, car les parcelles n'avaient souvent

---

1. *Bulletin de la Société centrale forestière de Belgique*, février 1898,
p. 120.
2. *Ibid.*, pp. 120 et 127.

qu'une contenance de 10 à 15 ares, rarement d'un
demi-hectare, rendait leur mise en valeur peu avantageuse, soit par défrichement, soit par boisement; de
plus, maints nouveaux propriétaires, ayant dû consacrer leurs ressources disponibles au paiement du prix
d'achat et des frais, n'avaient plus l'argent nécessaire
pour pouvoir tirer parti de leurs parcelles, si bien
qu'au bout de fort peu d'années elles étaient abandonnées à l'état de vaine pâture, ou bien différentes parts
étaient acquises (le plus souvent à vil prix) par l'un
ou l'autre propriétaire aisé, lequel, après en avoir réuni
un certain nombre, a pu les défricher et les boiser. On
peut donc affirmer que, dans la plupart des cas, ces
derniers ont été les seuls à tirer profit des terrrains
communaux partagés ou vendus entre les habitants.

« Aussi, votre Commission a-t-elle, à l'unanimité,
exprimé le vœu que les communes ne fussent plus
autorisées à partager ou à vendre par petits lots, entre
les habitants, les terrains communaux désignés comme
étant susceptibles d'être mis en culture.

« Par contre, elle est unanime à demander que la
mise en location de ces terrains soit favorisée le plus
possible, et devienne, pour ceux-ci, une règle à peu
près générale ».

Ces conclusions ne furent pas admises sans réserves
par le Conseil des forêts, où siègent, à côté des fonctionnaires de l'État, les plus gros propriétaires des forêts
et les plus grands acheteurs de bois communaux qui
soient en Belgique.

Le baron Goffinet et le comte de Mérode notamment,

déclarèrent que, à leur avis, il était impossible d'enlever aux communes le droit de vendre ou de réaliser
certaines parties de leur domaine.

. — « Ne pourrait-on pas demander — disait M. de
Mérode — que les communes puissent être autorisées
à aliéner une certaine partie de leurs terres incultes,
sous condition de mettre l'autre partie en valeur?...
Une commune veut construire une maison communale,
une école, établir une route; pour cela, il lui faut de
l'argent : elle n'en a pas, mais elle possède des domaines.
N'a-t-elle pas avantage à en sacrifier une partie?»

— « Absolument pas, — répondit, avec infiniment
de raison, M. Schmitz, président de la Société agricole
du Luxembourg.

« Les riches de la commune y ont avantage, mais
pas les pauvres. Avec le système que vous préconisez,
le plus pauvre de la commune paie autant pour faire
ces travaux que le plus riche, et c'est là la plus grande
injustice qui puisse se commettre. M. le baron Goffinet
est propriétaire : si on voulait établir une église dans
sa commune et la payer de cette façon-là, le dernier de
ses valets de ferme payerait autant que lui; or cela
n'est pas juste. »

Finalement, le Conseil des forêts, sur la proposition
de M. Visart, son président, déclara que la question de
la conservation du patrimoine des communes n'est pas
de sa compétence, sauf dans la mesure où elle se rattache à la conservation des bois et forêts appartenant
aux communes; et c'est moyennant ces réserves que
les conclusions suivantes furent adoptées :

« 1° En règle générale, il n'y a pas lieu d'autoriser l'aliénation des terrains communaux ;

« 2° Il y a lieu de favoriser, dans la mesure du possible, la location à long terme, là où cette pratique existe, des terrains non susceptibles d'un boisement immédiat et propres à être cultivés, en imposant aux locataires l'obligation d'un défrichement complet du sol et la mise en valeur dans un délai déterminé. »

En somme donc, les pouvoirs publics, après avoir longtemps été les auteurs, ou les complices, de la dilapidation des communaux et des forêts domaniales, s'efforcent aujourd'hui de conserver et même de reconstituer l'ancien domaine collectif.

Mais, en même temps — car il ne s'agit, cela va sans dire, que d'un retour apparent du passé — les formes archaïques d'exploitations de ce domaine disparaissent de plus en plus.

On cantonne les droits d'usage que les communautés d'habitants possèdent dans les forêts domaniales[1].

On transforme, dans le même sens, le mode de jouissance des biens communaux.

Nous savons, en effet, que le domaine privé des communes comprend deux sortes de biens, que la doctrine appela, pour les distinguer, biens patrimoniaux et biens communaux proprement dits.

Les *biens communaux*, ou, simplement, les « com-

---

1. « Les droits d'usage dans les bois et forêts sont une servitude très gênante pour les propriétaires et une source incessante de conflits et de procès. Pour y mettre fin, la loi donne aux propriétaires le droit de *cantonnement*, ce qui leur permet de convertir le droit d'usage en un droit de propriété, sur une partie déterminée du fonds usager. » — Laurent, C. civ., vol. VII, 2ᵉ édit., p. 121.

munaux », sont ceux dont les membres d'une commune ont, individuellement, la jouissance : les droits d'affouage, les terres vaines et vagues, les bruyères, les droits de pacage, etc.

Malgré des résistances locales, souvent tenaces, il n'est pas douteux que les « communaux », dont l'existence est incompatible avec une agriculture intensive, soient condamnés, sinon à disparaître, du moins à se transformer, de fond en comble ; mais, au lieu de procéder comme jadis, à des expropriations brutales, ou à des partages non moins désastreux, rien n'empêche, en principe, que les pouvoirs publics assument directement la tâche de mettre ces communaux en valeur et de les transformer en *biens patrimoniaux*, dont la commune tire des revenus, comme un simple particulier : tels sont, par exemple, les bois communaux, ou les terres arables louées par l'autorité communale.

Seulement, ce serait une pure illusion que de compter beaucoup sur des communes rurales, misonéistes et routinières, pour mettre leur domaine en valeur, et, surtout, pour l'étendre ou le reconstituer, en rachetant des terres aux particuliers.

Tout au plus, dans l'état actuel des choses, peut-on leur demander, ou leur imposer, de ne pas vendre ce qu'elles ont, d'opérer des boisements, sous la direction et avec les encouragements de l'État, d'affermer leurs terres arables, à des conditions moins onéreuses que les propriétaires d'alentour, au lieu de les partager définitivement entre les chefs de ménage.

Quant à des transformations plus décisives du régime agraire, dans le sens du collectivisme, c'est à l'impulsion du pouvoir central, à l'initiative des grandes municipalités — se créant, à l'exemple d'Anvers, un domaine agricole — qu'il faut, avant tout, les demander.

Certes, nous sommes entièrement d'accord avec Kantsky pour admettre que, dans les monarchies bureaucratiques et militaires, « la démocratie socialiste n'a aucune raison d'augmenter le nombre des fermiers de l'État capitaliste et de rendre le pouvoir central plus indépendant des voies et moyens à voter par les représentants de la nation [1] ».

Mais, dans les pays plus ou moins démocratiques, comme le nôtre, la question se pose tout autrement et, même en régime capitaliste, la socialisation progressive du sol ne se heurte pas aux mêmes objections. Aussi n'est-il pas douteux que les extensions du domaine collectif, à réaliser dans le plus prochain avenir, ne se limiteront pas à la propriété bâtie et à l'industrie proprement dite.

L'influence socialisatrice des villes, directe ou indirecte, agira puissamment sur les campagnes, répandant l'association, développant les œuvres coopératives, engendrant des formes supérieures de production et d'appropriation.

Ce sont les villes, en effet, qui, toujours, ont été l'élément actif dans les révolutions de la propriété et de la culture.

---

1. *Die Agrarfrage*, p. 329.

Les campagnes seraient encore sous l'ancien régime, si la bourgeoisie urbaine n'avait pas frappé la main-morte, supplanté les seigneurs, délivré les paysans des charges féodales et, d'autre part — oppressive, en même temps que libératrice — aliéné les communaux, mutilé les forêts domaniales et anéanti par la concurrence du travail mécanique quantité d'industries à domicile qui florissaient jadis dans le plat pays.

Si 45.000 ouvriers du Hainaut et des Flandres, déracinés de la terre natale, s'en vont, pendant six mois de l'année, dans le Nord de la France ou dans le Grand-Duché du Luxembourg, c'est parce que les fabriques ont tué l'ancienne industrie linière. Si les fermiers de la Beauce et de la Brie réclament, à grands cris, des travailleurs flamands, c'est parce que l'attraction des villes a dépeuplé les campagnes françaises, ou, tout au moins, transformé la majeure partie des ouvriers ruraux en ouvriers industriels.

A mesure que grandissent les agglomérations industrielles et urbaines, filles du capitalisme, l'importance relative des classes agricoles décroît ; le domaine cultivé se réduit ; la facilité croissante des communications incorpore les moindres villages au marché du monde et les soumet aux lois de la concurrence universelle.

C'est de la ville que viennent les crises, mortelles pour la propriété paysanne ; c'est dans la ville que règnent ceux qui imposent aux campagnes le triple joug de l'impôt, du fermage et de la caserne ; c'est vers la ville que, des quatre coins du monde, affluent les produits de la terre. Et maintenant que les populations urbaines reçoivent leurs céréales des pays neufs, c'est leur influence encore, leur demande grandissante de beurre, de viande, de sucre, de fruits, de légumes et d'alcool, hélas ! qui révolutionne les cultures, transforme les outillages et couvre les campagnes de laiteries à vapeur, de fabriques de chicorée, de distilleries, de sucreries — entreprises capitalistes, pour la plupart, dont les paysans d'alentour ne sont que les fournisseurs dépendants et soumis.

Dans ces branches de la production, si directement liées au travail agricole, la concentration industrielle est, dès à présent, fort avancée : les grandes fabriques de sucre sont sorties, tout armées, des entrailles du monde capitaliste ; les distilleries géantes, malgré les privilèges fiscaux accordés aux petits distillateurs, sont à la veille de les supplanter définitivement ; seuls, les laiteries coopératives luttent avec chances de succès contre les laiteries capitalistes, mais, comme tant d'autres coopératives de production, il est à craindre que la plupart d'entre elles, à raison même de leurs succès, se transforment en entreprises capitalistes.

Aussi est-il à prévoir que c'est par l'expropriation de ces industries, la socialisation des forêts, les œuvres de colonisation intérieure, qui assainiront les fagnes, défricheront les bruyères, féconderont les terres incultes, que débutera la conquête collectiviste des campagnes.

Ce que le capitalisme a commencé, dans l'intérêt de quelques-uns, le socialisme l'accomplira dans l'intérêt de tous.

« La rationalisation de l'agriculture, dit Karl Marx — condition préalable de son exploitation sociale et, d'autre part, la réduction à l'absurde de la propriété foncière, tels sont les deux grands services rendus par le mode de production capitaliste. Comme tous les autres progrès historiques, il les a fait payer par la paupérisation des producteurs directs[1]. »

Maintenant que la propriété paysanne ne représente plus, dans un pays industrialisé comme le nôtre, qu'une faible partie du domaine cultivé, tandis que les deux tiers du sol n'appartiennent pas à ceux qui le cultivent, le rôle parasitaire des mangeurs de rente éclate à tous les yeux. Et, à mesure que le capitalisme conquiert l'agriculture, substituant aux antiques routines les procédés scientifiques de l'agronomie, la possibilité et les avantages de l'appropriation et de l'exploitation collectives du sol s'accroissent en proportion.

Nous ne songeons, d'ailleurs, pas à méconnaître les difficultés, les résistances, les obstacles de toute nature, qui s'opposent et s'opposeront longtemps encore, à pareille transformation ; nous sommes persuadés qu'elle ne pourra s'accomplir, d'une manière intégrale, avant que le socialisme ait déjà conquis la production industrielle ; mais à ceux qui mettraient en doute la possibilité même d'une transformation aussi radicale, nous opposons la révolution, non moins profonde, qui a marqué la chute du régime féodal.

Il n'aura pas fallu beaucoup plus d'un siècle pour

---

1. *Das Kapital*, III, 2, p. 156.

que la bourgeoisie victorieuse, affamée de profit, plus dure parfois que les anciens maîtres, mais énergique, entreprenante, fertile en ressources, ait assujetti les campagnes aux lois de la production capitaliste.

Il faudra moins longtemps encore, étant donnée la vitesse croissante des métamorphoses sociales, pour que les travailleurs des villes, émancipés du capitalisme, associent le peuple des campagnes aux résultats de leur effort, le délivrent du fardeau que ses maîtres successifs lui ont attaché sur les épaules et achèvent de lui enseigner, par l'autorité souveraine de leur exemple, les bienfaits de l'association dans le travail, appliqué, pour le plus grand bien-être de tous, au faire valoir du patrimoine commun.

FIN

TABLE DES MATIÈRES

SECONDE PARTIE

MONOGRAPHIES RÉGIONALES
LES NEUF PROVINCES

Chapitre I
Les Flandres

Chapitre II
La Campine

Chapitre III
Le Brabant

Chapitre IV
La région industrielle

Tours. — Imprimerie Deslis Frères, rue Gambetta, 6.

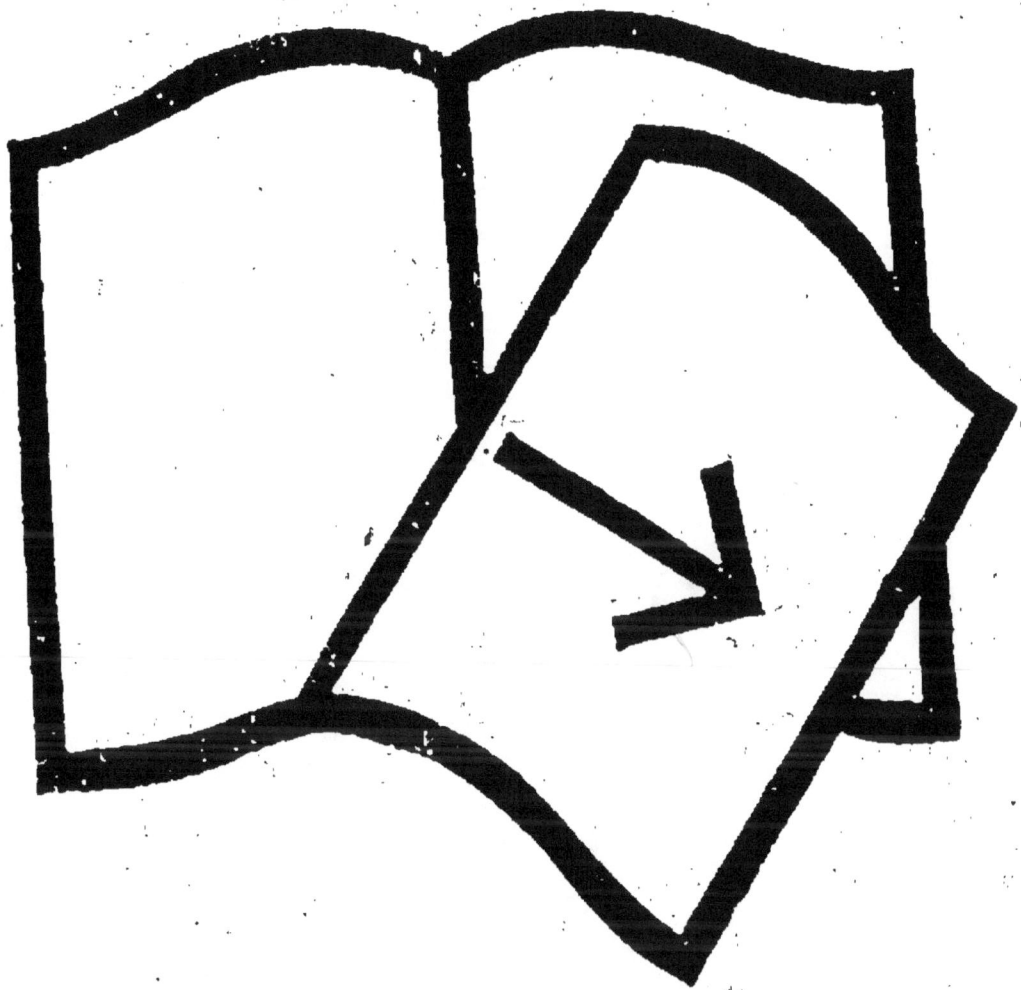

Documents manquants (pages, cahiers...)

NF Z 43-120-13

www.ingramcontent.com/pod-product-compliance
Lightning Source LLC
Chambersburg PA
CBHW071345280326
41927CB00039B/1723